L'HUILE

DE

FOIE DE MORUE.

Paris. — Imprimerie de L. MARTINET, rue Mignon, 2.

L'HUILE

DE

FOIE DE MORUE

ENVISAGÉE SOUS TOUS LES RAPPORTS

COMME

MOYEN THÉRAPEUTIQUE

PAR

L. J. DE JONGH,

Docteur-médecin à La Haye.

PARIS

LIBRAIRIE DE VICTOR MASSON,

PLACE DE L'ÉCOLE-DE-MÉDECINE, 17

1853

PRÉFACE.

Quoique ce travail ait été modelé sur un précédent ouvrage, publié par moi en 1843, sous le titre de *Disquisitio comparativa chemico-medica de tribus olei jecoris aselli speciebus*, on verra, qu'excepté l'analyse chimique des trois espèces d'huile du commerce, qui n'a pu subir des changements notables, tout a été de nouveau élaboré, et l'ensemble augmenté, non seulement de nouvelles analyses d'espèces d'huile peu ou point

connues lors de la publication de mon précédent
ouvrage, mais encore de chapitres sur les falsifications de l'huile de foie de morue et sur les moyens
de reconnaître l'huile véritable; sur le choix qu'il
convient de faire, sous le rapport médical, parmi
les différentes espèces, et enfin sur l'action thérapeutique de ce remède. De plus, la partie historique a été complétée par une histoire de l'analyse
chimique, et quant à la bibliographie, je crois
l'avoir rendue aussi complète que possible. Le
chapitre traitant des maladies contre lesquelles
l'huile de foie de morue est indiquée a été entièrement refait; il a été enrichi, non seulement de
tout ce que la matière à traiter a offert d'intéressant depuis 1843 jusqu'à ce jour, mais encore
d'observations importantes, en partie empruntées
à d'illustres praticiens, en partie faites par moi-
même. En un mot, cet ouvrage se distingue
surtout du précédent, en ce qu'il peut être considéré comme une monographie complète de l'huile
de foie de morue, tandis que ma *Disquisitio com-*

parativa était destinée seulement à faire connaître la différence thérapeutique et chimique des diverses espèces d'huile rencontrées dans le commerce.

L.-J. DE JONGH,

Med. Doct.

La Haye, janvier 1853.

L'HUILE

DE

FOIE DE MORUE.

PREMIÈRE PARTIE.

HISTORIQUE.

CHAPITRE PREMIER.

HISTOIRE DE L'EMPLOI MÉDICAL DE L'HUILE DE FOIE DE MORUE.

L'emploi médical des huiles de poisson date des temps les plus reculés. Selon Pline, les Romains se servaient déjà de l'*huile de dauphin*, intérieurement contre l'hydropisie, extérieurement contre les exanthèmes invétérés et les taies de la cornée, et en fumigations dans des cas de syncopes hystériques. On l'obtenait par la cuisson, de la même façon que de nosjours on prépare encore quelques espèces d'huiles de foie de morue. Il mentionne aussi l'usage de l'*huile de phoque* comme remède antihystérique, surtout en fumigations. On trouve encore dans les ouvrages des anciens l'*huile de baleine*, citée comme remède officinal (¹). Cette huile était

(¹) M. Kopp a appris, par hasard, qu'on emploie depuis fort longtemps aux Indes occidentales, et principalement dans l'île de la Trinité, l'huile de baleine contre les maladies de la peau et du foie, et contre les scrofules. Consulté par écrit par un malade d'Écosse, il lui prescrivit l'huile de foie de

prescrite intérieurement dans des cas de constipation obstinée, extérieurement contre la teigne. L'*huile de foie de Gadus lota*, alors connue sous le nom de *liquor mustelæ fluviatilis hepaticus*, est recommandée par Pline contre les taies de la cornée, et l'*huile de Labrus scabrus s. Checlinus scarus*, Lacép., est citée comme excellent résolvant contre différentes espèces de tumeurs.

Quoique l'*huile de foie de morue* ait été employée depuis un temps immémorial, comme remède populaire, contre le rhumatisme, la goutte et le rachitisme, en Suède, en Norwége, en Hollande, en Souabe, en Westphalie et dans les provinces Rhénanes, il paraît qu'elle n'a pas été prescrite par les médecins avant 1766. Selon M. Bardsley (¹), elle fut introduite cette année dans l'infirmerie de Manchester, où, selon M. Darbey (²), la particularité suivante donna lieu à son emploi dans cet établissement. Une femme atteinte de violentes douleurs rhumatismales prit de l'huile de foie de morue, et guérit promptement. Elle raconta ce fait au docteur Kay, un des médecins de l'infirmerie, qui n'y

morue. Quelque temps après, son patient lui adressa une lettre contenant les particularités suivantes : « J'ai parlé du conseil que vous m'avez donné à ma tante, qui habite l'île de la Trinité et qui se trouve actuellement en Écosse ; elle m'a fait observer que, depuis les dix dernières années, on se sert beaucoup de ce remède aux Indes occidentales. Il était toujours d'usage d'envoyer les nègres scrofuleux, lépreux et scorbutiques, dans l'île Gasparil, située dans le golfe de Paria. Depuis qu'on a commencé la pêche de la balcine entre l'île de la Trinité et le continent du nouveau monde, dans le golfe de Paria, ces malheureux, obligés de travailler dans l'huile de baleine, guérissaient tous de leurs terribles maladies. Depuis ce temps, les habitants de l'île de la Trinité envoient dans l'île Gasparil tous ceux qui sont atteints de scrofules. La grande cure consiste à placer les malades au milieu de la balcine pendant que le lard est dépecé, de sorte qu'ils prennent, pour ainsi dire, un bain d'huile de balcine. » *Denkwürdigkeiten in der aerzliche. Praxis*, Bd. IV.

(¹) *Medical reports*. London, 1807, p. 20.

(²) Percival's *medical essays*. Warrington, 4ᵉ édition, p. 360.

fit pas grande attention, en ce qu'il pensait devoir attribuer cette guérison au changement de temps et à l'action des remèdes pris antérieurement. Cependant, un an après, ayant une rechute, cette femme prit de nouveau et exclusivement l'huile de foie de morue, qui amena bientôt une guérison radicale. Cette fois, le docteur Kay, convaincu de l'efficacité du remède, l'introduisit dans son infirmerie, où depuis ce temps son emploi a été continué avec le plus grand succès.

En 1771, nous la trouvons prescrite par M. Percival (¹), comme un excellent remède contre le rhumatisme chronique, et en 1801, M. Hull (²) cite un cas d'ostéomalaxie guérie par l'emploi de l'huile de foie de morue.

Si maintenant nous considérons que, selon M. Bardsley, l'huile de foie de morue a été employée continuellement avec le meilleur succès dans l'infirmerie de Manchester, et que la consommation annuelle de ce remède y a été toujours en augmentant, il est vraiment étonnant que les médecins anglais soient restés si arriérés quant à l'emploi plus général de ce remède. Je pense même que l'attention des praticiens anglais n'a été plus généralement portée sur l'huile de foie de morue qu'en 1841, et que M. Bennett y a beaucoup contribué par son excellent ouvrage, intitulé : *Treatise on the oleum jecoris aselli*, etc.

En France, l'usage plus général de l'huile de foie de morue a tardé plus longtemps encore (³). En 1844, on ne pouvait, même à Paris, se procurer une huile de qualité

(¹) Percival's *medical essays*, p. 354. — *Repertorium chir. u. med. Abhandlungen* Bd. I, p. 298. — *Sammlung auserlesener Abhandlungen für praktische Aertze*, Bd. XIV, p. 350. — Capuron, *Bulletin des sciences médicales*, vol. II, p. 439.

(²) *Translation of* Baudelocque's *memoirs on the cæsarian operation.* Manchester, 1801, p. 159.

(³) Voyez page 44.

médiocre (¹). L'emploi de ce remède, devenu dans les trois dernières années de plus en plus général en France, y a fait connaître son action salutaire contre les affections des organes respiratoires et les maladies de la peau.

Bien que l'emploi de l'huile de foie de morue s'est considérablement augmenté en Belgique et en Hollande depuis les dix dernières années, ce remède était déjà généralement prescrit, il y a vingt-cinq à trente ans, par les médecins de ces pays. Nous trouvons même qu'en 1817, MM. Van den Bosch, de Rotterdam (²) et Bodel, de Dordrecht (³), la prescrivaient déjà avec le meilleur succès contre le rachitisme.

L'huile de foie de morue a peut-être été prescrite en Allemagne avant de l'avoir été en Hollande ; car M. Katsenberger (⁴) se rappelle avoir entendu son père, vieillard de quatre-vingt-dix-huit ans, raconter qu'au commencement de sa carrière médicale, il connaissait déjà l'huile de foie de morue comme un excellent remède contre la goutte, et M. Gunther, qui dit se rappeler qu'en 1778, à Hardenberg, sa ville natale, les goutteux avaient l'habitude d'aller chercher ce remède chez un tanneur, assure aussi l'avoir prescrite lui-même plus tard avec beaucoup de succès contre cette maladie (⁵).

Quoique l'huile de foie de morue ait été prescrite de loin

(¹) M. Bretonneau, à Tours, fut le premier en France qui apprit par hasard à connaître la vertu antirachitique de l'huile de foie de morue. Il traitait depuis longtemps sans le moindre succès un enfant rachitique d'un négociant hollandais, lorsque celui-ci lui fit observer que son fils aîné, atteint de la même maladie, avait été guéri en Hollande par l'huile de foie de morue. Il essaya alors ce remède, dont l'action salutaire se manifesta d'une manière inespérée (*).

(²) *Geneeskundige waarnemingen*. Utrecht, 1825, p. 447-450.

(³) *Ibid*.

(⁴) HUFELAND's *Journal*, 1824, St. 2, 3 u. 5.

(⁵) HUFELAND's *Journal*, aug. 1824, p. 3.

(*) *Traité de thérapeutique et de mat. méd.*, vol. 1, p. 285.

en loin par quelques médecins d'Angleterre, d'Allemagne et des Pays-Bas, il faut pourtant reconnaître que c'est M. Schenk, de Siegen, qui, en 1822, attira particulièrement l'attention des médecins sur ce remède.

Après cet aperçu général, nous allons faire suivre dans l'ordre chronologique tout ce qui a été publié d'intéressant relativement à cette question depuis 1822 jusqu'à ce jour.

En 1822, M. Schenk (¹) publie sa première série de seize observations sur autant de cas de rhumatisme chronique contre lesquels l'huile de foie de morue avait été employée avec le meilleur succès. Ces observations et une nouvelle série de vingt autres, publiée quatre ans plus tard, attirèrent l'attention des médecins sur l'action salutaire de l'huile de foie de morue contre le rhumatisme chronique, et les décidèrent à rechercher par eux-mêmes jusqu'à quel point ce remède justifiait la réputation dont il jouissait depuis si longtemps comme remède populaire.

En 1823, quand l'emploi de l'huile de foie de morue était devenu un peu plus général par la première série d'observations publiée par M. Schenk on essaya à la Charité de Berlin l'emploi de ce remède contre le rhumatisme chronique, pour y faire en quelque sorte l'expérience de son action plus ou moins salutaire contre cette maladie. Cette expérience ne donna que des résultats assez défavorables (²); mais, comme plus tard l'huile de foie de morue a été employée avec le meilleur succès dans le même établissement, il est plus que probable que l'huile des premières expériences n'avait pas été de la véritable huile de foie de morue (³).

____

(¹) Hufeland's *Journal*, Bd. XXXV, St. 6, p. 31.

(²) Rust's *Magazin für die gesammte Heilkunde*, Bl. XVIII, Heft 2, p. 360.

(³) *Jahresbericht über des Charité Krankenhaus zu Berlin*, 1832, von Stabsarzt Kukk, *in* Rust's *Magazin für die gesammte Heilkunde*, Bd. XLVIII, p. 52.

En 1824, deux ans après que M. Schenk eut publié sa première série d'observations, M. Gunther (¹) confirme l'action salutaire de l'huile de foie de morue contre la goutte chronique, se basant sur une expérience de plusieurs années. Dans cette même année, MM. Spiritus (²), Mönnig (³), Kolkmann (⁴), Schütte (⁵), Hufeland (⁶) et Wesener (⁷) publient leurs observations sur l'action de l'huile de foie de morue. MM. Spiritus, Wesener et Kolkmann ne l'avaient employée que contre le rhumatisme et la goutte chroniques, tandis que les autres avaient aussi appris à connaître son action salutaire contre le rachitisme et différentes affections scrofuleuses. Un cas de goutte guérie par l'huile de foie de morue, mentionné par M. Wesener, est surtout très intéressant. La maladie était arrivée à son plus haut degré, et quoique ayant résisté pendant huit ans à tous les efforts de la science, quatre bouteilles d'huile de foie de morue suffirent pour amener une guérison radicale. Les cas mentionnés par M. Schütte sont moins intéressants. Onze malades, dont 5 rachitiques, 5 autres atteints de carie scrofuleuse, et de fongus articulaire, furent guéris en peu de temps par l'emploi de ce remède. M. Katzenberger (⁸) conseille le premier l'huile de foie de morue en lavements; en outre il la recommande comme excellent vermifuge. Dans cette année paraissent les dissertations de MM. Buyze (⁹) et

---

(¹) Hufeland's *Journal*, Bd. LIX, p. 3. — Harles, *Rhein Westphalische Jahrbücher*, Bd. IX, St. 1.

(²) Hufeland's *Journal*, Bd. LIX. — Horn's *Archiv für med. Erfahrung*, aug. 1824. — Rust's *Magazin*, Bd. XVI, p. 566.

(³) Rust's *Magazin*, Bd. XVI, Heft 3, p. 567.

(⁴) Hufeland's *Journal*, Bd. LIX, St. 5.

(⁵) Horn's *Archiv für med. Erfahrung*, 1824, p. 79-92.

(⁶) Hufeland's *Journal*, Bd. LVIII, St. 5, p. 7.

(⁷) *Ibid.*

(⁸) Hufeland's *Journal*, Bd. LIX, p. 118.

(⁹) *Dissertatio inauguralis de usu olei jecoris aselli.* Lugd. Batav., 1824.

Suringar (¹). Ce dernier émet l'opinion que, si l'huile de foie de morue donne des résultats si satisfaisants contre le rachitisme, c'est qu'elle reproduit la gélatine dont le système osseux est en grande partie dépourvu dans cette maladie (?).

En 1825, paraît une brochure de M. Van den Bosch, (²), dans laquelle l'huile de foie de morue est fort recommandée contre le rachitisme. Amené à son usage par M. Bodel, M. Van den Bosch assure l'avoir prescrite depuis 1817 avec un tel succès contre cette maladie, que depuis ce temps il n'a jamais employé contre elle aucun autre remède. Cette confiance dans l'huile de foie de morue est justifiée par la guérison de plusieurs cas de rachitisme contre lesquels une foule d'autres remèdes, pris antérieurement, étaient restés sans effet. Dans cette année, l'huile de foie de morue est également recommandée par MM. Rust (³), Beckhaus (⁴), Kerkhof (⁵) et Osberghaus (⁶). M. Rust guérit par l'emploi de l'huile de foie de morue une ischiagre qui avait résisté pendant sept mois à tout autre remède, et de la guérison de laquelle on commençait à douter. M. Beckhaus obtint la guérison de paralysies goutteuses et rhumatismales par l'emploi de l'huile de foie de morue, et M. Osberghaus, le premier qui l'a conseillée en frictions sur le ventre, confirma l'observation de M. Spiritus, que l'huile de foie de morue ne nuit aucunement à la digestion, quand elle n'est pas administrée à trop forte dose. En outre, il dit avoir reconnu à cette huile des propriétés diurétiques et diaphorétiques.

(¹) *Dissertatio inauguralis de oleo jecoris aselli.* Lugd. Batav., 1824.

(²) *Geneeskundige waarnemingen.* Utrecht, 1825, p. 447-450.

(³) Rust's *Magazin*, Bd. XX, Heft 3, p. 54.

(⁴) *Ibid.*, Bd. XX, Heft 3, p. 189.

(⁵) *Geneeskundige waarnemingen*, van Dr Van den Bosch.

(⁶) Rust's *Magazin*, Bd. XX, Heft 3, p. 562. — Hufeland's *Journal*, sept. 1825, p. 131.

En 1826, paraît la seconde série de 20 observations de M. Schenk (¹), formant avec la première, publiée antérieurement, un total de 36 observations. Il se trouve dans le nombre : des cas de rhumatisme universel et local ; plusieurs cas de rhumatisme répercuté, dont un sous la forme de rhumatisme des organes du bas-ventre, et deux sous la forme de cardialgie ; des cas de rachitisme, et enfin, un cas très intéressant de carie scrofuleuse. Tous ces cas, traités antérieurement sans succès par d'autres remèdes, ont été guéris par l'emploi de l'huile de foie de morue. M. Schenk a trouvé ce remède d'une action si constamment salutaire contre le rhumatisme, la goutte et les scrofules, qu'il le considère, employé contre ces différentes maladies, comme un spécifique aussi précieux que le quinquina contre la fièvre intermittente, et le mercure contre la syphilis. A cette époque, M. Schenk donne encore la préférence aux espèces claires. M. Spitta (²) confirme l'action salutaire de l'huile de foie de morue contre le rhumatisme chronique et la goutte. Il cite, en outre, un cas de coxalgie scrofuleuse et un cas d'incontinence d'urine également guéris par l'emploi de ce remède. Mentionnons encore les dissertations sur l'huile de foie de morue de MM. Elberling (³), Reder (⁴) et Spaarmann (⁵), qui contiennent tout ce qui était connu jusqu'alors sur ce remède. M. Elberling traite surtout l'histoire naturelle des différentes espèces dont se compose la famille des *Gadus*. M. Reder s'occupe principalement de l'action de l'huile de foie de morue sur quelques réactifs, et M. Spaarmann de l'analyse chimique de cette huile.

(¹) Hufeland's *Journal*, Bd. LXII, St. 3, p. 3.

(²) *Das medicinische Klinikum zu Rostock.* (*Erster Bericht*, 1826, S. 66.)

(³) Carol. Gust. Elberling, *Dissertatio de oleo jecoris aselli.* Berolini, 1826.

(⁴) Reder, *Dissertatio inauguralis de oleo jecoris aselli.* Rostochii, 1826.

(⁵) C.-F. Spaarmann, *Dissertatio de oleo jecoris aselli.* Rostochii, 1826.

En 1827, MM. A. Roy (¹) et Von den Busch (²) confirment l'action salutaire de l'huile de foie de morue contre le rhumatisme chronique et le rachitisme. Le dernier cite, en outre, des cas de pédarthrocace observés par M. Luders à la clinique de Kiel, et guéris par l'huile de foie de morue.

En 1828, l'huile de foie de morue est fort recommandée par MM. Fehr (³), Gunther (⁴) et Gumpert (⁵). M. Fehr cite surtout sa rapidité d'action dans le rachitisme, tout en avouant qu'il n'a pas été aussi heureux dans son emploi contre le rhumatisme et la goutte. M. Gunther, qui l'avait déjà prescrite en 1824 contre le rhumatisme et la goutte, reconnait aussi son efficacité contre les affections scrofuleuses; et M. Gumpert assure avoir observé des prodiges de l'emploi de ce remède dans des cas d'ulcères scrofuleux avec fièvre hectique, en ce que, dans des cas pareils, ce remède effectuait ordinairement la guérison dans les trois mois.

En 1829, l'huile de foie de morue est recommandée par M. Busch (⁶) contre le rachitisme et les affections scrofuleuses, et surtout contre l'exostose et la carie scrofuleuses. M. Fehr (⁷) assure, cette même année, avoir obtenu de meilleurs résultats que les années précédentes par l'emploi de l'huile de foie de morue contre le rhumatisme et la goutte. M. Amelung (⁸) conseille son emploi contre l'ischiagre rhu-

---

(¹) *Nieuwe verhandelingen van het koninglyk Nederlandsch Instituut,* 1827, 1ᵉʳ deel.

(²) *Med. chir. Zeitung,* 1827, n° 90, S. 205.

(³) *Verhandlungen der Vereinigten arzlichen Gesellschaften der Schweitz,* 1828, p. 16.

(⁴) *Jahrbücher der philosophisch-medicinischen Gesellschaft in Wursburg,* von FRIEDREICH, 1828, Bd. I.

(⁵) HUFELAND's *Journal,* Bd. LXVI, St. 6.

(⁶) BUSCH, *Systematisches Repertorium,* 1829, Heft 2, S. 193.

(⁷) HECKER's *Annalen,* juli 1829.

(⁸) HUFELAND's *Journal,* Bd. LXVII, St. 5, S. 102.

matismale ; et enfin, M. Riecke (¹) la recommande contre les hémorrhagies héréditaires.

En 1830, MM. Sattinger (²), Hahnekrot (³), Basse (⁴), Kittel (⁵) et Schupmann (⁶) citent des guérisons importantes effectuées par l'emploi de l'huile de foie de morue. M. Sattinger délivre, en moins de quinze jours, une jeune fille d'une ischiagre opiniâtre, contre laquelle on avait vainement tout essayé pendant six mois. M. Hahnekrot mentionne la guérison d'une induration de testicule, d'une carie scrofuleuse et d'une ostéomalaxie. M. Basse guérit une femme de quarante-quatre ans d'un violent rhumatisme universel, compliqué d'un ulcère rhumatismal. M. Kittel observe la guérison de suppurations internes avec fièvre hectique. M. Rust (⁷) la recommande fortement contre les arthrocaces ; et enfin, M. Schupmann cite la guérison de paralysie qui s'était manifestée dans deux cas de délivrance pénible. A cette occasion, ce dernier dit avoir reconnu que, dans de pareils cas, les espèces foncées seules agissent avec efficacité, par la raison que les espèces pâles perdent beaucoup de leur vertu thérapeutique par leur épuration.

En 1831, M. Guérard (⁸) fait mention de l'emploi externe de l'huile de foie de morue contre les exanthèmes scrofuleux. Il dit avoir guéri la teigne par des frictions avec cette huile, employée précédemment intérieurement, pendant un an, sans le moindre succès. Les dissertations de

(¹) *Neue Untersuchungen in Betreff der erblichen Neigung zu tödtlichen Blutungen*, 1829.

(²) Hufeland's *Journal*, Bd. LXXI, St. 9.

(³) *Sanitäts Bericht des königl. medic. Collegiums zu Münster*, 1830.

(⁴) *Ibid.*, p. 103.

(⁵) *Summarium*, 1830, I, p. 63; II, p. 444.

(⁶) *Ibid.*, II, p. 366.

(⁷) *Theoretisch-praktisches Handbuch der Chirurgie*. Berlin, 1830, Bd. II, p. 353.

(⁸) Horn's *Archiv für med. Erfahrung*. Jahrg. 1831, mai-juin.

MM. Novati ([1]) et Weber ([2]) paraissent la même année. Ces ouvrages ne contiennent rien de nouveau.

En 1832, M. Knood von Helmenstreit ([3]) communique, outre deux cas de rhumatisme guéris par l'huile de foie de morue, le premier cas de coxalgie, également guéri par l'emploi de ce remède, quoiqu'un abcès, évacuant journellement de 4 à 6 onces d'un pus âcre, s'était déjà formé, et que le quinquina, le *rubia tinctorum* et l'*assa fœtida* eussent été antérieurement employés en vain. Il mentionne pourtant dans la même année un cas de goutte et un autre d'ostéomalaxie, où l'huile de foie de morue n'avait apporté aucune amélioration. Contre l'opinion de M. Schenk, il se déclare pour les espèces foncées. Les observations de M. Schmidt ([4]) confirment en tous points l'action salutaire de l'huile de foie de morue contre le rachitisme. Il avait traité 21 enfants scrofuleux chez la plupart desquels le rachitisme s'était déclaré. Des 21 patients, 13 étaient déjà guéris lors de la publication de ses observations, 4 étaient convalescents, et les autres, qui n'étaient que depuis peu en traitement, se trouvaient tous en bonne voie de guérison. Il dit, en outre, n'avoir jamais observé à l'huile de foie de morue une action nuisible à la digestion. Les observations de MM. Rhades, Alexander ([5]) et Marshall-Hall ([6]) confirment également l'action salutaire de l'huile de foie de morue. Le premier l'a employée avec succès contre le rachitisme, le second contre le rhumatisme chronique, et le dernier dans des cas d'impétigo, d'eczéma et de rhagades. Enfin, la même année, la Société des sciences et des arts d'Utrecht,

---

([1]) CAMILLUS NOVATI, *Dissertatio de oleo jecoris aselli.* Pavia, 1831.

([2]) FRANCISCUS WEBER, *Dissertatio de oleo jecoris aselli.* Ratisbonæ, 1831.

([3]) HUFELAND's *Journal*, Bd. LXXIV, St. 5.

([4]) RUST's *Magazin*, Bd. XXV, Heft. 1, S. 33.

([5]) *Verhandeling over de levertraan door* Dr GALAMA, 1832, p. 41-47.

([6]) *London medical Gazette*, sept. 1832.

décerne la médaille d'or à M. Galama, pour son ouvrage sur l'huile de foie de morue (¹).

En 1833, M. Schenk (²) publie de nouvelles observations sur l'action salutaire de l'huile de foie de morue contre l'ischiagre et le lumbago. M. Heinecken (³) émet l'opinion que dans les affections scrofuleuses, l'émaciation et les dérangements des organes digestifs nécessitent l'emploi de l'huile pâlé épurée (?). M. Vering (⁴) communique un cas de goutte très invétérée, guéri par l'huile de foie de morue. M. Hankel (⁵) dit avoir observé le premier l'action salutaire de ce remède contre la phthisie tuberculeuse. Dans la même année paraissent les dissertations de MM. Bahn (⁶) et Volky (⁷), qui ne contiennent en grande partie que des faits connus. L'ouvrage de M. Bahn confirme l'action salutaire de l'huile de foie de morue contre la coxarthrocace.

En 1834, les observations de MM. Moll (⁸), Most (⁹) et Munzenthaler (¹⁰) confirment ce qui a été dit antérieurement de l'action salutaire de l'huile de foie de morue. Les guérisons de cardialgie et d'hémicranie communiquées par M. Munzenthaler, sont surtout fort intéressantes en ce que, précédemment, une foule d'autres remèdes avaient été employés en vain contre ces affections.

En 1835, M. Richter (¹¹) recommande fortement l'huile

(¹) *Verhandeling over de levertraan door* Dʳ Galama. Utrecht, 1832.

(²) Hufeland's *Journal*, marz 1833.

(³) *Beobachtungen und Erfahrungen auf dem Wege der prakt. Heilkunde.* Bremen, 1833.

(⁴) Haenel's *Summarium des neuesten*, 1833, n° 5, p. 281.

(⁵) *Medic. Zeitung*, 1833, n° 49, Beilage.

(⁶) G.-A. Bahn, *Diss. de oleo jecoris aselli, præsertim in coxarthrocace effi· cacia.* Berolini, 1833.

(⁷) Stephanus Volky, *Diss. de oleo gadi morrhuæ.* Pesth, 1833.

(⁸) Moll en Van Eldik, *Praktisch Tydschrift*, etc., 1834, january et february.

(⁹) *Med. Zeitung vom Verein für Heilkunde in Preussen*, 1835, n° 30.

(¹⁰) Hufeland's *Journal*, 1834, St. 5.

(¹¹) *Med. Zeitung vom Verein für Heilkunde in Preussen*, 1824, n° 26.

de foie de morue contre les exanthèmes scrofuleux ; il dit qu'administrée à la dose de 6 à 8 onces par jour, elle guérit ces exanthèmes, même les plus invétérés. L'huile de foie de morue est également recommandée contre la phthisie tuberculeuse par ce praticien, qui non seulement se déclare entièrement pour les espèces foncées, mais encore se refuse à reconnaître la moindre vertu thérapeutique aux espèces pâles. M. Carron du Villars [1] communique ses observations sur l'action efficace de l'huile de foie de morue contre les obscurations de la cornée. La même année voit paraître la dissertation de M. Lackner [2] et la monographie de M. Brefeld [3]. Malgré toute la peine que je me suis donnée, je n'ai pu me procurer le premier ouvrage. Quant au dernier, d'ailleurs si remarquable surtout sous le rapport thérapeutique, la partie chimique n'y est traitée que fort superficiellement.

En 1836, MM. Maerker [4] et Rust [5] communiquent des guérisons fort intéressantes par l'huile de foie de morue : M. Maerker d'un cas de coxarthrocace dans sa première période, et M. Rust d'un cas d'ischiagre rhumatismale opiniâtre et invétérée, contre lesquelles on avait employé en vain une foule d'autres remèdes. Les observations de M. Brach [6] concernant l'action salutaire de l'huile de foie

---

[1] *Bulletin général de thérapeutique*, 30 octobre 1835.

[2] *Dissertatio medico-pharmacolog. de oleo jecoris aselli.* Vindobonæ, 1835.

[3] *Der Stockfisch-Leberthran in naturhistorisch-chemisch-therapeutischer Hinsicht, besonders aber seine Heilwirkungen in rheumatischen u. scrophulösen Krankheiten.* Hamm, 1835.

[4] *Medic. Zeitung vom Verein für Heilkunde in Preussen*, 1836, nº 1, p. 6.

[5] *Aufsätze und Abhandlungen aus dem Gebiete der Medecin*, etc. Berlin, 1836, Bd. II, p. 180.

[6] Dierbach *Die neuesten Entdeckungen in der Materia medica,* Bd. III, p. 1336.

de morue contre le rachitisme, la goutte et les scrofules, paraissent également la même année. Sa méthode consiste exclusivement dans l'emploi externe de ce remède.

En 1837, paraissent les observations de M. Taufflieb, (¹) concernant l'action salutaire de l'huile de foie de morue contre les affections scrofuleuses et rhumatismales, et M. Hauff (²) cite la guérison par cette huile d'une dartre contre laquelle toutes les autres ressources de l'art avaient entièrement échoué. Dans cette même année paraît la dissertation de M. Potempa (³). Cet ouvrage, dans lequel l'auteur nie l'existence de l'iode dans l'huile de foie de morue, peut être regardé comme une compilation de faits déjà connus.

En 1838, M. Gouzé (⁴) communique les résultats favorables que l'emploi de l'huile de foie de morue lui a fait obtenir dans des cas de rachitisme. M. Richter (⁵), tout en confirmant ce qu'il a publié en 1835 sur l'action salutaire de cette huile, fait cependant observer que les hémorrhoïdes et les affections du foie sont des contre-indications à son emploi, dans les cas d'exanthèmes. Les observations concernant l'efficacité de l'huile de foie de morue contre la phthisie tuberculeuse commencent à cette époque à devenir plus nombreuses. M. Haeser (⁶) cite un cas très intéressant de phthisie tuberculeuse avec aphonie, dans lequel l'huile de foie de morue fit disparaître l'aphonie en peu de temps (⁷). M. Alexander (⁸) raconte un cas de phthisie pulmonaire

(¹) *Gazette médicale de Paris*, août 1837.

(²) *Würtemb. Correspondenzblatt*, 1837, Bd. VIII.

(³) N. POTEMPA, *Dissertatio de oleo jecinoris aselli*. Lipsiæ., 1837.

(⁴) *Bulletin médical belge*, janvier 1838.

(⁵) *Med. Zeitung vom Verein für Heilkunde in Preussen*, 1838, Bd. XXXIII, p. 165.

(⁶) HUFELAND'S *Journal*, Bd. LXXXVI, jan., S. 103.

(⁷) *Ibid.*, Bd. LXXXVII, S. 106.

(⁸) *Ibid.*, Bd. LXXXVI, jan., S. 5.

très grave, guéri par l'emploi de cette huile, quoiqu'il n'eût pu constater avec certitude la présence de tubercules; et enfin, M. Smeets (¹) émet l'opinion que l'emploi simultané de l'huile de foie de morue avec l'iodure de potassium, rend tout autre remède superflu contre la phthisie tuberculeuse.

En 1839, MM. Pruys van der Hoeven (²) et Tortual (³) se déclarent les partisans de l'huile de foie de morue. M. Schenk (⁴) publie cinq nouvelles observations sur l'action salutaire de l'huile de foie de morue, parmi lesquelles se trouve un cas de phthisie tuberculeuse guérie par cette huile. Il déclare aussi que ses dernières expériences lui ont fait connaître les espèces foncées comme étant beaucoup supérieures aux espèces pâles, auxquelles il avait précédemment donné la préférence. M. Koop (⁵) communique un cas de dartre d'une étendue effrayante, guérie également par l'huile de foie de morue; il conseille en même temps l'emploi de cette huile en cataplasmes contre toute espèce de tumeurs scrofuleuses. M. Delavacherie (⁶) mentionne la guérison d'une névralgie par l'huile de foie de morue; cependant il fait observer que l'emploi trop prolongé de cette huile occasionne quelquefois l'ostéomalaxie, surtout chez les femmes. M. Jungken (⁷) traite avec le meilleur succès par l'huile de foie de morue le rachitisme et les affections scrofuleuses en général. M. Taufflieb (⁸) n'obtient pas de

---

(¹) Moll en Van Eldik, *Praktisch Tydschrift*, 17 jaargang, p. 16.

(²) *De arte medica*, lib. II, p. 317.

(³) Moll en Van Eldik, *Praktisch Tydschrift*, 18 jaargang, p. 143.

(⁴) Hufeland's *Journal*, Bd. LXXXVIII, feb., S. 35-39.

(⁵) *Denkwürdigkeiten der ärtzliche Praxis*, Bd. IV, 1839.

(⁶) *Annales de la Société médicale de Gand*, 1839, p. 123. — Schmidt's *Jahrb*, Bd. XXIX, p. 281.

(⁷) *London med. Gaz.*, april 20, 1839, p. 126.

(⁸) *Gazette médicale de Paris*, nov. 1839.

bons résultats par l'emploi de l'huile de foie de morue contre la phthisie; par contre, M. Tierfelder (¹) dit qu'il regarde ce remède comme un excellent spécifique contre la
phthisie tuberculeuse dans sa première période; et enfin,
M. Knoltz (²) communique la guérison de trois cas importants de carie scrofuleuse. Dans la même année paraît la
dissertation sur l'huile de foie de morue de M. Leder (³),
dans laquelle l'auteur émet l'opinion que l'huile de foie de
morue épurée ne devait jamais être employée en médecine.

En 1840, MM. Busch (⁴) et Asmus (⁵) publient de nouvelles observations qui témoignent de l'efficacité de l'huile
de foie de morue : celles de M. Busch relativement à l'atrophie, le rachitisme, la carie, l'ophthalmie et la coxarthrocace, et celles de M. Asmus relativement à la phthisie pulmonaire, la spondylarthrocace et la paralysie, qui en est
quelquefois la conséquence. M. Asmus compare l'action de
l'huile de foie de morue à celle de l'iodure de potassium;
c'est pour cela qu'il croit que cette huile ne peut être administrée que lorsqu'il existe un certain degré d'atonie.
En outre, il reconnaît à ce remède des propriétés diurétiques. M. Haller (⁶) recommande l'huile de foie de morue
contre la phthisie, excepté quand l'existence de cavernes
dans les poumons, ou de tubercules dans les organes du bas-
ventre, n'est plus douteuse. M. Rayé (⁷) loue l'action de

(¹) KNESCHKE's *Summarium*, 1839, n° 10.— *Med. Jahrb. des K. K. Östreich. Staates*, Bd. XXIX, p. 407.

(²) HUFELAND's *Journal*, 1839, S. 94.

(³) *Dissertatio de oleo jecoris aselli.* Vratislaviæ, 1839.

(⁴) *Wurtemb. med. Correspondentzblatt*, Bd. X, n° 10, juli 1840.

(⁵) *Med. Vereinzeitung*, 1840, n° 22. — *Berlinz med. Centralblatt*,
p. 513.

(⁶) *Med. Jahrb. d. K. K. Östreich. Staates*, Bd. I, 1840. — SCHMIDT's
Jahrb., Bd. XXVII, Heft 3, S. 287.

(⁷) *Annales de la Société des sciences naturelles de Bruges*, dans l'*Encyclographie des sciences médicales*, mars 1840, p. 100, et sept. 1840, p. 16.

l'huile de foie de morue contre l'inflammation chronique des intestins : il dit l'avoir employée dans 120 de ces cas, dont les deux cinquièmes ont été radicalement guéris. M. Taufflieb ([1]) prétend que l'huile de foie de morue employée intérieurement ne peut rien contre les engorgements lymphatiques, l'ophthalmie et les exanthèmes scrofuleux, et que son emploi externe seul peut être de quelque utilité dans ces cas. A cette même époque, M. Riecke ([2]) communique l'observation de M. Veiel, que les engorgements des glandes lymphatiques sont le plus victorieusement combattus par un mélange d'huile de foie de morue et de fiel de bœuf. Outre la dissertation de M. Dyk ([3]), qui confirme l'action efficace de l'huile de foie de morue contre le rachitisme, la même année voit encore paraître les dissertations de MM. Hanoviensis ([4]), Billtoff ([5]) et Gronert ([6]). Ces ouvrages ne sont que des compilations de faits déjà connus ; pourtant celui de M. Gronert offre quelque intérêt par les deux thèses suivantes : 1° L'huile de foie de morue épurée et incolore ne doit jamais être employée en médecine. 2° L'iode est le principe actif de l'huile de foie de morue.

En 1841, M. Segnitz ([7]) confirme l'action salutaire de l'huile de foie de morue contre toutes les formes de la maladie scrofuleuse, excepté celle qui se manifeste dans le système osseux. Selon lui, une nourriture animale facilite

---

([1]) PIFFART, *Bulletin général de thérapeutique*, mai 1840.

([2]) *Die neuern Arzneimittel*, 1840, p. 654.

([3]) NICOLAUS JOHANNUS-DYK, *Dissertatio de rachitide.* Trajecti ad Rhenum, 1840.

([4]) CAROLUS LUDOVICUS HANOVIENSIS, *Diss. de oleo jecoris aselli partibus efficacibus.* Marburg, 1840.

([5]) ALEX. BILLTOFF, *De oleo jecoris aselli dissertatio.* Mosquæ, 1840.

([6]) FERDINANDUS GRONERT, *Diss. de oleo jecoris aselli natura et variis in morbis efficacia.* Berol., 1840.

([7]) *Der Berger Leberthran in seiner Licht und Schattenseite.* (*Summarium*, 1841, n° 1, S. 41-44).

l'action de l'huile, tandis qu'une nourriture amylacée la con-
trarie. Il assure aussi avoir observé que l'abus de l'emploi
de ce remède occasionne quelquefois l'atrophie et gâte les
dents. M. Rosch (¹) confirme également son action salutaire
contre les affections scrofuleuses, mais il dit n'avoir pas obtenu
de bons résultats par l'emploi de ce remède contre la phthisie.
En outre, il est d'avis qu'il ne faut avoir recours à l'emploi
externe de l'huile de foie de morue contre les exanthèmes
scrofuleux, que lorsque la dyscrasie a été entièrement vaincue. Enfin, M. Delcour (²) se déclare contre l'opinion que
l'iode serait le principe actif de l'huile. Outre la monographie de M. Bennett (³), qui, selon l'opinion précédemment
émise, a certainement beaucoup contribué à rendre l'emploi
de l'huile de foie de morue plus général en Angleterre, les
dissertations de MM. Stens (⁴) et Kuschel (⁵) parurent encore dans la même année. L'action salutaire de l'huile de
foie de morue contre la phthisie tuberculeuse est confirmée
dans le dernier ouvrage.

   En 1842, M. Hinzel (⁶) conseille le premier l'huile de foie
de morue contre la coqueluche chez les enfants scrofuleux ;
il dit même avoir obtenu de bons résultats par l'emploi de
ce remède contre les dispositions à la récidive du croup.
Dans la même année, M. Staquez (⁷) se déclare contre l'ac-

<hr>

(¹) Haeser's *Archiv*, Bd. II, Heft 1-2. — Schmidt's *Jahrb.*, Bd. XXIII,
p. 158. — Casper's *Wochenschrift*, 1841. — *Berliner Centraleitung*,
p. 192.

(²) *Bulletin médical belge*, 1841, p. 254.

(³) *Treatise on the cod-liver oil, as a therapeutic agent in certain forms
of gout, rheumatism and scrofula, with cases*, by John Hugnes Bennett. London, 1841.

(⁴) *Dissertatio de oleo jecoris aselli*. Bonnæ, 1841.

(⁵) Berth Kushel, *Diss. de olei jecoris aselli usu in tuberculis pulmo-
num*. Berol., 1841.

(⁶) *Zuericher Gesundheitsbericht*, 1842, p. 51.

(⁷) *Annales de la Société de médecine de Gand*, vol. X, mars 1842,
p. 133-160.

tion salutaire de l'huile de foie de morue employée non seulement contre la phthisie pulmonaire, mais encore contre les affections scrofuleuses et rhumatismales : pourtant il ne partage pas l'opinion que l'huile de foie de morue pourrait produire le ramollissement des os. M. Ure [1] conseille l'emploi de foies de *Gadus*, dans les cas où l'huile de foie de morue est indiquée. La même année voit paraître : 1º un ouvrage de M. Klenke [2], dans lequel l'huile de foie de morue est traitée sous le point de vue physiologique et pathologique; et 2º les dissertations de MM. Lubach [3], Lenhart [4] et Hirtz [5].

En 1843, M. Chalk [6] publie des observations sur l'action de l'huile de foie de morue contre le rhumatisme, les scrofules et la phthisie pulmonaire : il déclare cependant avoir employé plusieurs espèces de cette huile qu'il a trouvées entièrement inefficaces. M. Bouchez [7] attire l'attention sur l'action salutaire de l'huile de foie de morue contre les affections rhumatismales du bassin, qui se manifestent souvent chez les femmes enceintes. M. Haas [8] émet l'opinion que l'huile de foie de morue agit comme stimulant et altérant; et enfin, M. Magonty [9] fait observer que l'huile de foie de morue est souvent mélangée avec des huiles végétales. Outre l'ouvrage de M. Bredow [10] sur les scrofules,

<hr>

[1] *Pharmaceutical journal* , nº 1, 1842, p. 361.

[2] *Der Leberthran als Heilmittel auf Grundlage vielfacher Thatsachen und Versuche an Thieren vom physiologisch-pathologischen Standpunckte dargestellt.* Leipzig, 1842.

[3] *Diss. de oleo jecoris aselli.* Haarlem, 1842.

[4] CARL LINHART, *Diss. de oleo jecoris aselli.* Vindobonæ. 1842.

[5] ABRAHAM HIRTZ, *Thèse de l'emploi thérapeutique de l'huile de foie de morue.* Strasbourg, 1842.

[6] *London med. Gazette,* 1843, p. 840.

[7] *Archives de la médecine belge,* fév. 1843.

[8] *Algemeine med. Centralzeitung,* p. 770.

[9] *Journal de chimie,* 1843.

[10] *Ueber die Scrofelsucht,* Berlin, 1843, S. 135.

dans lequel l'action salutaire de l'huile de foie de morue contre cette maladie est chaudement défendue, et un opuscule populaire de M. Godefroi [1] sur l'huile de foie de morue, paraît dans la même année ma dissertation [2] dans laquelle j'ai fait connaître les résultats de l'examen chimico-thérapeutique comparé auquel j'avais soumis les différentes espèces d'huiles de foie de morue, dans le but de donner une direction plus rationnelle au choix qu'il convient de faire parmi ces espèces.

En 1844, M. Gibert [3] communique un cas très important de lupus guéri par l'huile de foie de morue. M. Gobly [4] fait observer la réaction toute particulière de l'huile de foie de morue sur l'acide sulfurique. Dans la même année paraît une traduction allemande de ma dissertation précédemment citée.

En 1845, M. Schnitzer [5] confirme l'action salutaire de l'huile de foie de morue contre le rachitisme; il pense devoir l'attribuer au phosphore et à l'acide phosphorique que cette huile renferme. M. Diner [6] communique la guérison d'un cas très intéressant d'hydrocéphale acute. M. Wilde [7] loue l'action de l'huile de foie de morue contre les ophthalmies chroniques, surtout contre les granulations de la conjonctive. M. Cunier [8] la loue également contre l'ophthalmie scrofuleuse; il recommande fort, dans ces cas, l'emploi externe de ce remède, combiné avec l'extrait de belladone

---

[1] M.-J. Godefroi, *De Levertraan als huismiddel.* S'Hertogenbosch, 1843.

[2] *Disquisitio comparativa chemico-medica de tribus olei jecoris asclli speciebus.*

[3] *Bulletin de l'Académie,* nov. 1844.

[4] *Journal de pharmacie,* 3ᵉ série, vol. V, p. 308.

[5] *Journal für Kinderkrankheiten,* mai-juin 1845.

[6] *Schweitzer Canton Zeitschrift,* 1, 3, 1845.

[7] *Dublin Journ.,* sept. 1845.

[8] *Annales d'oculistique,* mars 1845.

ou avec le précipité rouge. Enfin, M. Bradshaw (¹) assure avoir obtenu des résultats aussi favorables par l'emploi de l'huile de baleine que par celui de l'huile de foie de morue.

En 1846, MM. Tompson (²), Toogood (³) et Everett(⁴) se déclarent les partisans de l'huile de foie de morue contre la phthisie pulmonaire. 37 cas ont été traités par le premier, et dans ce nombre il y en a eu 10 où l'augmentation des forces s'est manifestée d'une manière visible.

En 1847, M. Graves (⁵) déclare qu'aucun remède ne surpasse l'huile de foie de morue contre la maladie scrofuleuse. M. Daumerie (⁶) loue l'action de ce remède contre la phthisie, et M. Madden (⁷) contre la cachexie tuberculeuse en général. Dans la même année, M. Bretonneau (⁸) dit qu'il croit l'huile ordinaire de poisson tout aussi efficace que l'huile de foie de morue.

En 1848, MM. Blackiston (⁹), Ranking (¹⁰) et Scudamore (¹¹), recommandent chaudement l'huile de foie de morue contre la phthisie tuberculeuse, et M. Emery (¹²) et Kalt (¹³) contre le lupus. M. Emery conseille la dose, jusqu'alors inconnue, d'une pinte à une pinte et demie par jour ; et M. Kalt, qui assure que depuis onze ans il a em-

---

(¹) *Provincial journal*, 31 déc., 1845, p. 753.

(²) *Lancet*, 28 juin 1846.

(³) *Provincial medical journal*, 14 oct. 1846.

(⁴) *Provincial medical and surgical journal*, nº 11, 1846, p. 538.

(⁵) *Monthly journ.*, juin 1847, p. 923.

(⁶) *Journal de Bruxelles*, fév. et mars 1847.

(⁷) *London medic. Gazette*, 17 sept., 1847.

(⁸) *Bulletin de thérapeutique* cité par le *Medical examiner*, septembre 1847.

(⁹) *Practical observations in certain diseases of the chest*. London, 1848.

(¹⁰) *Half yearly abstract*, etc., from july to dec. 1848.

(¹¹) *London medic. Gazette*, 1848, nº 28.

(¹²) *Revue médico-chirurgicale*, août 1848.

(¹³) *Rh. Monat. Schreiben*, II, 9, 1848.

ployé ce remède avec succès, mentionne, entre autres, un cas très intéressant de lupus invétéré radicalement guéri par l'huile de foie de morue ; enfin, M. Hockin (¹) indique l'acide sulfurique comme réactif, pour distinguer l'huile véritable de l'huile falsifiée (²). La même année, paraît une seconde édition de l'ouvrage de M. Bennett, augmenté de plusieurs nouvelles observations, toutes en faveur de l'huile de foie de morue.

En 1849, l'huile de foie de morue est de nouveau recommandée par M. Bonney (³) contre le rhumatisme, les scrofules et la phthisie ; par M. Krebel (⁴) contre les affections scrofuleuses des os, et par MM. Williams (⁵) et Helfft (⁶) contre la phthisie pulmonaire. M. Williams, qui donne la préférence à l'huile pâle, incolore, surtout à celle obtenue des foies frais, assure n'avoir jamais obtenu par aucun autre remède contre la phthisie tuberculeuse des résultats aussi satisfaisants que par l'huile de foie de morue. M. Helfft communique un cas de phthisie où l'huile de foie de morue a amené, même dans la dernière période, une amélioration visible. M. Meinel (⁷) cite un cas de goutte, avec irritation spinale très prononcée, guéri en trois mois par l'huile de foie de morue. M. Bouchardat (⁸) attribue l'action salutaire de l'huile de foie de morue aux principes gras qu'elle renferme, et M. Simons (⁹) lui reconnaît des propriétés nutri-

---

(1) *Pharmaceutical journ.*, 16 sept. 1848.

(2) Voyez p. 158.

(3) *London medic. Gazette*, nov. 1849.

(4) SCHMIDT's *Jahrbücher*, 1849, p. 287.

(5) *London journ.*, janv. 1849.

(6) *Med. Zeitung von dem Vereine für Heilkunde in Preussen*, 1849, n° 18, Beilage.

(7) *Jenn. Ann.*, 1, 3, 1849.

(8) *Annuaire de thérapeutique*, 1849, p. 253.

(9) *Med. Zeitung von dem Vereine für Heilkunde in Preussen*, 1849, n° 18, Beilage.

tives. M. Pereira (1) donne une explication très juste du changement de couleur que l'acide sulfurique produit dans l'huile de foie de morue. Enfin, M. Barrly (2) conseille la créosote pour corriger le goût désagréable de ce remède (?). La même année, paraissent une traduction anglaise de ma dissertation déjà mentionnée et le premier rapport médical de l'hôpital des poitrinaires, fondé à Londres en 1842 (3). Ce rapport, sur lequel nous reviendrons encore dans cet ouvrage, démontre, par des données satistiques, la supériorité de l'huile de foie de morue sur tous les autres remèdes employés dans cet établissement, non seulement contre la phthisie, mais encore contre les affections pulmonaires en général.

En 1850, M. Escallier (4) communique d'heureuses guérisons de tumeur blanche, de rachitisme et de phthisie tuberculeuse, obtenues par l'huile de foie de morue. M. Kidd (5) cite la guérison d'un cas de coxarthrocace. M. Trumbull (6) recommande vivement l'huile de foie de morue contre la phthisie. M. Marsch (7) confirme son action salutaire contre les maladies de la peau, et M. Cazin (8) la conseille comme excellent vermifuge. Cependant, dans la même année, MM. Bagat et Stapleton (9), et MM. Duncan et Nunn (10), assurent avoir obtenu, par l'emploi d'huiles

(1) *Pharmaceutical journ.*, févr. 1849, n° 8.

(2) *Provincial journ.*, oct. 1849.

(3) *The first medical report of the hospital for consumption and diseases of the chest presented to the committee of management by the physicians of the institution.* London, 1849.

(4) *Union médicale*, 9, 10, 1850.

(5) *Med. Times*, 27 juillet, 1850, p. 89.

(6) *London journ. of med.*, févr. 1850.

(7) *Use of the cod-liver oil in some cutaneous diseases (Dublin medical Press*, 21 août 1850).

(8) *Dublin quart. journ.*, mai 1850, p. 489.

(9) *Dublin med. Press*, mars 1850.

(10) *London med. Gazette*, févr. 1850.

végétales, les mêmes résultats que d'autres par l'emploi de l'huile de foie de morue.

En 1851, paraît un article de M. Champouillon (¹), concernant l'action de l'huile de foie de morue contre certaines affections des organes respiratoires. Les résultats les plus satisfaisants ont été obtenus par ce praticien dans des cas de bronchite chronique, de laryngite non tuberculeuse. En outre, ses observations thérapeutiques comparées lui ont fait connaître les espèces foncées comme les plus efficaces. Une observation des plus intéressantes, communiquée par M. Champouillon, est reproduite dans la partie thérapeutique de cet ouvrage. Les observations de M. Levich (²) confirment également l'action salutaire de l'huile de foie de morue contre la phthisie. Enfin, dans la même année, M. Loze (³) conseille de combiner l'huile de foie de morue avec le suc pancréatique. Selon lui, ce mélange rendrait l'absorption de l'huile plus facile et en augmenterait l'efficacité dans des cas de phthisie.

Dans la même année, la Société médico-pratique de Paris met au concours la question suivante : « De l'huile de foie de morue et de son usage en médecine. »

En 1852, ce concours est jugé en faveur de M. Taufflieb.

Malgré le soin que nous avons mis à remplir cette tâche aride et ingrate, il est plus que probable que dans le grand nombre des communications médicales sur l'huile de foie de morue, quelques unes nous auront échappé, d'autant plus qu'on les trouve répandues dans presque tous les ouvrages périodiques. Pourtant nous croyons que les communications les plus intéressantes sont toutes reproduites, soit dans ce chapitre, soit dans la partie thérapeutique de cet ouvrage.

(¹) *Gazette des hôpitaux*, 9 et 21 janvier et 13 février 1851.

(²) *American journ. of the medic. science*, janv. 1851, p. 21.

(³) *Medic. Gazette*, avril 1851, p. 694.

CHAPITRE II.

HISTOIRE DE L'ANALYSE CHIMIQUE DE L'HUILE DE FOIE DE MORUE.

Quoique nous ayons vu, par ce qui précède, que l'huile de foie de morue était déjà prescrite par les médecins vers la fin du siècle dernier, nous ne trouvons aucune trace d'analyse chimique de cette huile avant l'année 1822, époque à laquelle M. Schenk éveilla l'attention du monde médical sur cet excellent remède.

Ainsi qu'il arrive communément en pareils cas, les premières analyses furent très imparfaites et ce ne fut que vingt ans après que la première analyse eut été faite par M. Wurtzer, que je pus donner une analyse de l'huile de foie de morue, par laquelle furent levés non seulement les doutes concernant la présence dans cette huile de certains principes, tels que l'iode, le brome et le phosphore, mais encore par laquelle j'y constatai la présence d'autres principes qui n'y avaient pas même été soupçonnés antérieurement. Quoique cette analyse ait déjà été publiée en latin en 1843, je n'ai pas hésité à la reproduire dans cet ouvrage à cause de l'importance de la question à traiter.

M. Wurtzer ([1]), le premier qui entreprit l'analyse chimique de l'huile de foie de morue, se bornait à traiter l'huile seulement avec de l'eau. Il en obtenait un extrait aqueux jaune et tenace, d'une odeur désagréable et d'un goût amer, soluble dans l'eau et dans l'alcool. Les huiles soumises par lui à cette analyse étaient l'huile brune de foie de morue et l'huile ordinaire de poisson.

([1]) HUFELAND'S *Journ.*, déc. 1822. — BUCHNER'S *Repertorium*, XXI. 19. — BRANDE'S *Archiv*, Bd. XVIII, p. 320.

4

Outre la nullité de cette analyse, sous le point de vue scientifique, par la raison que M. Wurtzer n'a même pas poursuivi l'analyse des extraits obtenus, les propriétés de ces extraits sont très inexactement mentionnées.

L'analyse entreprise quelques années plus tard par M. Spaarmann ([1]) était un peu plus détaillée. L'huile analysée par lui avait un poids spécifique de 0,923. Il en obtenait par l'eau 4,5 pour 100 d'un extrait rougissant le tournesol, d'un goût de poisson très désagréable, soluble dans l'alcool, et précipitable de sa dissolution alcoolique par l'acétate de plomb et par une infusion de noix de galle. Dissoute dans l'alcool bouillant, l'huile soumise à son analyse donnait, après le refroidissement de l'alcool, 19 parties de stéarine (margarine), 76,5 d'oléine et 4,5 de principes aromatiques et colorants. L'huile était saponifiée par la potasse, le savon décomposé par l'acide tartrique, et les acides gras séparés de l'eau mère et dissous dans de l'alcool bouillant. De cette manière il séparait l'acide margarique (M. Spaarmann dit l'acide stéarique) de l'acide oléique. L'eau mère était distillée, et la liqueur distillée saturée par la baryte, ensuite évaporée, et le résidu décomposé par l'acide phosphorique. De cette manière il obtenait une matière huileuse d'un poids spécifique de 0,941, d'une couleur brune, et d'une odeur rappelant celle du hareng salé, que M. Spaarmann prenait pour de l'acide phocénique.

100 parties de l'huile analysée par lui donnèrent :

De l'acide margarique (selon M. Spaarman de l'acide stéarique)	17,0
De l'acide oléique.	74,5
De l'acide phocénique.	5,5
D'un principe colorant et d'une matière aromatique.	3,0
	100,0

Les analyses de M. Marder ([1]) faites quelque temps après ne furent pas beaucoup plus détaillées. Des deux espèces (l'huile pâle et l'huile noire) analysées par lui, l'huile pâle seule, soumise au froid, déposait une matière grasse se composant d'acide margarique, d'acide oléique et de glycérine. Les deux espèces étaient peu solubles dans l'alcool et solubles dans l'éther en toutes proportions. — L'eau agitée avec ces huiles et évaporée après en être séparée, laissait un extrait d'une couleur brune. L'huile pâle, comme l'huile noire, se saponifiait par l'ammoniaque et se changeait en émulsion par l'hydrate de baryte, mais ne réagissait pas sur une infusion de noix de galle, le nitrate d'argent, le nitrate de mercure, le chlorure d'étain, le deutochlorure de mercure, et sur l'hydrocyanure de fer. L'acide nitrique rendait leur couleur plus foncée. L'acide sulfurique y produisait une couleur rouge, qui se changeait d'abord en brun et ensuite en noir. Le chlore restait sans action sur elles. Quant à leur composition, M. Marder trouvait en 100 parties :

	Huile pâle.	Huile noire.
D'une résine molle d'une couleur verte dans l'huile pâle et brune dans l'huile noire . .	0,052	0,065
D'une résine dure d'une couleur brune dans l'huile pâle et noire dans l'huile noire . .	0,013	0,078
De la colle animale.	0,156	0,468
De l'acide oléique	55,917	47,500
De l'acide margarique	10,312	4,000
De la glycérine	8,416	9,000
D'un principe colorant	5,750	12,500
Du chlorure de calcium.	0,052	0,105
Du chlorure de sodium.	0,059	0,094
Du sulfate de potasse	0,018	0,031
	80,745	73,841

([1]) Hufeland's *Journal*, mars, 1830, p. 85. — Fechner's *Repertorium der organischen Chemie*, Bd. I, S. 243. — Brande's *Archiv des Apotheker Vereins*, Bd. XXXII, p. 90.

Dans une seconde analyse, M. Marder (¹) dit avoir trouvé, outre les quantités déjà indiquées dans sa première analyse, en 100 parties :

	Huile pâle.	Huile noire.
Du chlorure de calcium.	2,009	4,018
Du chlorure de sodium.	2,265	1,685
Du sulfate de potasse.	0,644	1,180
	4,918	6,893

La perte importante que l'on aura remarquée dans l'analyse de M. Marder prouve suffisamment son imperfection. En outre, il a été prouvé par mon analyse, ainsi qu'on le verra plus loin, que les résines de M. Marder sont des mélanges très composés, et que la matière qu'il regarde comme de la colle animale ne pouvait pas en être.

Après qu'en 1836 l'idée fut venue à M. Kopp que l'huile de foie de morue pourrait bien contenir de l'iode, les chimistes se bornèrent pendant quelque temps presque exclusivement à la recherche de ce principe dans cette huile.

M. Hopfer de l'Orme fut le premier qui chercha l'iode dans l'huile de foie de morue, et bien que ses premières expériences lui eussent donné des résultats négatifs, par la raison qu'il avait négligé la saponification, ses expériences ultérieures lui firent trouver effectivement ce principe (²).

Depuis la découverte de M. Hopfer de l'Orme, la présence de l'iode dans l'huile de foie de morue fut constatée par un grand nombre de chimistes.

A la demande du docteur Haeser, M. Hansmann (³) analysa plusieurs espèces d'huiles et y confirma la présence de l'iode. Il lui parut que la quantité d'iode renfermée dans l'huile de

---

(¹) HUFELAND's *Journal*, mai 1837, p. 115-120.

(²) HUFELAND's *Journal*, avril 1836, p. 115. — *Annalen der Pharmacie*, Bd. XXI et XXII. — *Bulletin génér. de thérapeutique*, n° 20, 30 octobre 1837. — SCHMIDT's *Jahrbücher*, Bd. XII, p. 274.

(³) *Annalen der Pharmacie*, XXII, p. 170.—*Centralblatt.*, 1837, S. 192.

foie de morue est très minime, mais qu'elle est plus grande dans l'huile noire que dans les autres espèces. Mon analyse m'a prouvé le contraire, quant à cette dernière opinion. L'erreur de M. Hansmann peut être expliquée en ce qu'il s'est borné à l'analyse qualitative.

M. Haaxman ([1]), après avoir cherché en vain de l'iode dans l'huile pâle, trouva ce principe dans l'huile noire.

M. Herber ([2]) analysa à cette fin l'huile noire, et pour être sûr d'employer un saponifiant exempt d'iode, il la saponifia par la potasse caustique. Ayant, en effet, trouvé de l'iode dans l'huile qu'il avait soumise à son analyse, il crut que ceux qui ne l'avaient pas trouvé après saponification préalable de l'huile, n'avaient pas analysé la véritable huile de foie de morue. Il va pourtant trop loin, en prétendant que les espèces pâles sont toutes de l'huile de phoque épurée par l'acide sulfurique.

M. Gmelin ([3]) ne trouva d'abord de l'iode ni dans l'huile pâle ni dans l'huile noire, quoiqu'il eût préalablement saponifié les huiles soumises à ses analyses. C'est pourquoi il émit l'opinion que ceux qui avaient trouvé de l'iode dans l'huile de foie de morue s'étaient servis d'un saponifiant contenant de l'iode. Ceci détermina M. Herber d'envoyer à M. Gmelin de l'huile qu'il avait reçue de Mayence, et dans laquelle il avait trouvé de l'iode. L'analyse de cette huile convainquit M. Gmelin que l'huile de foie de morue renferme eu effet ce principe. Il fit part de cette conviction à M. Liebig. Il pensa alors que l'huile analysée par lui précédemment, et dans laquelle il n'avait pas pu trouver de l'iode, avait dû être de l'huile de la mer du Sud. Pourtant, comme il a été trouvé plus tard de l'iode aussi dans cette dernière

([1]) *Konst en Letterbode*, 1840, p. 23.
([2]) *Annalen der Pharmacie*, Bd. XXXI, Heft 1, p. 94.
([3]) *Annalen der Pharmacie*, Bd. XXIX, p. 218.

huile, nous croyons plutôt que l'huile analysée par M. Gmelin avait été de l'huile de phoque épurée, ou bien la quatrième sorte mentionnée par les médecins suédois (¹).

Il faut encore citer, comme ayant trouvé de l'iode dans l'huile de foie de morue, MM. Herberger (²), Bley (³), Brandes (⁴), Mertens et Springemuhl (⁵), Wackenroder (⁶) et de Vry (⁷).

Après avoir d'abord nié la présence de l'iode dans l'huile de foie de morue, M. Marder (⁸) déclare que des expériences nouvelles l'ont convaincu du contraire.

MM. Potempa (⁹), Hubschmann (¹⁰) et Sarphati (¹¹) contestent la présence de l'iode dans l'huile de foie de morue.

Cette différence d'opinion doit être attribuée, d'abord à la méthode employée à la recherche de l'iode, et ensuite à l'emploi d'huiles qui ne contiennent effectivement point ce principe.

Quand l'huile est charbonnée sans avoir été préalablement saponifiée, on ne trouve jamais aucune trace d'iode; tous ceux qui ont contesté la présence de l'iode dans l'huile véritable ont suivi cette méthode.

En traitant l'huile simplement par l'eau, l'alcool ou l'éther, on ne trouve pas plus l'iode dans l'huile, que quand on néglige la saponification.

(¹) Voyez pages 51, 52.

(²) *Annalen der Pharmacie*, Bd. XXXI, p. 49. — *Jahrb. für prakt. Pharm.*; 1839, p. 178. — *Centralblatt*, 1839, p. 853.

(³) Brande's *Archiv*, XXIV, p. 156.—*Centralblatt*, 1838, p. 335.

(⁴) *Ibidem*.

(⁵) *Summarium* VI, 94. — *Centralblatt*, 1837, p. 750.

(⁶) *Archiv der Pharm.*, XXIV, p. 145. — *Centralblatt*, 1841, p. 11.

(⁷) *Chemisch praktisch archief door de* Vry Eickma *en* Van der Vliet, 1 Jaargang, p. 51.

(⁸) *Pharm. centralb.*, 1837, p. 750.

(⁹) *Dissertatio de oleo jecoris aselli*. Lipsiæ, 1837.

(¹⁰) *Centralblatt*, 1839, p. 493.

(¹¹) *Konst en Letterbode*, 1837, I, p. 470. — *Centralb.*, 1837, p. 747.

M. Stein (¹) a démontré que l'eau mère séparée du savon après la saponification de l'huile, et la liqueur aqueuse séparée des acides gras après la décomposition du savon par l'acide sulfurique, ne contiennent pas d'iode.

Cette particularité prouve que l'iode n'est contenu dans l'huile de foie de morue, ni à l'état libre, ni à l'état d'iodure métallique, ainsi que la plupart le pensent; et que l'opinion de M. Stein est la plus vraisemblable, notamment que ce principe s'y trouve en combinaison avec une petite quantité d'un des acides gras (²).

La méthode la plus simple, pour constater la présence de l'iode dans l'huile qui le contient effectivement, est la suivante. L'huile est saponifiée par la soude ou par la potasse caustique, le savon charbonné, le charbon extrait par l'alcool, l'alcool évaporé, et le résidu repris par l'eau. En ajoutant une solution d'amidon et quelques gouttes d'acide nitrique à cette dissolution aqueuse, la présence de l'iode s'y manifestera toujours, quand on aura soumis à cette expérience de la véritable huile de foie de morue. Cette méthode est très simple, et employée par moi depuis nombre d'années, elle ne m'a jamais fait défaut (³).

____

(¹) Erdmann *und* Marchand's *Journ. für prakt. Chemie*, XXI, 308. — Berzélius *Jahresbericht*, XXXI, p. 538.

(²) Je ne m'explique pas comment M. Herberger, qui convient que la présence de l'iode ne peut être constatée dans l'huile de foie de morue que par la saponification, pense pourtant que ce principe y est renfermé comme iodure de sodium.

(³) Cet ouvrage était presque terminé lorsque j'appris la particularité suivante: Quelqu'un qui avait, à mon insu, prié M. le professeur Woehler de Gottingen d'analyser un échantillon d'une huile de foie de morue dans laquelle j'avais moi-même trouvé de l'iode, en reçut peu après la réponse qu'il avait fait faire cette analyse par un de ses élèves, et qu'elle n'avait point constaté la moindre trace de ce principe. Cette circonstance me fut rapportée, et je m'empressai d'écrire directement à M. Woehler pour lui exprimer mon étonnement, et lui dire que la seule chose que je pusse supposer était qu'on n'avait probablement pas suivi la bonne méthode. Ne

Ainsi que nous l'avons dit plus haut, la différence d'opinions, quant à la présence de l'iode dans l'huile de foie de morue, ne doit pas seulement être attribuée à la différence des méthodes qu'on a employées à la recherche de ce principe, mais encore à l'existence d'huiles qui ne contiennent effectivement point d'iode.

Les résultats négatifs obtenus par ceux qui n'ont pas négligé la saponification prouvent suffisamment qu'il existe de pareilles huiles. MM. Gmelin et Haaxman l'ont éprouvé dans leurs premières analyses, et il m'est arrivé bien souvent de pouvoir observer cette particularité.

L'huile ne contenant point d'iode étant presque toujours d'une couleur pâle, on a longtemps pensé que l'huile noire seule contenait l'iode : pour cette raison, les Allemands nommèrent longtemps cette dernière espèce, pour la distinguer de l'huile pâle, *Iodhaltige* (¹). Cette opinion était si généralement adoptée, que M. de Vry pensait que M. Sarphati n'avait pas trouvé de l'iode dans l'huile de foie de morue, parce qu'il s'était probablement servi d'huile pâle.

La fausseté de cette opinion est prouvée par mon analyse, par laquelle on peut se convaincre de la présence d'iode dans toutes les espèces d'huiles véritables de foie de morue. Cependant nous démontrerons dans le chapitre traitant des

-doutant pas qu'il ne lui restât encore une partie de l'huile qui lui avait été envoyée, je le priai instamment de la soumettre à une nouvelle analyse d'après la méthode dont il vient d'être question.

Il me répondit quelques jours après, par une lettre datée du 17 janvier 1852, qu'il avait immédiatement satisfait à ma demande, et que la nouvelle analyse qu'il avait fait faire d'après la méthode que je lui avais indiquée avait en effet constaté une très forte réaction d'iode. Il m'expliqua en même temps le résultat tout opposé de la première analyse, en ce que, bien que la saponification eût été réellement faite la première fois, on avait uniquement poursuivi l'analyse de l'eau mère, tandis que celle du savon avait été entièrement négligée.

(¹) Huile contenant de l'iode.

falsifications de l'huile de foie de morue, que la présence de l'iode ne constate pas toujours une huile véritable.

Le dosage de l'iode contenu dans l'huile de foie de morue a été fait d'abord par M. Herberger [1], qui se proposait de faire en même temps le dosage du brome. A cette fin, le résidu de la dissolution alcoolique fut repris par l'eau, et l'iode précipité par le sulfate de cuivre et le sulfate de fer, à l'état d'iodure de cuivre. Après que ce précipité eut été recueilli sur un filtre, la liqueur filtrée fut évaporée, et le résidu soumis à la distillation avec le peroxyde de manganèse et l'acide sulfurique. Ensuite la liqueur distillée fut soumise à l'évaporation après l'addition de potasse caustique, et le résidu traité par l'éther, qui, après filtration et évaporation, laissait un sel que M. Herberger regardait comme du bromure de potassium.

1000 parties d'huile soumises à cette analyse donnèrent :

	Iodure de cuivre.	Ainsi iode.	Bromure de potassium.	Ainsi brome.
Huile noire de Brême. . .	0,447	0,318	»	»
— de Cologne. .	0,618	0,412	0,151	0,101
— de Brême. . .	»	»	»	»
Huile brune de Stuttgard .	0,563	0,375	»	»
— de Mannheim.	2,347	1,564	0,435	0,290
— de Hambourg.	»	»	»	»
— de Brême. . .	2,586	1,723	0,441	0,294
Huile pâle de Brême . . .	1,355	0,903	0,255	0,170
— de Mayence. .	»	»	»	»
— de Mannheim .	0,439	0,293	»	»
— de Francfort. .	»	»	»	»

L'huile ordinaire de poisson, analysée par M. Herberger, contenait une fois seulement de l'iode et deux autres fois ni iode ni brome.

M. Wackenroder [2], en entreprenant le dosage de l'iode,

repRenait par l'eau le résidu de la dissolution alcoolique, précipitait par le nitrate d'argent, traitait le précipité par l'acide nitrique étendu et ensuite par l'ammoniaque, afin d'en éloigner le carbonate, le bromure et le chlorure d'argent, le lavait ensuite avec de l'eau et le séchait. La moyenne de deux analyses faites de cette manière lui donna 0,162 pour 100 d'iode.

M. de Vry (^{1}), qui pour le dosage de l'iode s'est servi de l'huile noire, reprenait par l'eau le résidu de la dissolution alcoolique et précipitait par le nitrate de palladium. L'huile analysée par lui contenait 0,00764 pour 100 d'iode.

M. Gobley (^{2}) trouvait dans un litre d'huile obtenue par l'expression des foies, 0$^{gr.}$,0198 d'iode.

MM. Girardin et Preisser (^{3}) ne reprenaient pas par l'eau le résidu de la dissolution alcoolique, mais portaient le résidu entier en compte comme iodure de sodium. Un litre d'huile noire saponifiée par la soude caustique et analysée de cette manière leur donnait 15 centigrammes; une quantité égale d'huile de raie 18 centigrammes d'iodure de sodium.

M. Marchand (^{4}) obtint d'un litre d'huile de foie de morue saponifiée par la potasse 0$^{gr.}$,165 d'iodure de potassium.

M. Van Santen (^{5}) trouva 3/4 grain d'iode, dans 240 onces d'huile brune, dans 360 d'huile noire, dans 720 d'huile jaune, dans 480 d'huile de l'île Terre-Neuve et dans 480 onces d'huile de la mer du Sud.

M. Lesueur (^{6}), qui a fait, il y a peu de temps, une ana-

---

(1) *Konst en Letterbode*, 1840, t. I, p. 24.

(2) *Journ. de pharmacie*, 1844. — *Pharmaceutisch Centralblat.*

(3) Dierbach, *Die neuesten Entdeckungen in der Materia medica*, vol. III, p. 1349-50.

(4) *Arch. gén. de méd.*, mai 1842, p. 111. — *Archiv für Pharmacie*, Bd. XXXII, p. 241. — *Journ. de pharm.*, juin 1842, p. 503. — *Pharm. Centralbl.*, 1843, p. 75.

(5) *Mecklenburg. med. Conversationsblatt*, 1841, n° 8, p. 105.

(6) *Petites affiches pharmaceutiques et médicales*, 1er août 1851.

lyse comparée de l'huile pâle de Hogg et de l'huile brune du commerce, relativement à la quantité d'iode renfermée dans chacune de ces deux espèces, déclare « que l'huile » pâle de Hogg contient une plus grande quantité d'*iodure* » *de potassium* que l'huile brune du commerce. » Il dit avoir trouvé dans 1000 grammes de la première 23 centigrammes d'iodure de potassium, tandis qu'une quantité égale de la seconde ne lui a donné que 15 centigrammes de ce sel. Sans compter que M. Lesueur n'indique pas la méthode de dosage qu'il a employée, il est étrange qu'il ait trouvé dans l'huile de foie de morue l'iode sous une forme que la connaissance actuelle de ce remède a prouvé être matériellement impossible. Outre qu'il a été prouvé par ce qui précède que l'iode ne peut être contenu dans l'huile de foie de morue à l'état d'iodure métallique, la présence d'iodure de potassium dans cette huile est d'autant moins possible, que mes analyses ont démontré que l'huile de foie de morue ne contient même pas de trace de potasse.

Je ferai la même observation sur un dosage publié quelques mois après par MM. Chevallier et Gobley ([1]). Ces savants admettent également, malgré l'impossibilité longtemps reconnue, la présence dans l'huile de foie de morue d'iode à l'état d'iodure de potassium. Ils ont repris par l'eau le résidu de la dissolution alcoolique et précipité par le chlorure de palladium. Des quatre sortes d'huiles qu'ils ont analysées et qu'ils désignent sous les noms à moi entièrement inconnus d'*huile de H*, *huile de L*, *huile de Y* et d'*huile de AL*, l'huile de H contenait le plus d'iode. Un litre de chacune de ces huiles contenait, d'après leurs calculs, basés sur les quantités obtenues d'iodure de palladium, les quantités suivantes d'iodure de potassium :

([1]) *Journ. de chimie méd.* : *Revue clinique*, 15 nov. 1851.

$$
\begin{aligned}
\text{Huile de H} &\ldots\ldots\ldots\quad 0^{gr.},10\\
\text{— de L} &\ldots\ldots\ldots\quad 0^{gr.},08\\
\text{— de Y} &\ldots\ldots\ldots\quad 0^{gr.},04\\
\text{— de AL} &\ldots\ldots\ldots\quad 0^{gr.},03
\end{aligned}
$$

En résumant les résultats obtenus par plusieurs chimistes relativement à la quantité d'iode renfermée dans l'huile de foie de morue, résultats auxquels j'ajouterai encore ceux de mes analyses, nous trouvons les différences suivantes :

Noms des chimistes.	Espèces d'huiles analysées.	Quantité d'iode.
Herberger	Huile noire de Brême...	0,0348 p.100
—	— de Cologne..	0,0412
—	— de Brême ..	»
—	Huile brune de Stuttgard.	0,0375
—	— de Mannheim	0,1564
—	— de Hambourg	»
—	— de Brême ..	0,1723
—	Huile pâle de Brême...	0,0903
—	— de Mayence..	»
—	— de Mannheim .	0,0293
—	— de Francfort (1).	»
Wackenroder	Huile noire	0,1620
De Vry	Huile noire	0,0076
Gobley	Huile pâle	0,0198
Girardin et Preisser...	Huile noire	0,0126
Marchand	Huile noire	0,0125
Van Santen	Huile noire	0,0006
—	Huile brune	0,0004
—	Huile pâle	0,0002
Lesueur	Huile de Hogg (2)	0,0175
—	Huile brune du commerce	0,0114
Chevallier et Gobley...	Huile de H	0,0076
—	— de L	0,0064
—	— de Y	0,0035

(1) Il faut remarquer que ces différentes espèces d'huiles n'ont pas été préparées aux endroits indiqués, mais qu'elles en ont été expédiées à M. Herberger.

(2) Huile inodore de l'île Terre-Neuve.

Noms des chimistes.	Espèces d'huiles analysées.	Quantité d'iode.
Chevallier et Gobley. . .	Huile de AL	0,0028 p. 100
L'auteur de cet ouvrage.	Huile noire de Bergen, en Norwége	0,0295
—	Huile brune	0,0406
—	— pâle.	0,0374
—	— de Hogg	0,0201
—	Huile obtenue par la cuisson des foies frais sans eau	0,0354
—	Huile obtenue par la cuisson des foies frais dans l'eau.	0,0315

En jetant les yeux sur ce tableau, on s'étonnera de la grande différence des résultats obtenus pour le dosage de l'iode. Quoique cette différence pourrait partiellement être attribuée à la variété des méthodes de dosage (¹), ou à la circonstance que de l'huile falsifiée ou mélangée avait été analysée par quelques chimistes (²), il résulte cependant des analyses de M. Herberger, qui a constamment employé la même méthode de dosage, que l'iode n'est pas toujours contenu dans l'huile dans les mêmes proportions. J'ai essayé dans la conclusion générale de mon analyse (³) d'expliquer pourquoi l'huile pâle et l'huile brune contiennent toujours une plus grande quantité d'iode que l'huile noire, et pourquoi la quantité d'iode varie si souvent dans les mêmes espèces. Les analyses de M. Herberger prouvent que souvent une huile qui ne contient pas d'iode est regardée comme de l'huile de foie de morue, et combien il est important d'examiner l'huile relativement à l'iode, avant d'en faire usage en médecine.

(¹) M. Wackenroder a sans doute pesé une partie de chlorure de cuivre pour de l'iodure de cuivre.

(²) Ceci pourrait bien avoir été le cas avec Van Santen.

(³) Voyez page 143.

Outre mon analyse, celles de M. Herberger prouvent que l'huile de foie de morue contient du brome. Il résulte de ses analyses mentionnées plus haut, qu'il existe des espèces d'huiles qui renferment de l'iode et du brome, d'autres qui ne contiennent que de l'iode, et encore d'autres qui ne contiennent aucun de ces deux principes. Il est superflu de démontrer ici que ces dernières espèces ne sont pas de la véritable huile de foie de morue.

La manière dont M. Herberger a fait le dosage du brome a été mentionnée plus haut, ainsi que les résultats qu'il en a obtenus. Selon lui, le brome serait contenu dans l'huile de foie de morue, sous la forme de bromure de magnésium, vu qu'il dit avoir remarqué que les cendres des huiles contenant du brome renferment toujours de la magnésie, ce qui n'est pas le cas quand l'huile ne contient pas de brome.

L'insuffisance des méthodes pour séparer le brome du chlore, afin de doser exactement ces deux principes, me fit renoncer au dosage du brome.

Le phosphore à l'état non oxydé a été trouvé par M. de Vry [1], le premier, dans l'huile noire. Plus tard, j'ai trouvé ce principe, tant à l'état oxydé que non oxydé, dans toutes les espèces analysées par moi [2]. M. Gobley [3], qui d'abord n'a pas pu trouver du phosphore dans l'huile de foie de morue, a trouvé plus tard ce principe tant dans cette huile que dans l'huile de raie, après avoir observé que souvent on remarque une espèce de phosphorescence aux foies de raie coupés en morceaux [4].

[1] *Konst en Letterbode,* 24 sept. 1841, n° 40.
[2] Voyez pages 126-130 et 139-140.
[3] *Journ. de pharm.,* avril 1844, p. 306. — *Archiv der Pharm.,* Bd. XXXVIII, p. 332.
[4] *Journ. de pharm.,* juillet 1844, p. 25. — *Pharm. Centralblatt,* p. 702.

Les principes de la bile de poisson, l'acide butyrique, l'acide acétique et une nouvelle matière que j'ai nommée *gaduine*, ont été trouvés par moi, le premier, dans l'huile de foie de morue (¹).

(¹) Voyez plus loin mon analyse.

DEUXIÈME PARTIE.

DE L'ORIGINE ET DE LA PRÉPARATION DE L'HUILE DE FOIE DE MORUE.

L'huile de foie de morue (*oleum jecoris aselli*) est une graisse animale, plus ou moins liquide à la température ordinaire, offrant des différences très notables sous le rapport des nuances et du goût, et que l'on obtient de plusieurs manières des différentes espèces de *Gadus* (¹), poisson appartenant à l'ordre *Thoracici* de la famille *Malacopterygii*. Ce poisson, habitant les mers Méditerranée et Baltique, offre plusieurs variétés parmi lequelles on peut classer comme étant les moins intéressantes sous le rapport médical : le *Gadus virens*, le *Gadus tau*, le *Gadus minutus* s. *Asellus mollis minor*, le *Gadus œglefinus* s. *Asellus mollis major*, le *Gadus Brosme* et le *Gadus lota* s. *Mustela fluviatilis*.

(¹) Dulk (*Pharmacopœa Borussica*, p. 700) dit que l'origine du mot Γαδος est pleine d'obscurité. Les Grecs appliquaient le mot Ὄνος à ce genre de poisson, qui compte de nombreuses espèces, probablement, selon Varron (*Opera omnia*, p. 21, Dordrechti, 1619), à cause de sa ressemblance en couleur avec l'âne. De là l'expression latine *Asellus*. Pline (*Hist. nat.*, lib. IX, cap. 28) dit qu'il y avait deux espèces de poissons appelés *Aselli*. Plus tard, le nom d'*Asellus* a été étendu à plusieurs espèces de cette famille. De là les noms d'*Asellus major*, *longus*, *niger*, *albus*, *striatus* et d'*Asellus haitingo-pollachius*. Il y a plusieurs années qu'un auteur, se méprenant sur le nom d'*Asellus* donné à cette espèce de poisson, annonçait naïvement que l'*huile de foie de l'âne* venant de Suède avait été introduite en Allemagne comme nouveau moyen thérapeutique.

Les espèces les plus importantes sous le rapport médical
sont :

1° Le *Gadus morrhua* s. *Asellus major*, nommé en Nor·
wége *Kabeljau*, *Torsk* ou *Thorsk*, et en Angleterre *Cod-
fish*. Ce poisson atteint une longueur de trois pieds à trois
pieds et demi dans son entier développement. Il se trouve
en grande quantité le long des côtes de Norwége, de France
et d'Angleterre, mais nulle part aussi abondamment que
près de l'île Terre-Neuve et de l'Islande (¹). Un seul de
ces poissons renfermerait, dit-on, jusqu'à 4 millions d'œufs.
Bergen, en Norwége, expédie à lui seul plus de 20,000
tonnes de ces œufs vers la mer Baltique, où ils servent à
la pêche aux sardines.

2° Le *Gadus callarias* s. *Asellus striatus*, appelé *Dorche*
en Norwége. Il atteint une longueur de un pied et demi à
deux pieds dans son entier développement. Cette espèce de
Gadus se trouve le plus abondamment le long des côtes de
Norwége, et principalement près des îles Loffodes. Selon
M. le docteur Kroyer, il n'y a aucune différence entre
le *Gadus morrhua* et le *Gadus callarias*.

3° Le *Gadus molva* s. *Asellus longus*, appelé *Länga* en
Norwége, *Ling* en Angleterre et *Leng* en Hollande, offre
une longueur de quatre pieds dans son entier développement.
Sa pêche est moins abondante le long des côtes de Norwége que celle du *Gadus morrhua* et du *Gadus callarias*.
Il se trouve en plus grande quantité le long des côtes d'Angleterre.

4° Le *Gadus carbonarius* s. *Asellus niger*, appelé en
Norwége *Sey*, et en Angleterre *Coal-fish*, présente dans
son entier développement une longueur de trois pieds à trois
pieds et demi. Il se trouve en grande quantité le long des

______

(¹) On assure que les Anglais emploient annuellement plus de
20,000 hommes à sa pêche.

côtes de Norwége, d'Angleterre et d'Ecosse, et même en plusieurs endroits de la Norwége, en plus grand nombre que le *Gadus callarias*. M. le docteur Koren, conservateur du musée de Bergen en Norwége, regarde le *Sey* comme n'étant autre chose que le *Gadus virens*.

5° Le *Gadus pollachius* s. *Asellus haitingo-pollachius*, appelé en Norwége *Haakjering* ou *Haifish*, se rencontre le plus abondamment le long des côtes de Norwége, et surtout dans les environs de Tromsoe. Le foie de ce poisson est extrêmement grand et donne une grande quantité d'huile. Cette huile exhale une odeur répugnante. Depuis quelques années les paysans des environs de Tromsoe s'occupent plus spécialement qu'auparavant de la préparation de l'huile de foie du *Gadus pollachius*. D'après M. le docteur Koren, ce poisson n'appartiendrait pas à l'espèce *Gadus*, mais à l'espèce *Squalus*, et serait même, selon M. Faher, le *Squalus classicalis*.

6° Le *Gadus merlangus* s. *Asellus albus*, appelé en France *Merlan*, en Angleterre *Whiting*, en Hollande *Schelvisch*, se trouve en grande quantité, surtout le long des côtes de France et en Angleterre.

Presque toutes ces espèces de *Gadus* se mangent fraîches, et forment, salées et séchées, une branche importante de commerce.

On se sert, en outre, d'autres espèces de poissons et même de cétacés à la production d'huiles qui se vendent le plus souvent pour de l'huile de foie de morue, ou qui servent au moins à la falsifier, en étant mêlées avec elle.

Nous citerons de ce nombre le *Gadus lota*, le *Gadus Brosme*, le *Raja batis*, le *Raja pastinaca* et le *Raja clavata*, le *Delphinus globiceps*, le *Phoca vitulina*, le *Cancer ruricóla*, le *Cancer latra*, et toutes les espèces de baleines.

L'huile provenant des foies du *Gadus lota* était déjà employée en médecine dans des temps fort reculés. Elle est connue sous le nom de *liquor Mustelæ fluviatilis hepaticus*.

L'huile de foie de *Gadus Brosme* est encore employée en Ecosse.

L'huile obtenue des foies du *Raja batis* et du *Raja clavata* (¹) était surtout préparée en France par les pharmaciens des côtes de Normandie. Hormis le nom d'*huile de foie de raie*, sous lequel elle est généralement connue en France, on la distingue aussi sous celui d'*huile de Rouen*, ce qui ferait supposer que si elle n'a pas été préparée pour la première fois en cette ville, elle l'y a du moins été sur une plus vaste échelle que partout ailleurs. L'huile de foie de morue n'étant devenue que très tard d'un usage plus général en France, il n'est pas étonnant que les bonnes sortes de ce remède y aient manqué si longtemps. M. Bennett (²)

(¹) Le *Raja batis* se trouve abondamment dans la mer du Nord. C'est l'espèce la plus grande : on en trouve qui pèsent jusqu'à 200 livres. L'huile du *Raja batis* est employée contre le rachitisme, surtout par les montagnards écossais.

Le *Raja clavata* (raie bouclée) habite les mers Méditerranée et du Nord.

Le *Raja pastinaca* (en hollandais, *Pylstaart*) se trouve également dans la mer du Nord. M. le docteur Gouzée dit que l'on prépare à Anvers une huile des foies de ce poisson, en les exposant au soleil dans des appareil expressément faits pour cet usage.

D'après MM. Girardin et Preisser, l'huile du *Raja* a un poids spécifique de 0,928 ; elle rougit le tournesol et dépose une matière solide (probablement de la margarine). Décantée de cette matière, son odeur est moins forte. Elle se sépare de l'eau avec laquelle elle a été agitée, sans y laisser aucune trace. 100 parties d'alcool de 89 $^0/_0$ en dissolvent 1,5 à une température de + 10° centigr., tandis que l'alcool bouillant en dissout 14,5 ; 100 parties d'éther en dissolvent 88, dont la plus grande partie se sépare de cette solution par le refroidissement ; le chlore n'a aucune action sur elle ; l'acide sulfurique concentré lui donne instantanément une teinte violette, qui se change insensiblement en rouge vif. Avec la potasse caustique elle forme un savon soluble dans l'eau. Un litre donnait 0,18 grain d'iodure de sodium. — (DIERBACH, *Die neuesten Entdeck. in der Mat. med.*, vol. III, p. 1349-50.)

(²) *Treatise on the oleum jecoris aselli*, etc. Edinburgh, 1841, p. 21.

écrivait, en 1841, qu'il était difficile de se procurer en France une huile de foie de morue de bonne qualité. Celle qui était alors employée dans les hôpitaux de Paris, fournie par le Bureau central de pharmacie, était épaisse, trouble, noire, d'une odeur et d'un goût nauséabondes. M. Mouchon doutait encore en 1844 que l'on pût se procurer en France de la véritable huile de foie de morue [1]. M. le docteur Danielssen, à Bergen en Norwége, me raconta que se trouvant à Paris en 1843 avec son ami M. le docteur Willebrand, et devant se servir d'huile de foie de morue pour leur usage particulier, ils ne purent obtenir dans une des meilleures pharmacies qu'une huile fort noire, d'une odeur nauséabonde et dont il leur fut impossible de faire usage. Un flacon contenant vingt-quatre onces de cette huile leur fut compté 20 francs. Le manque de bonne huile de foie de morue en France y a sans doute donné lieu à la préparation d'une huile de foie de raie qui, quoique d'un goût et d'une odeur assez désagréables, est certainement meilleure à prendre que l'huile ordinaire de poisson.

MM. Girardin et Preisser [2] assurent qu'on ne se sert guère, en Belgique et en Hollande, que d'huile de foie de raie et de celle provenant du *Gadus morrhua*. Cette assertion est erronée quant à l'huile de raie, dont on ne se sert que fort peu en Belgique, et point du tout en Hollande. Le fait suivant, communiqué par M. Dierbach [3], en fait foi. Une commande d'huile de raie ayant été faite à Amsterdam, il fut répondu que cette huile n'y étant absolument pas employée, il était impossible de se la procurer.

L'huile que l'on obtient des foies du *Delphinus globiceps*

---

[1] *Journ. de chimie méd.*, 1844, p. 193-201.— *Pharmaceut. Centralb.*, p. 397.

[2] *Journ. de pharmacie*, juin 1842, p. 503. — DIERBACH'S *Jahresbericht*, etc.

[3] *Die neueste Entdeckungen in der Materia medica*, vol. III, p. 1351.

est d'un jaune-citron, et peut, suivant M. Geiger (¹), être employée avec le même succès que l'huile de foie de morue.

L'huile provenant du lard du phoque (*Phoca vitulina*), est préparée surtout en Norwége, où les phoques sont très abondants, et y est connue sous le nom de *Brüggethran*. Cette huile est d'une couleur jaunâtre, quand elle a été préparée immédiatement ou peu de temps après la prise des phoques ; si, au contraire, les phoques sont arrivés à l'état de putréfaction avant la préparation de l'huile, on l'obtient d'un brun clair. Selon d'autres, l'huile jaunâtre de phoque serait le produit de l'écoulement spontané, tandis que la brune s'obtiendrait par la cuisson. L'huile brune de phoque, comme la jaune, que l'on nomme aussi dans le commerce *huile de la mer du Sud*, répand une odeur nauséabonde. M. le docteur Marquant assure avoir trouvé des traces certaines d'iode dans l'huile de phoque de Groënland. M. Herber, à Wiesbaden, dit avoir appris de plusieurs droguistes, que l'huile très pâle que l'on trouve dans quelques pharmacies, et qui en apparence ressemble beaucoup à l'huile de ricin, n'est autre chose que l'huile de phoque épurée. M. Gmelin assure que M. Tiedemann, négociant en gros à Brême, reconnaissait toujours à la simple inspection, comme étant de l'huile de phoque épurée, celle dans laquelle lui, Gmelin, n'avait pu trouver aucune trace d'iode. D'après M. Vingtrinier (²), il paraîtrait que l'on donne la préférence à l'huile de phoque sur l'huile de foie de morue, dans les pays septentrionaux. Je me suis cependant convaincu du contraire, dans les recherches que j'ai faites à ce sujet sur les lieux mêmes. Cette huile a cessé d'exister depuis long-temps comme remède officinal, mais il est certain qu'elle a

---

(¹) GEIGER's *Magazin*, août 1826, p. 110.

(²) *Jahresbericht über die Fortschritte der gesammten Pharmacie*, etc., von DIERBACH, MARTINS *und* SIMON, 2 Jahrg., Heft 1, 1843.

été employée bien souvent dans les derniers temps à la falsification de la véritable huile de foie de morue.

L'huile que l'on obtient en grillant les entrailles du *Cancer ruricola* (tourlourou) (¹) et du *Cancer latra* (²), surtout celle envoyée du Sénégal en France, est très rance et d'une couleur brunâtre. On assure que cette huile est employée par les nègres comme remède externe contre le rhumatisme.

L'huile que l'on appelle communément dans le commerce *huile de poisson*, est le plus souvent un mélange de plusieurs sortes d'huiles obtenues du lard de la baleine commune *Balæna misticetus*, L.) et d'autres cétacés. L'huile découlant spontanément de ce lard est jaunâtre (*oleum ceti album*) celle obtenue ensuite par la cuisson est brune (*oleum ceti fuscum*). Ces deux sortes répandent une odeur insupportable.

L'huile des jeunes baleines et de baleines femelles, qui émigrent vers les mers du Sud, où l'on ne trouve presque pas de baleines mâles, est d'un jaune assez clair, n'a que peu de goût et d'odeur, et constitue la *véritable huile de poisson de la mer du Sud* du commerce. Cette huile sert souvent à la falsification de l'huile de foie de morue. M. Van Santen (³) assure avoir trouvé de l'iode dans l'huile de poisson, dans une proportion de 3/4 grain sur 480 onces. L'huile de poisson, autrefois employée en médecine, ne l'est plus actuellement. M. Richter lui attribue des propriétés laxatives, et dit qu'elle a été reconnue très active, administrée sous la forme de lavements dans des cas de constipation opiniâtre, même quand d'autres remèdes étaient restés sans effet.

En outre, on prépare en Norwége une huile que l'on obtient par la cuisson des harengs entiers. J'y trouvai cette

---

(¹) Dulk, *op. cit.*, p. 703. — Geiger's *Handb. der Pharm.*, 2ᵉ édit., 1829, p. 2064.

(²) *Journ. de pharmac.*, oct. 1827, p. 502. — *Mag. für Pharm.*, Bd. XXII, p. 306.

(³) *Mecklemb. med. Conversationsblatt*, 1841, n° 8, p. 105.

huile très rance et d'une couleur noirâtre, mais je ne pus y
découvrir aucune trace d'iode. M. Dierbach cite une sorte
d'huile de hareng très pâle, que l'on obtiendrait, selon
lui, par la cuisson des harengs dans de l'eau. La préparation de l'huile de hareng n'a lieu en Norwége que
quand la pêche a été très abondante, et qu'elle a dépassé le
débouché ordinaire. Cette pêche s'élève quelquefois jusqu'à
600,000 tonnes.

Enfin M. Berzelius parle encore d'une huile que l'on
obtient par la cuisson d'un petit poisson (*Gasterosteus acu-
leatus*) qui se trouve en grande quantité dans la mer Baltique ; cependant cette huile n'a aucune propriété médicale.

Les opinions les plus diverses sont émises, quant à la
question : *Lesquels des Gadus sus-mentionnés sont employés
à la préparation de l'huile de foie de morue ?*

Ainsi M. Elberling ([1]) dit que l'huile importée en Allemagne est obtenue principalement du *Gadus morrhua* et du
Gadus molva, tandis que celle dont on se sert en Angleterre provient, d'après une communication de M. Percival ([2]), du *Gadus merlangus* et du *Gadus carbonarius*. Selon
M. Reder ([3]), on prépare cette huile en Norwége des foies
des *Gadus morrhua*, *molva* et *carbonarius*. M. Dulk ([4])
nous dit que l'huile brune est préparée des foies du *Gadus
morrhua*, tandis qu'une notice insérée dans le *Geiger's Magazin* ([5]) nous indique que l'on obtient l'huile pâle, aussi bien
que la brune, des foies du *Gadus callarias*. MM. Berzelius et
Spaarmann ([6]) indiquent le *Gadus carbonarius* comme étant la

([1]) *Dissert. de oleo jecoris aselli*. Berol, 1826, p. 15.

([2]) *Medical, philosophical and experimental essays*. Washington, 1790,
vol. II.

([3]) *Diss. de oleo jecoris aselli*. Rosbach, 1826, p. 7.

([4]) *Handwverterbuch der prakt. Arzneimittel Lehre*, vol. II.

([5]) Août 1826, p. 101.

([6]) BERZELIUS, *Lehrbuch der Chemie*, v. X, p. 626, et GEIGER's *Magazin*,
juin 1828, p. 302.

source des deux sortes. M. Marder (¹) paraît convaincu que plusieurs espèces de *Gadus* servent à la préparation de l'huile de foie de morue. M. Potempa (²) partage cette conviction, quoiqu'il prétende que les *Gadus morrhua* et *molva* sont principalement employés à cet usage. Enfin, M. Galama (³) dit que l'on emploie en général, à cette fin, les *Gadus pollachius, lota, virens, minutus* et *carbonarius*, mais principalement les *Gadus morrhua, molva, callarias* et *merlangus.*

Quelque contradictoires que soient les diverses opinions émises au sujet des espèces de *Gadus* employées à la préparation de l'huile de foie de morue, elles le sont encore davantage en ce qui concerne le mode de préparation des trois espèces d'huiles de foie de morue du commerce, et connues en France sous les noms : *d'huile pâle de foie de morue* (*oleum jecoris aselli flavum*), *d'huile brune de foie de morue* (*oleum jecoris aselli fuscum*), et *d'huile noire de foie de morue* (*oleum jecoris aselli nigrum*).

M. Elberling (⁴), qui ne parle que de l'huile noire, dit qu'on la prépare de la manière suivante. Les foies extraits des poissons sont entassés dans des tonneaux spécialement destinés à cet usage, au fond desquels se trouvent des ouvertures que l'on peut ouvrir et fermer à volonté. Ces ouvertures servent à laisser s'échapper de temps en temps le sang et le sérum qui se séparent des foies en même temps que la graisse. Dans ces tonneaux, les foies arrivent bientôt à un état de fermentation putride, en même temps que leur volume augmente de plus de la moitié. Pendant cette fermentation l'huile se sépare en grande quantité et est retirée des tonneaux au fur et à mesure de sa production. La preuve

---

(¹) BRANDE'S *Archiv.*, v. XXXII, p. 90.—*Pharm. Centralbl.*, 1830, p. 17.

(²) *Diss. de oleo jecoris aselli.* Lipsiæ, 1837, § 3.

(³) *Verhandeling der Levertraan.* Utrecht, 1832, p. 8.

(⁴) *Op. cit.*, p. 16.

que M. Elberling veut évidemment parler ici de l'huile noire, est suffisamment démontrée par les propriétés qu'il en indique et parmi lesquelles il signale la couleur noirâtre et le goût amer et rance très prononcé. D'après lui les nuances moins foncées que l'on rencontre dans le commerce seraient obtenues par l'épuration de l'huile noire, ou par son mélange avec l'huile ordinaire de poisson.

D'après M. Reder (¹), les trois sortes d'huiles de foie de morue que l'on rencontre dans le commerce sont obtenues de la manière suivante. Immédiatement après la pêche, les foies extraits des poissons sont exposés au soleil dans de grandes cuves. L'huile qui s'en sépare pendant les premiers jours est recueillie dans des tonneaux, avant que les foies soient arrivés à l'état de fermentation putride. Les foies arrivés à cet état donnent une nouvelle quantité d'huile, qui est également déposée dans d'autres tonneaux. Enfin, l'huile restant encore dans les foies en est extraite par la cuisson dans des chaudières de fer. L'huile obtenue en premier serait l'huile pâle, la seconde l'huile brune, et la dernière l'huile noire du commerce.

La communication de M. Potempa (²) coïncide sous tous les rapports avec celle de M. Reder.

Selon M. Dulk (³), on obtient l'huile brune en laissant les foies pourrir dans des cuves destinées spécialement à cet usage. Sa description se rapporte entièrement avec celle de M. Elberlin.

M. Marder (⁴) croit que l'huile pâle découle des foies pendant les premiers jours, par la seule action du soleil, et que l'huile noire, d'un goût rance et d'une odeur désagréable, s'en sépare huit à quinze jours après.

(¹) *Diss. citat.,* p. 8, 9.
(²) *Diss. citat.,* § 4.
(³) *Handwoerterbuch der pract. Artzneimittel Lehre,* vol. II.
(⁴) Brande's *Archiv.,* Bd. XXXII, p. 90-109.

M. Galama (¹) dit : « La manière de préparer l'huile de foie
» de morue diffère de celle des autres huiles de poisson, en
» ce qu'on ne l'obtient que des foies en fermentation, tandis
» que la cuisson est nécessaire à la préparation de toutes
» les espèces d'huiles ordinaires de poisson. » Cet auteur se
contredit évidemment, en écrivant dans le même ouvrage (²) :
« On trouve tantôt une huile pâle, tantôt une huile brune,
» et même souvent une huile noire et trouble. On obtient
» la première sans feu et par la simple fermentation ou par
» la putréfaction peu avancée des foies, la seconde par la
» putréfaction plus avancée et l'expression, et la dernière
» par la cuisson tant des intestins que des foies. »

D'après M. Tiedemann (³), il se rencontre dans le commerce quatre sortes de véritable huile de foie de morue,
lesquelles s'obtiennent de la manière suivante. Les foies
sont exposés au soleil, entassés dans de hauts tonneaux,
pourvus chacun de trois robinets placés à différentes hau-
teurs. La chaleur du soleil fait séparer l'huile. Celle que l'on
extrait en ouvrant le robinet supérieur est pâle ; en se servant ensuite du robinet du milieu, on obtient une huile légèrement brune, tandis que le robinet inférieur donne l'huile
la plus foncée. Cette dernière, quoique noire, est cependant
transparente. Toutes ces trois sortes sont employées en
médecine. La masse restée dans les tonneaux est alors exprimée et donne une huile extrêmement noire et trouble,
qui n'est employée que par les corroyeurs.

D'après les rapports de M. le docteur Faye (⁴), de Chris-
tiana, qui a fait lui-même le voyage de Bergen en Norwége,
afin d'y étudier la préparation de l'huile de foie de morue,

____

(¹) *Op. cit.*, p. 10.
(²) *Op. cit.*, p. 12.
(³) *Annalen der Pharm.*, Bd. XXXI, p. 325.
(⁴) Bennett, *Treatise on the oleum jecoris aselli.* — *Pharmacologischer
Jahresbericht*, 1841, p. 62.

il y existe trois sortes d'huiles, que l'on obtient, la première par l'écoulement spontané, la seconde par l'expression, et la troisième par la cuisson.

M. le docteur Richter (¹), à Wiesbaden, reçut en 1836 les communications suivantes de deux médecins danois relativement à la préparation de l'huile de foie de morue. Selon eux, il existe dans le commerce quatre sortes de cette huile. La première, d'un jaune doré, dont la couleur a beaucoup de rapport avec celle du vieux vin du Rhin, est très claire et répand une forte odeur de poisson. On l'obtient par l'action du soleil sur les foies entassés dans de grands vases cylindriques : c'est celle dont proportionnellement on recueille le moins. Elle est la plus chère, mais aussi regardée comme la plus efficace. Quand l'écoulement spontané a cessé, on entasse les foies dans des chaudières destinées à cet usage (dans quelques fabriques sur des plaques de cuivre étamé), et on les soumet à une température d'environ 40° R. On obtient par ce moyen une quantité d'huile beaucoup plus grande que celle que l'action du soleil avait produite. Elle est foncée et assez semblable, quant à la couleur, aux vins de Madère et de Malaga. Elle est un peu trouble et répand comme la première une forte odeur de poisson. On lui attribue en Suède les mêmes propriétés médicales qu'à la précédente. Quand il n'est plus possible d'extraire de l'huile des foies maintenus à ce degré de chaleur, on les coupe en morceaux, puis on les fait cuire, et l'on en obtient une huile épaisse et trouble assez semblable à de la mélasse, et qui constitue la troisième sorte, appelée impure. Elle est très noire et d'un goût excessivement piquant. Outre les matières grasses, cette sorte contient encore les principes bilieux des foies. Elle n'est pas employée en Suède comme

______

(¹) *Med. Zeitung u. Verein für Heilkunde in Preussen*, 1838, n° 33, p. 165 udf.

moyen thérapeutique, mais sert seulement à la préparation
du cuir, ainsi que l'indique son nom d'*huile de tanneurs*,
sous lequel on la distingue dans le commerce. — C'est de
cette même sorte que l'on obtient la quatrième par des
moyens chimiques. Celle-ci est claire, limpide, ne répand
qu'une faible odeur de poisson, et ressemble beaucoup,
quant à la couleur, à l'huile d'olive. Elle se rencontre dans
le commerce sous le nom d'*huile de foie de morue épurée*,
mais ne s'emploie jamais comme moyen thérapeutique en
Suède, où elle est regardée, sous ce rapport, comme totalement inefficace. Cette huile, que l'on obtient en beaucoup
plus grande quantité que les trois précédentes, est justement celle qui se trouve communément dans les pharmacies. Elle forme certainement cette huile pâle que M. Mee-
bold (¹), de Gringen, assure être décolorée par le chlore, et
qu'on ne devrait, selon lui, jamais employer en médecine.

M. Klenke (²) dit que pour obtenir l'huile pâle, dont les
propriétés médicales diffèrent beaucoup, selon lui, de celles
de l'huile noire, la meilleure méthode est celle qui consiste
à soumettre les foies à une température modérée, au moyen
de laquelle les principes empyreumatiques se volatilisent,
en même temps que l'albumine est coagulée. Il serait nécessaire d'y ajouter ensuite un peu d'eau, afin d'empêcher
l'adhérence de l'albumine coagulée et du tissu cellulaire.
Après cette opération, on épure l'huile au moyen du charbon animal. L'odeur rance est enlevée par une faible solution de potasse caustique ou par l'eau de chaux, tandis que
le gluten est précipité par le tannin (³).

(¹) *Würtemb. med. Conversationsblatt*, 1841, p. 259. —Dierbach, *op.
cit.*, Bd. III.

(²) *Der Leberthran als Heilmittel.* Leipzig, 1842.

(³) En exposant les foies sans eau à une chaleur qu'il n'est pas possible
de déterminer, on obtient toujours une huile brune ou noire. Cette différence dépend seulement de la température plus ou moins élevée à laquelle

La communication de M. Balzer ([1]), marchand à Cologne, diffère essentiellement de tout ce que nous avons rapporté plus haut. Selon lui, l'huile pâle et l'huile noire (il ne fait mention que de ces deux sortes) seraient préparées par la cuisson. L'huile pâle s'obtiendrait par l'emploi d'une chaleur modérée, et la noire au moyen d'une température plus élevée, après que l'huile pâle a été recueillie.

Enfin, M. Jobst ([2]), marchand à Stuttgard, prétend que l'huile pâle est le produit des foies, et l'huile noire celui de la graisse qui entoure les intestins.

Les contradictions que l'on aura remarquées dans les diverses communications des savants qui ont traité les deux questions ci-dessus mentionnées, savoir : 1° quelles sortes de *Gadus* sont employées à la préparation de l'huile de foie de morue ; 2° quel est le mode de préparation des différentes sortes d'huiles de foie qui se rencontrent dans le commerce ; ces contradictions, dis-je, me décidèrent déjà en 1841 à m'enquérir de détails authentiques concernant la pêche du *Gadus*, et la préparation de l'huile de foie de morue, aux sources mêmes où cette pêche et cette préparation ont lieu.

Les trois questions suivantes furent, à ce sujet, adressées par moi à MM. Konoro à Bergen, et Mack de Tromsoe.

1° Quels sont les poissons dont on se sert à la préparation de l'huile de foie de morue ?

---

on soumet les foies : plus la chaleur est intense, plus l'huile sera foncée. Il est donc inconcevable que M. Klenke conseille de préparer l'huile jaune par la chaleur. Il est vrai qu'il propose l'emploi du charbon animal ; n'est-ce pas plutôt comme décolorant que comme dépuratif ? Quoi qu'il en soit, le charbon animal employé à cette fin, et l'eau de chaux ou la potasse caustique servant à enlever l'odeur, ne peuvent qu'annihiler les principes actifs de l'huile de foie de morue, et par cela même rendre impuissant un remède efficace.

([1]) Dans la lettre à M. le docteur Schenk, insérée dans le journal de Hufeland.

([2]) HUFELAND's *Journal*, 1830, St. 3, p. 67.

2° Comment prépare-t-on les trois sortes d'huiles qui se rencontrent dans le commerce, je veux parler de l'huile pâle, de l'huile brune et de l'huile noire ?

3° Est-ce seulement des foies que l'on obtient ces trois sortes ?

M. Carl Konoro y répondit de la manière suivante :

« La pêche du *dorche* produit priçipalement l'huile de
» foie de morue. Cette pêche a lieu, surtout en hiver, près
» des côtes septentrionales des îles Loffodes. Dès que les
» poissons ont été transportés à terre, on en sépare les foies,
» que l'on entasse dans des cuves, où on les laisse jusqu'à
» la fin de la pêche. Quand la pêche a été régulière, on
» obtient communément une huile pâle, très pure et très
» limpide. Le contraire a lieu quand la pêche ne s'est pas
» effectuée dans les conditions voulues. Quand elle est en-
» tièrement terminée, les pêcheurs décantent et recueillent
» dans des barils l'huile qui s'est séparée des foies, opéra-
» tion dont ils ne peuvent s'occuper que lorsque la pêche est
» entièrement finie. Cette huile est l'*huile pâle* du com-
» merce. Après cette opération, la masse restante est sou-
» mise à la cuisson, et l'huile obtenue de cette manière est
» l'*huile noire*. L'huile *brune* n'est autre chose que l'huile
» pâle, qui s'altère quand on tarde trop longtemps à re-
» cueillir l'huile qui s'est séparée spontanément des foies,
» ou bien quand elle reste trop longtemps en magasin.

» Plus les foies sont gras, mieux l'huile pâle se conserve :
» cette dernière qualité se voit tout de suite par les connais-
» seurs ; car, lorsque l'huile pâle est claire et limpide, elle se
» conserve bien, ce qui n'est pas le cas quand elle se présente
» épaisse et moins limpide.

» On obtient en outre beaucoup d'huile des foies du *Sey*,
» quoique en quantité beaucoup moins grande que celle
» qu'on obtient des foies du dorche ; de plus, l'*huile du sey*
» n'est pas aussi efficace, employée comme moyen théra-

» peutique, que l'*huile de dorche*. L'huile pâle du sey est plus
» claire que celle du dorche, tandis que l'huile noire de ce
» dernier n'est pas aussi foncée que celle du sey, et celle-ci,
» aussi plus épaisse, dépose une matière grenue au fond du
» tonneau. La véritable huile noire de dorche est très lim-
» pide et d'une légère teinte verdâtre.

» On mélange beaucoup les huiles de sey et de dorche,
» excepté à la grande pêche, où l'on ne prend que le dorche.
» On pêche pendant toute l'année le long de la côte, où les
» foies de différentes espèces de poissons, souvent même le
» lard des phoques et d'autres cétacés, sont employés *pêle-*
» *mêle* à la préparation de l'huile. Cependant la plupart de
» ces poissons peuvent être classés parmi l'espèce *Gadus*.
» Il est très difficile de reconnaître la véritable huile de dor-
» che d'entre les huiles mélangées que l'on rencontre dans
» le commerce.

» L'huile appelée *Bauernthran* (huile de paysans) est pré-
» parée par les paysans de la côte. Sa qualité est de beaucoup
» inférieure à celle provenant de la grande pêche ; aussi est-
» elle beaucoup plus épaisse (¹). »

MM. les frères Mack, de Tromsoe, répondirent de la manière
suivante :

« On rencontre dans le commerce trois sortes d'huiles de
» foie de morue, savoir : l'*huile de Dorche* (²), l'*huile de*
» *Sey* (³) et l'*huile de Haakjering* ou *Haifish* (⁴).

» 1º L'*huile de foie de dorche*, dont la production est la
» plus considérable, s'obtient de la manière suivante. On
» réunit les foies du dorche dans des cuves où ils sont laissés
» jusqu'à ce qu'ils se décomposent. Il s'en sépare alors une

(¹) Les paysans habitant les côtes de Norwége s'occupent tous, chacun
pour leur compte, de la pêche et de la préparation d'huile.

(²) *Gadus callarias.*

(³) *Gadus carbonarius.*

(⁴) *Gadus pollachius.*

» grande quantité d'huile, qui, étant recueillie, devient
» l'huile pâle du commerce. La masse restante est cuite
» pendant seize à vingt heures dans des chaudières de fer.
» L'huile que l'on obtient par ce moyen est d'un brun foncé
» et constitue l'huile noire du commerce. Après l'avoir re-
» cueillie, il reste dans les chaudières un résidu épais dont
» on se sert dans ce pays comme engrais.

» 2º Les *foies du sey* sont traités de la même manière.
» La qualité seule constitue la différence de ces deux
» sortes d'huiles. L'huile de dorche est regardée comme
» la meilleure. Soumise à l'action du froid, elle reste
» claire et limpide, tandis que l'huile de sey, la pâle comme
» la noire, se fige au moindre abaissement de tempéra-
» ture.

» 3º Les *foies du haakjering* sont plus gras et produisent
» aussi la plus grande quantité d'huile. Les deux sortes
» d'huiles de haakjering, la pâle et la noire, s'obtiennent de
» la même manière que celle du dorche et du sey. Comme
» il s'écoule cependant beaucoup de temps avant que les
» foies du haakjering se décomposent, on les soumet égale-
» ment dans des chaudières de fer à l'action d'une chaleur
» tempérée, pendant qu'ils sont encore frais. L'huile que
» cette opération a fait séparer est l'*huile brune du com-
» merce*. Il existe encore une huile brune de dorche et de
» sey, dont la couleur foncée résulte de ce que les foies
» restés trop longtemps en contact avec l'huile produite ont
» transformé en brune sa couleur primitivement pâle, ou
» bien de ce qu'on laisse de nouveau se séparer une quan-
» tité d'huile après avoir recueilli l'huile pâle. Cette nou-
» velle quantité se présente de prime abord de couleur plus
» foncée.

» L'importation de l'huile de dorche est la plus considé-
» rable, celle de l'huile de sey est moindre, et celle de
» l'huile de haakjering est la moins importante de toutes.

» On s'occupe cependant depuis quelques années, plus ac-
» tivement que jamais, de la pêche du haakjering dans ces
» contrées.

» Toutes les espèces d'huiles se préparent des foies seuls
» des poissons. »

Ces deux rapports, bien qu'émanant de deux sources
différentes, s'accordent entre eux quant aux points principaux, notamment :

1º Que les foies du *Gadus callarias* et du *Gadus carbonarius* s'emploient en Norwége à la préparation des trois sortes
d'huiles du commerce, et que le *Gadus callarias* se prend en
plus grande quantité que le *Gadus carbonarius*;

2º Que l'*huile pâle* se sépare d'elle-même des foies renfermés dans des appareils destinés à cet usage, après que ces
foies ont atteint un certain degré de fermentation putride ;

3º Que l'*huile brune* doit sa teinte foncée à son contact
trop prolongé avec les foies dont elle s'est produite, ou à son
séjour trop prolongé dans les magasins ;

4º Que l'*huile noire* s'obtient par la cuisson des foies,
mais seulement après qu'une grande quantité d'huile pâle
s'en est séparée ;

5º Que l'on n'emploie jamais à la préparation de l'huile
aucune autre partie du poisson que le foie.

La différence que l'on aura cependant remarquée dans les
deux rapports, notamment que l'on obtient à Tromsoe de
l'huile brune au moyen d'une chaleur tempérée, ne provient
que d'une circonstance fortuite, savoir, que l'on s'y est occupé plus spécialement dans les derniers temps de la pêche
du *Gadus pollachius*, dont les foies, par leur seule fermentation, ne donnent l'huile que fort tard. Hormis ce cas excep-
tionnel, on obtient l'huile brune des foies du *Gadus callarias*, ainsi que de ceux du *Gadus carbonarius*, sans le secours
de chaleur artificielle, ces foies arrivant facilement à l'état
de fermentation putride.

En 1849, me trouvant en Angleterre, où depuis quatre ans l'usage de l'huile de foie de morue était devenu plus général, j'y fis quelques recherches tant au sujet des espèces de poissons dont on obtient l'huile employée en Angleterre, que dans le but d'apprendre au juste de quelle façon cette huile se prépare en Angleterre, en Écosse et à l'île Terre-Neuve. Je m'y rendis de nouveau en 1851, afin de compléter le plus possible dans le présent ouvrage le résultat des recherches que j'avais commencées à ce sujet en 1849.

Les particularités suivantes m'y ont été communiquées à ce sujet.

On emploie à la préparation de l'huile de foie de morue, principalement le long des côtes d'Angleterre, les *Gadus merlangus* et *molva*. Cette huile est plutôt employée à la préparation du cuir que comme moyen thérapeutique. On importe également en Angleterre une huile provenant de la pêche près de l'île Terre-Neuve. A la préparation de cette huile sont employées plusieurs espèces de *Gadus*, mais principalement le *Gadus morrhua*. Avant l'emploi plus général de l'huile de foie de morue en Angleterre, on n'y trouvait dans les pharmacies qu'une huile de couleur rougeâtre, d'un goût nauséabond et piquant. On l'expédiait ainsi d'Écosse, d'Irlande et de l'île Terre-Neuve.

L'huile de foie de morue ordinaire du commerce s'obtient à l'île Terre-Neuve de la manière suivante.

On entasse les foies dans de grandes cuves, pourvues au fond de plusieurs ouvertures par lesquelles l'huile qui se produit s'écoule avec le sang et le sérum dans d'autres cuves placées immédiatement au-dessous. Ensuite l'huile surnageant est séparée et recueillie dans de grands barils. Jamais la chaleur artificielle n'est employée à cette préparation.

En Irlande, les pêcheurs obtiennent l'huile au moyen d'une chaleur artificielle : quand les foies sont rassemblés en assez grande quantité, on les entasse dans de grandes chaudières de fer, où ils sont soumis à une chaleur tempérée. Après avoir recueilli l'huile brune que ce degré de chaleur a fait séparer, on augmente la chaleur. Par ce procédé on obtient une nouvelle quantité d'huile d'une couleur plus foncée.

Les pêcheurs de Schetlande laissent macérer les foies quelque temps dans de l'eau froide, après quoi ils soumettent le tout à une forte cuisson dans des chaudières de fer. Cette opération produit une huile d'un blanc tirant sur le vert, d'un goût assez doux et d'une odeur très faible. Il y en a qui agitent encore cette huile avec une nouvelle quantité d'eau, afin de la purifier davantage.

Les pêcheurs de Newhaven, près d'Edimbourg, cuisent les foies dans des pots de fer, et filtrent ensuite l'huile à travers un linge légèrement couvert de sable.

En 1849, presque tous les pharmaciens de Londres préparaient eux-mêmes l'huile des foies du *Gadus morrhua*, qu'ils achetaient en grande quantité des marchands de poisson. Le mode de préparation employé par la plupart était assez semblable à celui des pêcheurs de Schetlande qui vient d'être mentionné, avec cette différence toutefois, qu'après la cuisson des foies les parties liquides étaient filtrées à travers un linge ou d'un morceau de flanelle, et que la masse restante était fortement exprimée. Après vingt à vingt-quatre heures on séparait l'huile de l'eau, pour la filtrer de nouveau à travers du papier joseph, afin d'en séparer l'albumine et le tissu cellulaire. D'autres employaient à la préparation de leur huile des pots ou cuves à doubles parois, entre lesquelles pouvaient circuler librement des vapeurs d'eau, qui y étaient introduites au moyen d'un appareil spécial ; on entassait dans ces pots intérieurement émaillés les foies frais coupés en morceaux, dont l'huile se séparait par l'action des vapeurs circulant entre les parois.

Après vingt-quatre heures, l'huile obtenue de cette manière était filtrée à travers de la flanelle, afin d'en retenir l'albumine et le tissu cellulaire. Ces deux modes de préparation produisent une huile presque incolore et complétement dépourvue de saveur et d'odeur.

Il n'y a pas longtemps que l'huile de foie de morue se préparait encore de cette manière à l'*Apothecarie's Hall* de Londres. M. Warington m'a mis à même de voir ces appareils et d'en étudier l'usage.

Il y a peu de pharmaciens à Londres qui préparent encore actuellement leur huile eux-mêmes, par la raison que l'on importe de l'île Terre-Neuve en Angleterre, depuis le commencement de 1850, une huile assez incolore, d'une saveur et d'une odeur peu prononcées et préparée exclusivement pour l'usage médical. Cette huile est obtenue au moyen de la cuisson des foies dans l'eau, de la même manière que celle qu'emploient les pêcheurs de Schetlande, dont j'ai fait mention plus haut. Ce furent MM. Langton et Scott, droguistes à Londres, qui achetèrent en entier les premières cargaisons de cette huile, expédiées de l'île Terre-Neuve. Il paraît que les médecins anglais furent très satisfaits des premiers envois, quant à la couleur, la saveur et l'odeur de cette huile. L'huile importée plus tard ne parut pas autant les contenter sous ces différents rapports.

C'est à M. le professeur Jonathan Pereira que je dois tous ces détails.

L'huile importée en France par le grand commerce vient principalement des pêches françaises établies à l'île Terre-Neuve. Le mode de préparation de cette huile est le même que celui qu'on y emploie à la pêche anglaise ; je ne m'étendrai pas de nouveau sur ce mode de préparation, dont j'ai parlé longuement plus haut. Cette huile est d'un brun rougeâtre, d'un goût rance et d'une odeur nauséabonde ; elle est peu propre à être employée comme moyen thérapeutique. La pêche française est plus importante à l'île Terre-Neuve que la pêche anglaise. On assure que la pêche française fournit annuellement plus de 20,000 barils d'huile de 230 à 240 litres chacun.

Je ne puis affirmer que l'huile de foie de morue se prépare sur les côtes françaises ; je crois pourtant avoir entendu dire qu'elle se préparait à Saint-Malo. En définitive, ce qui me porte à croire qu'elle est également préparée sur les côtes de France , c'est que les pêcheurs hollandais, qui vont souvent jusqu'aux côtes d'Angleterre prendre leur poisson, fabriquent de l'huile, quoique en très petite quantité. Cette huile se prépare des foies du *Gadus morrhua* et du *Gadus merlangus*, et s'obtient par une chaleur artificielle. Elle est noire, très piquante, et ne s'emploie comme remède que par les pêcheurs eux-mêmes.

En outre, la Hollande et la Belgique tirent leurs huiles tantôt de Norwége, tantôt des pêches anglaises.

L'Allemagne tire également ses huiles de Norwége, jadis de la seconde main, par l'intermédiaire des maisons de commerce hollandaises, maintenant plus directement.

L'Espagne, le Portugal et la Russie tirent leurs huiles tant de Norwége que de l'île Terre-Neuve.

L'huile dont on se sert en Amérique est préparée principalement à Boston (1).

(1) ROBLEY DUNGLISON, *New remedies*, etc., 6ᵉ édition. Philadelphia, p. 548.

TROISIÈME PARTIE.

CHIMIE.

CHAPITRE PREMIER.

DES PROPRIÉTÉS PHYSIQUES DE L'HUILE DE FOIE DE MORUE.

Les trois espèces d'huiles de foie de morue du commerce, soumises par nous à l'analyse chimique, présentaient les propriétés physiques suivantes.

HUILE NOIRE.

Couleur, d'un brun foncé, tirant sur le noir, avec un reflet verdâtre.

Odeur, nauséabonde et empyreumatique.

Saveur, amère, empyreumatique et excitant fortement la gorge.

Réaction sur le tournesol, faible.

Densité à une température de 17° 1/2 c. = 0,929.

	I.	II.	III.
Solubilité dans de l'alcool froid d'une densité de 30° Ph. Belg.	5,885	5,965	6,472 p. 100.
Solubilité dans de l'alcool bouillant de la même densité	6,553	6,767	6,877
Solubilité dans de l'éther, en toutes proportions.			

HUILE BRUNE.

Couleur, approchant de celle du vin de Malaga.

Odeur, particulière, peu désagréable.

Saveur, peu amère, excitant la gorge, pourtant moins que l'huile noire.

Réaction sur le tournesol, faible.

Densité à une température de 17° 1/2 c. $= 0,924$.

	I.	II.	III.
Solubilité dans de l'alcool froid....	2,846	3,028	3,232 p. 100.
— *dans de l'alcool bouillant..*	6,548	6,676	6,826
— *dans de l'éther,* en toutes proportions.			

HUILE PALE.

Couleur, d'un jaune d'or.

Odeur, particulière, aucunement désagréable.

Saveur, d'abord douce, ensuite plus ou moins excitante.

Réaction sur le tournesol, faible.

Densité à une température de 17° 1/2 c. $= 0,923$.

	I.	II.	III.
Solubilité dans de l'alcool froid....	2,471	2,692	2,721 p. 100.
— *dans de l'alcool bouillant..*	3,468	4,006	4,512
— *dans de l'éther,* en toutes proportions.			

Pour obtenir une dissolution saturée de ces huiles dans de l'alcool froid, un excès d'huile fut agité avec de l'alcool, et, après un repos de trois jours, la dissolution alcoolique fut séparée de l'huile non dissoute par filtration.

Pour obtenir une dissolution saturée dans de l'alcool bouillant, un excès d'huile fut bouilli avec de l'alcool, et la dissolution alcoolique séparée par filtration de l'huile non dissoute, pendant l'ébullition.

CHAPITRE II.

ANALYSE CHIMIQUE DE L'HUILE DE FOIE DE MORUE.

§ Ier. — Analyse organique.

DES EXTRAITS AQUEUX DE L'HUILE DE FOIE DE MORUE ET DE LEUR COMPOSITION.

Analyse qualitative.

Lorsqu'on agite pendant quelques jours l'huile noire avec une quantité suffisante d'eau distillée, on obtient une émulsion brune, dont l'huile se sépare, pour la plus grande partie, dans les vingt-quatre heures, sous la forme d'une crème brune, laissant l'émulsion moins condensée et d'une couleur moins foncée. Après quelques semaines, l'huile s'est presque entièrement séparée d'une liqueur légèrement colorée et un peu trouble. On obtient, par la filtration réitérée, cette liqueur parfaitement limpide, bien que toujours d'une couleur jaunâtre. L'odeur de cette liqueur est empyreumatique et le tournesol en est faiblement rougi. En l'évaporant à une température de 100° cent. elle laisse un extrait mou d'un brun foncé. L'huile séparée de cette liqueur n'est pas changée de couleur ; son odeur empyreumatique est pourtant moindre qu'avant cette opération, son goût est encore rance et amer, et sa réaction toujours faiblement acide.

L'huile brune, traitée de la même manière, donne une émulsion gris pâle. Après quelque temps l'huile se sépare, sous la forme d'une crème jaune brunâtre, d'une liqueur analogue à celle que donne l'huile noire. Par la filtration réitérée, on obtient cette liqueur parfaitement limpide et incolore, d'une odeur et d'une saveur qui rappellent celles de l'huile, et d'une réaction faiblement acide. Évaporée à une température de 100° cent., elle laisse un extrait dur d'un brun foncé. L'huile séparée de cette liqueur se présente d'une couleur plus pâle qu'avant l'opération ; son odeur et sa réaction sur le tournesol ne sont pourtant pas changées.

L'huile pâle, agitée pendant quelques jours avec de l'eau distillée, donne une émulsion blanche. Par le repos l'huile s'en sépare, pour la plus grande partie, sous la forme d'une crème blanche. La liqueur aqueuse obtenue par la filtration réitérée est d'une réaction faiblement acide , d'un goût fade et d'une odeur qui rappelle faiblement celle de l'huile. Évaporée à une température de 100° cent., elle laisse un extrait dur, d'un brun foncé. L'huile séparée de cette liqueur est beaucoup plus pâle qu'avant l'opération, bien que son odeur, sa saveur et sa réaction ne soient nullement changées.

Lorsque l'huile noire est bouillie pendant quelques heures avec de l'eau distillée, la liqueur aqueuse qu'on en sépare au moyen d'un siphon se présente trouble et d'une couleur très jaune. Cette liqueur peut être obtenue parfaitement limpide par la filtration réitérée, et est alors d'un goût amer, d'une odeur empyreumatique et d'une réaction acide. Évaporée à une température de 100° cent., elle laisse un extrait mou, d'un brun foncé, qui, chauffé, prend la consistance d'un sirop épais. L'huile séparée de la liqueur aqueuse n'est pas changée de couleur, mais son odeur empyreumatique a fait place à une odeur particulièrement nauséabonde ; son goût est resté rance et sa réaction acide.

Lorsque l'huile brune est traitée de la même manière, la liqueur aqueuse séparée de l'huile est trouble, d'un jaune clair et d'une réaction faiblement acide. Obtenue limpide par la filtration réitérée et évaporée ensuite à une température de 100° cent., elle laisse un extrait dur, d'un brun foncé, qui s'amollit par la chaleur. L'huile séparée de la liqueur aqueuse est plus brillante qu'avant l'opération, d'une couleur plus foncée, d'un goût plus désagréable et d'une odeur plus nauséabonde. Sa réaction est acide comme avant l'opération.

En soumettant l'huile pâle à cette opération, on en obtient une liqueur aqueuse, légèrement trouble, presque incolore, d'une odeur rappelant celle de l'huile, d'un goût fade et d'une réaction acide. Obtenue parfaitement limpide par la filtration réitérée et évaporée ensuite à une température de 100° cent., elle laisse un extrait dur, d'un brun foncé, qui s'amollit par la chaleur. L'huile traitée de cette manière n'est pas changée de couleur, mais son odeur et sa saveur en sont devenues très nauséabondes.

Les extraits aqueux obtenus des deux manières ci-dessus détaillées ne différant probablement pas dans leur composition chimique, nous nous sommes borné à nous les procurer seulement par l'ébullition de l'huile avec de l'eau, d'autant plus que pour en obtenir une quantité suffisante pour l'analyse, on perd un temps précieux.

Outre les propriétés déjà mentionnées, les extraits obtenus de cette manière présentent encore les propriétés suivantes.

Leur odeur est particulière et leur goût amer. Ils sont ous très peu solubles dans l'eau, un peu plus dans l'éther, et pour la plus grande partie dans l'alcool et dans les alcalis caustiques étendus. Ces différentes dissolutions sont toutes d'une couleur brune rougeâtre. Les acides étendus les précipitent de leurs dissolutions alcalines sous la forme de flocons bruns.

Une description plus détaillée de ces extraits ne peut être d'aucune utilité, vu leur composition très compliquée. La connaissance des matières que l'éther et l'alcool en séparent est plus essentielle, d'autant plus que parmi ces matières il y en a qui sont encore très composées et qui contiennent des principes qui n'ont pas été trouvés avant moi par d'autres chimistes dans l'huile de foie de morue (¹).

Analyse des extraits aqueux par l'éther, l'alcool absolu et l'alcool de 30° Ph. Belg.

Lorsqu'on verse sur l'extrait aqueux, obtenu n'importe de laquelle des trois espèces d'huiles déjà mentionnées, de l'éther sulfurique, après que cet extrait a été préalablement séché à une température de 100 à 110° cent., il devient dur de semi-liquide qu'il était, laissant toutefois l'éther parfaitement incolore. Soumis ensuite à la chaleur, l'éther se colore en brun. En répétant cette ébullition avec une nouvelle quantité d'éther, jusqu'à ce que ce dernier ne se colore plus, on retient une matière brune, qui adhère fortement aux parois du vase. Cette matière se dissout pour la plus grande partie dans de l'alcool absolu, même à la température ordinaire, communiquant à l'alcool une couleur brune intense. Quand l'alcool absolu, qu'on ajoute en petite quantité, après avoir retiré chaque fois la dissolution alcoolique, ne se colore plus, on retient une matière noire qui se dissout presque entièrement dans l'alcool de 30°. Cette dernière dissolution est séparée par filtration d'une très petite quantité d'une matière grise, totalement insoluble.

Nous indiquerons la dissolution dans l'éther par le chiffre I, celle dans l'alcool absolu par le chiffre II, et enfin celle dans l'alcool de 30° par le chiffre III.

La dissolution I laisse, après l'évaporation de l'éther, une matière que nous indiquerons par la lettre A, et qui présente les propriétés suivantes.

Elle est d'un brun rougeâtre et parfaitement transparente. Elle a l'odeur et le goût de la bile. Elle colle comme

(¹) Voyez page 39.

de la térébenthine, devient semi-liquide quand on la chauffe, se fige par le refroidissement et tache le papier comme de l'huile. Après quelque temps, il s'y forme de petits cristaux d'une forme difficile à déterminer. L'eau en dissout très peu ; l'éther, l'alcool absolu et l'alcool de 30° les dissolvent entièrement.

La dissolution II laisse, après l'évaporation de l'alcool, une matière que nous indiquerons par la lettre B.

Après avoir été séchée à une température de 100° cent., cette matière éclate comme du verre. Elle est très hygroscopique et devient molle étant exposée à l'air. Elle est d'un brun noir, inodore et d'un goût amer. Elle est complétement insoluble dans l'éther, peu soluble dans l'eau, et entièrement soluble dans l'alcool absolu et l'alcool de 30°.

La dissolution III laisse, après l'évaporation de l'alcool, une matière que nous indiquerons par la lettre C.

Cette matière est noire, scintillante, insoluble dans l'éther et dans l'alcool absolu, peu soluble dans l'eau, et parfaitement soluble dans l'alcool de 30°. Elle est inodore et d'un goût particulier.

La matière grise complétement insoluble dans l'eau, l'éther, l'alcool absolu et l'alcool de 30°, est un mélange de principes inorganiques et d'une très petite quantité d'une matière organique. Nous la désignerons par la lettre D.

Analyse des matières A, B, C et D.

Les résultats de cette analyse ayant été les mêmes pour les matières analogues obtenues des différentes espèces d'huiles, nous ne parlerons que des matières A, B, C et D en général, comme matières constituantes des extraits aqueux de l'huile de foie de morue. Mais bien que les extraits aqueux des trois espèces d'huiles de foie de morue se ressemblent parfaitement sous le rapport qualitatif, on verra

plus loin qu'il y a une grande différence entre eux quant à
la quantité de matières analogues qui se trouvent dans
un poids donné de chacun d'eux. Les propriétés sus-mentionnées des matières A et B, en nous démontrant assez
clairement l'existence plus que probable de principes bilieux
dans l'huile de foie de morue, nous ont guidé dans cette
analyse, pour base de laquelle, faute d'une analyse complète de fiel de poisson, nous avons dû prendre l'excellente
analyse du fiel de bœuf de l'immortel Berzelius.

Analyse de la matière A.

Lorsqu'une dissolution de carbonate d'ammoniaque est
ajoutée à la dissolution de la matière A dans l'éther, ce mélange se sépare, après avoir été agité pendant quelque temps,
en deux couches, dont la supérieure est jaune et trouble, et
l'inférieure brune et limpide. Après quelques heures de repos, on peut séparer les deux couches. La *couche supérieure*,
abandonnée à l'évaporation spontanée, laisse, après l'évaporation de l'éther, un mélange de petits cristaux, d'une
matière grasse et d'une substance collante d'un brun foncé,
possédant au plus haut degré l'odeur et le goût de la bile.
La quantité que j'ai obtenue de ces trois matières était trop
minime pour que j'aie pu soumettre chacune d'elles à une
analyse séparée. La matière brune est sans doute une partie de la matière A elle-même, combinée avec de l'ammoniaque ; la matière grasse est probablement de l'oléine, et
les cristaux de forme très irrégulière sont, selon toute
apparence, de la margarine. La *couche inférieure*, soumise
à une température de 100° cent., laisse, après l'évaporation,
une grande quantité d'une matière d'un brun foncé et d'un
goût extrêmement amer. Lorsqu'on reprend cette matière
par l'eau distillée, on obtient : 1° une dissolution aqueuse
d'une couleur jaune, et 2° une matière d'un brun foncé,

insoluble dans l'eau et adhérant fortement aux parois du vase.

1° La dissolution aqueuse est trouble, et l'on ne parvient pas à la rendre limpide même par des filtrations réitérées, quand l'eau a été agitée avec la matière amère ; si, au contraire, on verse avec prudence l'eau sur cette matière, et qu'on ne l'agite pas, on obtient cette dissolution parfaitement limpide.

Le même phénomène se présente, selon Berzelius (¹), quand, pour séparer un mélange de fellinate et de cholinate d'ammoniaque, l'eau n'est pas ajoutée avec prudence. Le cholinate d'ammoniaque, très peu soluble dans l'eau, reste alors en suspens dans la dissolution de fellinate d'ammoniaque divisé en molécules extrêmement fines et ne peut en être séparé par aucun moyen.

Pour cette raison, j'ajoutai goutte à goutte l'eau distillée à la matière amère, et je laissai le tout en repos pendant douze heures. Je séparai ensuite doucement de la matière non dissoute la dissolution aqueuse parfaitement limpide et d'une couleur jaune. Cette opération fut répétée jusqu'à ce que l'eau versée sur la matière amère s'en fût séparée parfaitement incolore. Les dissolutions aqueuses furent réunies à la matière dissoute précipitée par l'acide hydrochlorique ajouté goutte à goutte. Le précipité floconneux, d'une couleur blanche, fut recueilli sur un filtre, et ensuite dissous dans de l'alcool de 30°. J'obtins, par l'évaporation de l'alcool, une matière huileuse très amère et soluble dans l'éther.

Lorsqu'on chauffe cette matière avec une dissolution aqueuse de carbonate de soude, qu'ensuite on évapore l'eau, et qu'enfin on verse sur le résidu de l'alcool, on obtient une dissolution alcoolique de la combinaison de cette

---

(¹) *Lehrb.* Bd. IX, p. 256.

matière avec la soude. En évaporant l'alcool, et en reprenant le résidu par l'eau distillée, on obtient une dissolution aqueuse de ce sel, dans laquelle les dissolutions aqueuses de chlorure de barium et d'acétate de plomb neutre produisent des précipités parfaitement solubles dans l'alcool.

En comparant maintenant les propriétés de cette matière huileuse avec celles que Berzelius indique de l'acide fellinique, il est certain que cette matière n'est autre chose que l'*acide fellinique*.

2° Lorsqu'on décompose par l'acide hydrochlorique étendu la matière insoluble dans l'eau, on obtient un précipité floconneux d'une couleur jaune, et une matière brune foncée adhérant fortement au vase. En dissolvant ensemble ces deux matières dans l'alcool, après les avoir lavées pendant quelque temps avec de l'eau, et en versant ensuite de l'eau de baryte dans cette dissolution alcoolique, on obtient un fort précipité d'un brun foncé, quoique la liqueur ne se décolore pas entièrement.

Cette liqueur, séparée du précipité, laisse, après l'évaporation, une petite quantité d'une matière brune très collante, insoluble dans l'éther et dans l'eau, soluble dans l'alcool, et n'offrant pas la moindre analogie avec aucune des matières trouvées par Berzelius dans le fiel de bœuf.

Le *précipité brun*, parfaitement insoluble dans l'alcool, l'est partiellement dans l'eau. Ainsi, lorsque, après l'avoir recueilli sur un filtre, et après l'avoir préalablement lavé avec de l'alcool, on le lave ensuite avec de l'eau, celle-ci le décolore presque entièrement, en se colorant elle-même fortement en brun, ce qui rend probable l'existence de *bilifulvate de baryte*.

Lorsqu'on décompose par l'acide hydrochlorique étendu la partie non dissoute et décolorée du précipité, et qu'on reprend par l'alcool la matière organique restée sur le filtre, après l'avoir préalablement lavée avec de l'eau, on obtient une dissolution alcoolique d'une couleur jaune et d'un goût très amer, dans laquelle une dissolution aqueuse de soude caustique ne produit point de précipité. En soumettant maintenant ce mélange à l'évaporation, on obtient une combinaison d'une matière organique avec la soude parfaitement soluble dans l'eau. L'acide hydrochlorique versé dans cette dernière dissolution aqueuse y produit un précipité floconneux d'une couleur blanche. Le chlorure de barium et l'acétate de plomb neutre y produisent le même phénomène. Le sel de baryte obtenu de cette manière est soluble dans l'alcool, tandis que le sel de plomb n'est que très peu soluble dans ce véhicule et point du tout dans l'éther.

Cette matière a donc toutes les propriétés caractéristiques de l'*acide cholinique*.

Analyse de la matière B.

Lorsqu'on ajoute goutte à goutte une dissolution de chlorure de barium à la dissolution de la matière B dans l'alcool de 30°, on y produit un fort précipité d'une couleur brune, en changeant en même temps en jaune sa couleur brune primitive.

Ce précipité, recueilli sur un filtre, est dissous en grande partie par l'alcool de 30°, qui ne laisse sur le filtre que du chlorure de barium.

Ce phénomène prouve que ce précipité n'est pas une combinaison chimique d'une matière organique avec la baryte, et constate en même temps l'absence total de *biliverdine*.

L'eau de baryte versée dans la dissolution alcoolique de la matière B y produit également un fort précipité brun (*précipité I*), tout en changeant en jaune sa couleur brune primitive (*eau mère I*).

Précipité I.—Après avoir recueilli ce précipité sur un filtre et bien lavé avec de l'alcool de 30°, dans lequel il est parfaitement insoluble, on le dissout dans l'eau distillée, qui en est fortement colorée en brun. En versant dans cette dissolution aqueuse successivement une dissolution d'acétate de plomb neutre et de sous-acétate de plomb, on y produit deux précipités, dont le premier est brun et lourd, et dont le second, qui se dépose comme une seconde couche sur le premier précipité, est moins lourd et de couleur jaune. Ces précipités sont recueillis sur un filtre, lavés avec de l'eau et décomposés ensuite par l'hydrogène sulfuré. Lorsque maintenant on extrait le contenu du filtre avec de l'alcool de 30° faiblement chauffé, qu'on évapore l'alcool, qu'on reprend le résidu par l'alcool froid, et qu'on soumet cette dernière dissolution après filtration à l'évaporation, il reste une matière brune dans laquelle on peut parfaitement distinguer, même à l'œil nu, des cristaux de *bilifulvine* d'un rouge brun.

Eau-mère I.—La liqueur filtrée, soumise à l'évaporation, après que l'excès de baryte en est séparé par l'acide carbonique, l'ébullition et la filtration, laisse une matière brune d'un goût amer, parfaitement soluble dans l'eau bouillante. En versant une dissolution d'acétate de plomb dans cette dissolution aqueuse, on obtient un précipité d'un brun clair (*précipité II*) et une eau mère d'une couleur jaune (*eau mère II*).

Précipité II.—Ce précipité est séparé de l'eau-mère II et mis à digérer pendant quelques heures avec une dissolution de carbonate de soude. Le carbonate de plomb qui se forme est séparé, par filtration, d'une dissolution aqueuse d'un brun foncé dans laquelle l'acide sulfurique produit un précipité d'une couleur brune, qui, recueilli sur un filtre, est ensuite dissous dans de l'eau. Cette dissolution aqueuse, évaporée à une température de 100° cent., laisse une matière brune qui ressemble à la matière brune dans laquelle les cristaux de bilifulvine sont contenus. Cette matière est insoluble dans l'éther, et soluble dans l'alcool et dans l'eau. L'eau de baryte, l'acétate de plomb neutre, le sous-acétate de plomb et le deuto-chlorure de mercure produisent des précipités dans sa dissolution aqueuse, tandis que le chlorure de barium et le nitrate d'argent restent sans effet sur elle. Aussi, cette matière n'offre point d'analogie avec aucune des matières trouvées par Berzelius dans le fiel de bœuf.

Eau mère II. — En versant une dissolution d'acétate de plomb dans la liqueur filtrée, on obtient un précipité jaune (*précipité III*) et une eau mère toujours un peu colorée (*eau mère III*).

Précipité III. — Ce précipité est séparé de l'eau mère III et mis à digérer comme le précipité II avec une dissolution aqueuse de carbonate de soude. Le carbonate de plomb qui se forme est séparé, par filtration, d'une dissolution aqueuse jaune dans laquelle l'acide sulfurique produit un précipité floconneux qui, recueilli sur un filtre, est ensuite dissous dans de l'eau. L'acide sulfurique versé dans cette dissolution aqueuse y produit le même précipité, mais cette fois d'une consistance plus grande. La petite quantité que j'obtins de cette matière ne me permit pas d'en poursuivre l'analyse. Si nous comparons pourtant la manière dont on l'obtient à celle par laquelle Berzelius a obtenu l'*acide bilifellinique*, il n'y a pas de doute que cette matière n'est autre chose que cet acide, d'autant plus que, selon Berzelius, l'acide bilifellinique, précipité d'une dissolution de bilifellinate de soude par l'acide sulfurique, se dissout dans l'eau avec laquelle on le lave, et que l'acide sulfurique le précipite de nouveau de sa dissolution aqueuse.

Eau mère III. — En traitant cette liqueur par l'hydrogène sulfuré, on obtient un précipité noir et une eau mère parfaitement incolore.

Le précipité noir, recueilli sur un filtre et lavé avec de l'eau, est ensuite extrait par l'alcool, qui, évaporé, laisse une petite quantité d'une matière jaune d'un goût d'abord amer, ensuite doux et astringent, soluble dans l'alcool, insoluble dans l'éther et dans l'eau, et s'amollissant à la chaleur. Cette matière est probablement de la *biline* mélangée avec une autre matière, dont nous ne trouvons également rien d'analogue dans l'analyse de fiel de bœuf de Berzelius.

L'eau mère incolore laisse, après l'évaporation, un résidu qui, vu la petite quantité que nous en avons obtenue, échappa à notre analyse.

Analyse de la matière C.

Cette matière paraît également être particulière à l'huile de foie de morue. Elle est insoluble dans l'éther et dans l'alcool absolu, partiellement dans l'eau et complétement dans l'alcool de 30°. Obtenue de sa dissolution alcoolique après l'évaporation de l'alcool, elle présente les propriétés suivantes. Elle est noire comme du charbon, brillante et éclate comme le verre ; elle est soluble dans les alcalis caustiques, et précipitée de ses dissolutions alcalines sous la forme de flocons bruns, par les acides sulfurique, nitrique et hydrochlorique étendus, et par l'acide acétique concentré ; elle est insoluble dans les acides sulfurique, nitrique et hydrochlorique étendus, et dans les acides nitrique et hydrochlorique concentrés, et soluble dans l'acide acétique concentré bouillant, et dans l'acide sulfurique concentré, même à la température ordinaire. Les alcalis caustiques la précipitent de cette dernière dissolution sous la forme de flocons bruns. L'eau de baryte et une dissolution alcoolique d'acétate de plomb neutre produisent des précipités bruns dans sa dissolution alcoolique. Elle est inflammable, et laisse très peu de cendres et un charbon difficilement combustible ; en brûlant elle répand une odeur de poisson frit.

Analyse du mélange D.

L'huile noire ne donne qu'une très petite quantité de ce résidu. L'huile brune et l'huile pâle en donnent plus. Nous avons déjà dit plus haut qu'il consistait en un mélange d'une matière organique insoluble dans l'éther, l'alcool absolu, l'alcool de 30° et l'eau, avec des matières inorganiques. L'existence d'une matière organique est prouvée non seulement par la couleur dudit mélange, mais principalement parce qu'il est inflammable et qu'il répand en même temps une odeur particulière aux matières organiques.

Le mélange D, calciné et traité ensuite par l'eau distillée, est divisé en deux parties, l'une soluble, l'autre insoluble dans l'eau.

Partie soluble. — La dissolution aqueuse ne réagit pas sur l'amidon et l'acide nitrique (*absence d'iode*). Le nitrate d'argent y produit un précipité floconneux blanc, soluble dans l'ammoniaque caustique (*chlore*). Des précipités y sont également produits par le chlorure de barium (*acide sulfurique*), par l'oxalate d'ammoniaque (*chaux*), par le carbonate de potasse bouillant (*magnésie*), tandis que le chlorure de platine n'y produit point de précipité (*absence de potasse*). Un fil de platine, mouillé de cette dissolution, colore la flamme d'une lampe à alcool en jaune (*soude*). Le chlore, l'acide sulfurique, la chaux, la magnésie et la soude, se trouvent donc probablement dans cette dissolution à l'état de *chlorure de sodium* et de *calcium*, et de *sulfate de soude et de magnésie.*

Partie insoluble. — La partie du mélange insoluble dans l'eau est dissoute sans effervescence par l'acide hydrochlorique. Le chlorure de barium produit dans cette dissolution un précipité lourd (*acide sulfurique*). L'ammoniaque caustique y produit un précipité gélatineux (*phosphate de chaux, ainsi acide phosphorique*).

Si maintenant la dissolution est évaporée à siccité et le résidu repris par l'eau, une grande quantité s'en dissout de nouveau. Après filtration, l'oxalate d'ammoniaque produit un fort précipité dans la dissolution aqueuse (*chaux*). L'acide sulfurique et l'acide phosphorique se trouvent donc dans cette partie du mélange D, à l'état de *sulfate* et de *phosphate de chaux*.

Analyse quantitative des extraits aqueux.

I. DOSAGE DES EXTRAITS AQUEUX.

Espèces d'huiles.	Quantité d'huile employée.	Quantité d'extrait obtenue.	Ainsi en 100 parties.
	gr.	gr.	
Huile noire traitée par l'eau froide. . .	34,977	0,451	1,288
— par l'eau bouillante.	32,062	0,403	1,256
Huile brune traitée par l'eau froide : .	39,085	0,348	0,890
— par l'eau bouillante	38,855	0,330	0,849
Huile pâle traitée par l'eau froide. . .	18,277	0,111	0,607
— par l'eau bouillante.	40,670	0,209	0,513

La cause par laquelle l'huile traitée par l'eau froide produit toujours une plus grande quantité d'extrait que lorsqu'elle est traitée par l'eau chaude provient probablement de la présence dans l'huile d'une matière qui ne se dissout que dans l'eau froide, et qui ne peut être que de l'albumine.

II. DOSAGE DES MATIÈRES COMPOSANT LES EXTRAITS AQUEUX.

Quantité d'extrait soumise à l'analyse. . . .	HUILE NOIRE. 5ᵍʳ.,348		HUILE BRUNE. 5ᵍʳ.,622		HUILE PALE. 4ᵍʳ,681	
	Produit	en 100 parties d'huile contenant 1,256.	Produit	en 100 parties d'huile contenant 0,849.	Produit	en 100 parties d'huile contenant 0,513.
A. Extraits par l'éther : Acide fellinique, acide cholinique avec une petite quantité d'oléine, de margarine et de bilifulvine. . .	1,277	0,290	0,410	0,062	0,391	0,043
B. Extraits par l'alcool absolu : Acide bilifellinique, avec deux matières particulières à l'huile	3,733	0,876	2,950	0,445	2,446	0,268
C. Extraits par l'alcool de 30 degrés: Une matière particulière à l'huile. . . .	0,164	0,038	0,089	0,043	0,062	0,006
D. Résidu insoluble contenant: 1° Une matière organique.	0,022	0,005	0,016	0,002	0,014	0,001
2° Du sulfate de soude, de magnésie et de chaux, du chlorure de sodium et de calcium	0,140	0,037	2,124	0,320	1,742	0,190
Perte.	0,042	. . . . .	0,033	. . . . .	0,029	. . . . .
	5,348	1,256	5,622	0,842	4,681	0,508

DE LA GLYCÉRINE DE L'HUILE DE FOIE DE MORUE.

LA GLYCÉRINE DE L'HUILE DE FOIE DE MORUE COMPARÉE A LA GLYCÉRINE DE L'HUILE D'OLIVE ET DE LA GRAISSE DE MOUTON.

Analyse qualitative.

La glycérine que j'obtenais de l'huile de foie de morue présentait des propriétés que je ne trouvais indiquées nulle part, comme celles de la glycérine d'autres graisses : c'est pourquoi j'ai cru devoir la comparer à celle de l'huile d'olive, ainsi qu'à celle d'une graisse différant desdites huiles en ce qu'elle contient, pour la plus grande partie, de la stéarine : je veux parler de la graisse de mouton.

A cette fin, l'huile de foie de morue, l'huile d'olive et la graisse de mouton furent saponifiées par la soude caustique, et les eaux mères contenant la glycérine séparées du savon.

L'eau mère provenant de l'huile de foie de morue était d'une couleur brune foncée; celles provenant des deux autres graisses présentaient une couleur jaune claire.

Pendant la neutralisation de l'eau mère par l'acide sulfurique, celle provenant de l'huile de foie de morue répandait une odeur particulière, semblable à l'odeur de poisson fumé; celle provenant de la graisse de mouton répandait une odeur qui rappelait faiblement celle de la graisse même, tandis que celle provenant de l'huile d'olive restait inodore.

Les liqueurs, neutralisées, furent évaporées jusqu'à ce qu'un commencement de cristallisation se manifestât. Le lendemain, les liqueurs furent décantées du sulfate de soude qui s'était cristallisé pour la plus grande partie, et évaporées au bain-marie jusqu'à ce que la cristallisation se manifestât de nouveau ; ensuite la plus grande partie de sulfate de soude, resté dans la liqueur, y fut précipitée par l'alcool de 30°. Après la filtration et l'évaporation, un reste de sulfate de soude qui se trouvait encore dans les liqueurs fut précipité par l'alcool absolu, les liqueurs filtrées de nouveau et évaporées à une température de 100° cent. Pendant l'évaporation, la couleur de ces liqueurs devenait de plus en plus foncée.

La glycérine préparée de cette manière et séchée à une température modérée présentait les propriétés suivantes.

Glycérine d'huile de foie de morue. — Elle était d'une couleur brune foncée, transparente, de la consistance d'un sirop épais, d'une odeur rappelant celle du pain noir, d'une saveur douce, soluble dans l'eau et dans l'alcool. L'eau de baryte et l'acétate de plomb neutre ne produisirent pas de précipité dans sa dissolution aqueuse, tandis que le sous-acétate de plomb y produisit un fort précipité.

C'est justement cette dernière propriété qui m'a porté à faire l'examen comparé de la glycérine de différentes matières grasses, puisque M. Berzelius dit positivement (¹) que le sous-acétate de plomb ne produit pas de précipité dans la dissolution aqueuse de la glycérine.

Les acides nitrique et hydrochlorique étendus restent sans effet sur la glycérine de l'huile de foie de morue, tandis que l'acide sulfurique étendu versé sur elle produit une légère effervescence, suivie d'une odeur de beurre rance très prononcée.

Glycérine d'huile d'olive. — Elle était d'une couleur jaune brunâtre, soluble dans l'alcool et dans l'eau, et des mêmes consistance, odeur et goût que la glycérine de l'huile de foie de morue. L'eau de baryte et l'acétate de plomb neutre ne produisirent pas de précipité dans sa dissolution aqueuse, tandis qu'un FORT PRÉCIPITÉ y était produit par le sous-acétate de plomb. Les acides nitrique, hydrochlorique et sulfurique étendus restèrent sans effet sur la glycérine de cette huile.

Glycérine de graisse de mouton. — Hormis la couleur d'un jaune plus clair, la glycérine de la graisse de mouton présentait les mêmes propriétés que celle de l'huile d'olive.

Dans la supposition que la matière précipitable par le sous-acétate de plomb était une matière mélangée avec la glycérine, la glycérine obtenue fut dissoute de nouveau dans de l'eau, un excès de sous-acétate de plomb fut ajouté à cette liqueur et le précipité produit (*précipité A*) séparé de l'eau mère (*eau mère B*).

Précipité A. — Plusieurs jours se passèrent avant que

____

(¹) BERZELIUS, *Lehrb. der Chemie*, Bd. VI, s. 554.

l'eau employée à laver ce précipité, obtenu de 2 grammes de glycérine, ne réagit plus sur l'hydrosulfate d'ammoniaque. Pendant ce temps le précipité diminuait visiblement, et quand je croyais retenir un sel organique de
plomb, il ne restait sur le filtre qu'un peu de carbonate de
plomb; d'où il résulte que le sel organique avait été décomposé par l'acide carbonique de l'air. Pour cette raison le
précipité A ne fut, dans les expériences suivantes, lavé que
fort peu de temps, ensuite pressé entre du papier joseph,
puis divisé dans de l'eau et décomposé par l'hydrogène
sulfuré. Par cette opération j'obtenais un précipité noir
(*précipité a*) et une eau-mère incolore (*eau-mère b*).

Précipité a. — Le précipité noir, sulfure de plomb, fut
recueilli sur un filtre, lavé avec de l'eau et ensuite extrait
par l'alcool bouillant, qui, évaporé après, ne laissa point de
résidu.

Eau mère b. — Cette liqueur fut évaporée à une température de 100° c. Pendant l'évaporation il se précipitait une
petite quantité de soufre provenant de l'excès de l'hydrogène
sulfuré. Après que ce précipité eut été éloigné par filtration,
la liqueur filtrée fut soumise de nouveau à l'évaporation.
Pendant l'évaporation la liqueur devint d'abord jaune, plus
tard brune, et laissait, après l'évaporation complète de
l'eau, un résidu d'un brun foncé, mais clair et transparent,
peu soluble dans l'eau froide, plus soluble dans l'eau chaude et
dans l'alcool, et entièrement soluble dans la soude caustique.

Eau mère b. — La dissolution aqueuse de glycérine séparée du précipité A fut également séparée de l'excès de
sous-acétate de plomb par l'hydrogène sulfuré, et de l'excès
de ce dernier par l'évaporation et la filtration. Soumise de
nouveau à l'évaporation, la liqueur devint d'abord jaune,
puis brune, et laissa, après que l'acide acétique provenant
du sous-acétate de plomb eut été complétement éloigné,
une glycérine d'une couleur beaucoup plus foncée que celle

11

qu'avait présentée la glycérine avant la précipitation par le sous-acétate de plomb. Pour le reste, si nous exceptons encore l'odeur de beurre rance produite par l'acide sulfurique sur la glycérine de l'huile de foie de morue avant la précipitation par le sous-acétate de plomb, les propriétés de la glycérine obtenue après la précipitation étaient absolument les mêmes qu'avant cette opération ; même le sous-acétate de plomb produisit de nouveau, dans sa dissolution aqueuse, un précipité semblable sous tous les rapports au précipité A.

La glycérine obtenue après la seconde précipitation fut traitée encore une fois de la même manière et donnait absolument les mêmes résultats.

Afin de compléter cet examen, l'huile de foie de morue, l'huile d'olive et la graisse de mouton furent saponifiées par l'oxyde de plomb, et les eaux mères contenant la glycérine séparées des savons.

L'eau mère provenant de l'huile de foie de morue se présenta d'une couleur jaune ; celles provenant des deux autres graisses étaient parfaitement incolores.

Ces dissolutions aqueuses furent traitées par l'hydrogène sulfuré, filtrées, chauffées, filtrées de nouveau, afin d'en séparer le soufre, et enfin évaporées à une température de 100° cent.

Pendant l'évaporation, la liqueur filtrée provenant de l'huile de foie de morue devint de plus en plus colorée, tandis que celles provenant de l'huile d'olive et de la graisse de mouton se coloraient fortement en jaune, d'incolores qu'elles étaient.

Après l'évaporation de l'eau, la glycérine de l'huile de foie de morue se présentad'un brun très foncé et comme mélangée avec une matière noirâtre semblable au goudron. Le tout fut repris par l'eau, et la matière goudronneuse séparée de la dissolution aqueuse par filtration. La matière goudronneuse était peu soluble dans l'eau froide, plus soluble dans l'eau bouillante, et parfaitement soluble dans l'alcool et les alcalis. Toutes ces dissolutions sont d'un brun foncé.

La dissolution aqueuse, séparée de la matière noire et soumise de nouveau à l'évaporation, présenta les mêmes phénomènes. La matière goudronneuse qui s'y formait de nouveau fut séparée de la glycérine, comme la première fois, et cette opération fut répétée trois fois; après quoi le sous-acétate de plomb, versé dans la dissolution aqueuse de la glycérine, y produisit un fort précipité.

Après filtration et évaporation de la liqueur filtrée, j'obtins une glycérine d'une couleur brune très foncée, qui, dissoute dans de l'eau, put être de nouveau précipitée partiellement par le sous-acétate de plomb, etc.

La glycérine obtenue de cette manière présenta les mêmes propriétés que celle que j'avais obtenue par la saponification par la soude caustique, à l'exception de l'effervescence suivie de l'odeur de beurre rance que l'acide sulfurique ne produit que sur la glycérine que l'on obtient par la saponification par la soude caustique.

La glycérine obtenue par la saponification de l'huile d'olive et de la graisse de mouton par l'oxyde de plomb, présentait les mêmes propriétés que celle obtenue par la saponification de ces graisses par la soude caustique.

Il en était de même des précipités produits par le sous-acétate de plomb dans leurs dissolutions aqueuses.

Les résultats de cet examen me firent supposer que les dissolutions de glycérine devaient subir, par l'évaporation à l'air, des changements pareils à ceux que subissent, par les mêmes causes, les matières extractives en se changeant en *apothème*.

Les deux expériences suivantes confirmèrent suffisamment cette supposition.

Première expérience. — Une dissolution aqueuse de glycérine fut presque entièrement décolorée par le charbon animal et divisée en deux parties, dont l'une fut évaporée à l'air à une température de 100° cent., et l'autre dans le vide en présence de l'acide sulfurique.

La partie évaporée à l'air laissa une glycérine d'une couleur brune, tandis que la partie évaporée dans le vide laissa une glycérine d'un jaune clair : cependant le sous-acétate de plomb produisit un précipité également fort dans la dissolution aqueuse de la glycérine obtenue des deux manières. Il résulte de cette expérience que la matière colorante est nécessairement produite par l'évaporation à l'air à une température élevée.

Seconde expérience. — Une dissolution aqueuse de glycérine fut précipitée par le sous-acétate de plomb, et la liqueur filtrée évaporée dans le vide en présence de l'acide sulfurique.

La glycérine obtenue de cette manière était plus fortement colorée que celle qu'avait fait obtenir l'évaporation dans le vide, mentionnée dans la première expérience. Le sous-acétate de plomb ne produisit point de précipité dans sa dissolution aqueuse, d'où il résulte que la matière précipitable est également produite par l'évaporation à l'air.

En outre, ces deux expériences prouvent que la matière colorante et la matière précipitable de la glycérine sont deux matières différentes.

Ce serait trop nous éloigner du but de nos recherches que d'entreprendre un examen plus minutieux des changements que la glycérine subit par les causes sus-mentionnées. C'est pourquoi nous avons cru devoir l'abandonner.

Analyse quantitative de la glycérine de l'huile de foie de morue.

Pour le dosage, la glycérine fut préparée par la saponification de l'huile de foie de morue par la soude caustique.

Espèces d'huiles.	Quantité d'huile employée.	Quantité de glycérine obtenue.	En 100 parties.
Huile noire	4,232 gr.	0,411 gr.	0,711
— brune. . . .	4,847	0,485	9,073
— pâle.	5,719	0,582	10,177

DES ACIDES GRAS FIXES : ACIDE MARGARIQUE ET ACIDE OLÉIQUE DE L'HUILE DE FOIE DE MORUE.

Analyse qualitative.

Pour obtenir les acides gras fixes, les trois espèces
d'huiles soumises à notre analyse furent saponifiées par la
soude caustique.

L'huile noire se saponifia le plus promptement, et répan-
dit, pendant et après la saponification, une odeur extrêmement désagréable.

La couleur de savon s'accordait avec celle des huiles
employées.

Après la saponification, les savons furent séparés de
l'eau mère, dissous dans de l'eau chaude, et précipités de
leur dissolution aqueuse par une faible dissolution aqueuse
de soude caustique. Cette opération fut répétée jusqu'à cinq
fois, afin d'éloigner jusqu'à la moindre trace de glycérine.
La couleur de l'eau mère diminua à chaque nouvelle précipitation, et fut tout à fait nulle à la dernière.

Les savons purifiés de cette manière furent dissous dans
de l'eau chaude, et leurs dissolutions précipitées par une
dissolution chaude d'acétate de plomb neutre. Après le refroidissement, les savons de plomb furent séparés de l'eau
mère, lavés avec de l'eau distillée tiède, jusqu'à ce que

celle-ci ne réagit plus sur l'hydrosulfate d'ammoniaque, séchés à 100° cent., et mis à macérer pendant huit jours avec l'éther sulfurique, dans des vases bien fermés. Après ce temps la dissolution dans l'éther fut séparée par filtration de la partie du savon non dissoute, et cette dernière lavée pendant quelques jours avec de l'éther.

I. ANALYSE DU SEL DE PLOMB INSOLUBLE DANS L'ÉTHER.

Ce sel, d'une couleur grise, se laissa facilement réduire en poudre après avoir été séché. Bien séché et réduit en poudre, il fut divisé dans de l'eau et décomposé par l'acide sulfurique étendu. Après la décomposition, il surnageait une matière huileuse d'un brun foncé, qui se figeait promptement par le refroidissement. Cette matière fut recueillie sur un filtre et lavée avec de l'eau tiède jusqu'à ce que cette dernière, acidulée par l'acide hydrochlorique, ne réagît plus sur le chlorure de barium.

Le contenu du filtre, un mélange de l'acide gras avec du sulfate de plomb, fut ensuite bouilli avec de l'alcool de 30°, et la dissolution alcoolique d'un brun foncé séparée du sulfate de plomb par filtration. Pendant le refroidissement de cette dissolution, des cristaux d'une matière grasse et quelque peu colorés s'y formèrent. Ces cristaux furent recueillis sur un filtre, lavés avec de l'alcool froid et dissous de nouveau dans l'alcool bouillant. Cette opération dut être répétée plusieurs fois avant que la matière cristallisée et l'alcool employé à sa purification eussent été obtenus parfaitement incolores.

La matière cristallisée, ainsi purifiée, fut saponifiée par le carbonate de soude, le savon obtenu dissous dans de l'eau, la dissolution aqueuse soumise à l'évaporation au bain-marie, le résidu bouilli dans de l'alcool et la dissolution alcoolique filtrée.

Cette dissolution devint gélatineuse par le refroidissement. Chauffée ensuite, elle redevint liquide.

On y ajouta, pendant son ébullition, une dissolution alcoolique bouillante d'acétate de plomb, qui y produisit un précipité blanc. Ce précipité fut recueilli sur un filtre et lavé avec de l'alcool bouillant, par lequel il fut dissous complétement, mais il reparaissait par le refroidissement de sa dissolution alcoolique.

Recueilli de nouveau sur un filtre, il fut lavé avec de l'alcool froid et mis à recristalliser à trois reprises. En séchant ensuite ces cristaux à 100° cent., et en les soumettant enfin à l'analyse élémentaire avec l'oxyde de cuivre et le chlorate de potasse, j'obtins les résultats suivants :

HUILE NOIRE.

I. 0^{gr},685 du sel de plomb donnèrent 1^{gr},370 CO^2 et 0^{gr},540 H^2O.

II. 0^{gr},611 du sel de plomb donnèrent 1^{gr},121 CO^2 et 0^{gr},480 H^2O.

Pour le dosage de l'oxyde de plomb :

0^{gr},656 du sel de plomb donnèrent 0^{gr},194 PbO $= 29,573$ p. 100.

Ainsi en 100 parties :

	I.	II.
C	55,302	55,256
H	8,763	8,728
O	6,362	6,443
PbO	29,573	29,573
	100,000	100,000

HUILE BRUNE.

I. 0^{gr},813 du sel de plomb donnèrent 1^{gr},631 CO^2 et 0^{gr},658 H^2O.

II. 0^{gr},710 du sel de plomb donnèrent 1^{gr},410 CO^2 et 0^{gr},576 H^2O.

Pour le dosage de l'oxyde de plomb :

0^{gr},790 du sel de plomb donnèrent 0^{gr},233 PbO $= 29,493$ p. 100.

Ainsi en 100 parties :

	I.	II.
C	55,472	54,912
H	8,992	9,014
O	6,043	6,581
PbO	29,493	29,493
	100,000	100,000

HUILE PALE.

I. 0^{gr},549 du sel de plomb donnèrent 1^{gr},100 CO^2 et 0^{gr},438 H^2O.

II. 0^{gr},722 du sel de plomb donnèrent 1^{gr},450 CO^2 et 0^{gr},570 H^2O.

Pour le dosage de l'oxyde de plomb :

0^{gr},695 du sel de plomb donnèrent 0^{gr},207 PbO $= 29,784$ p. 100.

Ainsi en 100 parties :

	I.	II.
C	55,402	55,531
H	8,864	8,771
O	5,950	5,914
PbO	29,784	29,784
	100,000	100,000

Ces analyses nous ont fait trouver la formule $C^{34}H^{66}O^3PbO$, d'après laquelle la composition est :

C	55,234
H	8,752
O	6,377
PbO	29,637
	100,000

Il résulte de cette analyse que le sel de plomb obtenu de la manière décrite de chacune des trois espèces d'huiles était du *margarate de plomb*, et que, par conséquent, un des acides gras fixes de l'huile de foie de morue est l'*acide margarique*. — Le point de fusion de cet acide obtenu de l'huile de foie de morue, et purifié par plusieurs cristallisations est, pour celui de l'huile noire et de l'huile pâle, + 60° cent., et pour celui de l'huile brune + 59° cent.

II. ANALYSE DU SEL DE PLOMB SOLUBLE DANS L'ÉTHER.

Ce sel, d'une couleur brune, obtenu de sa dissolution par la distillation de l'éther, fut divisé dans de l'eau et décomposé par l'acide sulfurique.

Après cette opération il surnageait une matière huileuse d'un brun très foncé, tirant sur le noir. Séparée de la liqueur aqueuse et du sulfate de plomb au moyen d'un entonnoir à robinet, cette matière fut lavée avec de l'eau chaude, jusqu'à ce que la moindre trace d'acide sulfurique en eût disparu.

Afin de la décolorer, elle fut dissoute dans de l'alcool, et sa dissolution alcoolique traitée par le charbon animal. Après que cette opération eut été répétée six fois, cette dissolution était d'un jaune clair. Pendant l'évaporation, tendant à isoler la matière huileuse qu'on croyait maintenant décolorée, la dissolution alcoolique se colora de nouveau en brun et laissa la matière huileuse, après l'évaporation complète de l'alcool, tout aussi noire qu'avant sa décoloration. Ce phénomène, joint à la particularité que cette matière n'était pas seulement obtenue fortement colorée des huiles noire et brune, mais aussi de l'huile pâle, fit naître la supposition qu'elle était un mélange d'un acide gras fixe avec une autre matière, qui, bien que primitivement incolore, pouvait se colorer partiellement sous l'influence de certaines circonstances, telles, entre autres, que l'action d'une température élevée. Le charbon animal, ne pouvant alors en extraire que la fraction colorée, laisserait par conséquent mélangée avec l'acide gras la partie non

12

colorée de la matière en question , laquelle, étant de nouveau soumise à la même influence, se colorerait de nouveau
en partie, et ainsi de suite, jusqu'à son entier épuisement.

La séparation de ces deux matières pourrait donc s'effectuer de cette manière; mais puisque cette voie me parut
trop longue, j'ai préféré essayer l'épuration de l'acide gras
de la manière suivante.

La matière huileuse fut saponifiée par la soude caustique.
Le savon, d'une couleur brune, séparé d'une eau mère
presque noire, fut dissous dans de l'eau et précipité ensuite
de sa dissolution aqueuse par la soude caustique. Après que
cette opération eut été répétée quatre fois, la couleur du
savon très peu changée, et l'eau mère parfaitement incolore
aux deux dernières fois, prouvèrent suffisamment que le
but proposé ne pourrait être atteint de cette manière.

L'épuration de l'acide gras fut maintenant essayée par
un autre moyen.

Le savon fut séché à 100° cent., et dissous ensuite dans de
l'alcool de 30° en ébullition. La dissolution alcoolique ne
déposait rien à la température ordinaire. Refroidie à quelques degrés au-dessous de 0° cent., elle déposa un sel d'une
couleur jaune, tandis que l'eau-mère était presque noire.
Ce sel, recueilli sur un filtre, fut lavé avec de l'alcool re-
froidi au-dessous de 0° cent., et ensuite dissous de nouveau
dans de l'alcool bouillant. Cette fois et les suivantes il se
déposa de sa dissolution alcoolique par le seul refroidissement.

Après que cette opération eut été répétée huit fois,
j'obtins le sel de soude blanc comme de la neige. Ainsi
purifié, une partie de ce sel (¹) fut dissoute dans de l'alcool
bouillant, et cette dissolution alcoolique précipitée par une

---

[(¹) Ce qui suit n'a rapport qu'au sel obtenu de cette manière de l'huile
noire.

dissolution alcoolique bouillante d'acétate de plomb neutre.

Le précipité ainsi produit disparut pendant l'ébullition de la liqueur et reparut collant, semi-liquide et d'une couleur jaunâtre après la filtration et le refroidissement complet.

Recueilli sur un filtre, lavé ensuite pendant quelque temps avec de l'eau distillée froide, et séché enfin à une température de 100° cent., il fut soumis à l'analyse élémentaire avec l'oxyde de cuivre et le chlorate de potasse.

Les résultats de cette analyse furent ceux-ci :

I. 0^{gr},801 du sel de plomb donnèrent 1^{gr},685 CO^2 et 0^{gr},606 H^2O.

Pour le dosage de l'oxyde de plomb :

0^{gr},589 du sel de plomb donnèrent 0^{gr},150 PbO $= 25,466$ p. 100.
II. 0^{gr},653 du sel de plomb donnèrent 1^{gr},377 CO^2 et 0^{gr},495 H^2O.

Pour le dosage de l'oxyde de plomb :

0^{gr},355 du sel de plomb donnèrent 0^{gr},191 PbO $= 25,633$ p. 100.

Ainsi en 100 parties :

	I.	II.
C.	58,167	58,308
H	8,406	8,422
O	7,961	7,637
PbO	25,466	25,633
	100,000	100,000

Selon M. Warrentrapp, la formule de l'oléate de plomb est $C^{44}H^{78}O^4PbO$, tandis que sa composition d'après cette formule est :

C.	59,585
H	8,623
O	7,087
PbO	24,705
	100,000

Attribuant la différence qu'on trouvera entre les résultats de notre analyse et la composition calculée d'après la formule de M. Warrentrapp, à la difficulté de bien laver le sel de plomb analysé par nous, à cause de sa propriété collante, je me décidai à ne soumettre à l'analyse élémentaire que les sels de baryte de la matière en question.

A cette fin, le sel de soude obtenu des trois espèces d'huiles de foie de morue soumises à notre analyse fut purifié de la manière décrite ci-dessus, et dissous ensuite dans de l'eau chaude. Après le refroidissement, cette dissolution était gélatineuse. Étendue avec une quantité suffisante d'eau, j'y ajoutai une dissolution aqueuse de chlorure de barium, qui y produisit un précipité d'un blanc de neige.

Recueilli sur un filtre, ce précipité fut lavé avec de l'eau distillée, jusqu'à ce que cette dernière ne réagît plus sur l'acide sulfurique (ce sel de baryte se laissait parfaitement bien laver). Après avoir été pressé entre du papier joseph, et séché ensuite à 100° cent., ce sel était d'une couleur brune et transparente comme de l'ambre.

Dans cette condition, je le soumis à l'analyse élémentaire, avec l'oxyde de cuivre et le chlorate de potasse.

Ces analyses donnèrent les résultats suivants :

HUILE NOIRE.

I. $0^{gr.},621$ du sel de baryte donnèrent $1^{gr.},450$ CO^2 [1] et $0^{gr.},525$ H^2O

II. $0^{gr.},625$ du sel de baryte donnèrent $1^{gr.},475$ CO^2 et $0^{gr.},530$ H^2O.

Pour le dosage de la baryte :

$0^{gr.},855$ du sel de baryte décomposé par l'acide sulfurique donnèrent $0^{gr.},237$ $SO^3BaO = 0^{gr.},15553836$ $BaO = 18,191$ p. 100.

Ainsi en 100 parties :

[1] Y compris l'acide carbonique retenu par la baryte.

	I.	II.
C	64,563	64,469
H	9,393	9,422
O.	7,853	7,948
BaO	18,191	18,191
	100,000	100,000

HUILE BRUNE.

I. $0^{gr.},451$ du sel de baryte donnèrent $1^{gr.},053$ CO^2 et $0^{gr.},383$ H^2O.

II. $0^{gr.},639$ du sel de baryte donnèrent $1^{gr.},490$ CO^2 et $0^{gr.},547$ H^2O.

Pour le dosage de la baryte :

$0^{gr.},882$ du sel de baryte donnèrent $0^{gr.},242$ SO^3 BaO$=0^{gr.},15881976$
  BaO $= 18,006$ p. 100.

Ainsi en 100 parties :

	I.	II.
C.	64,559	64,475
H	9,435	9,511
O	8,000	8,008
BaO	18,006	18,006
	100,000	100,000

HUILE PALE.

I. $0^{gr.},508$ du sel de baryte donnèrent $1^{gr.},185$ CO^2 et $0^{gr.},430$ H^2O.

II. $0^{gr.},422$ du sel de baryte donnèrent $0^{gr.},980$ CO^2 et $0^{gr.},360$ H^2O.

Pour le dosage de la baryte :

$0^{gr.},537$ du sel de baryte donnèrent $0^{gr.},150$ SO^3BaO$=0^{gr.},098442$.
  BaO $= 18,331$ p. 100.

Ainsi en 100 parties :

	I.	II.
C.	64,500	64,212
H	9,405	9,478
O.	7,764	7,979
BaO	18,331	18,331
	100,000	100,000

Selon M. Warrentrapp la formule de l'oléate de baryte est $C^{44}H^{78}O^4BaO$, tandis que sa composition calculée d'après cette formule est :

C.	64,593
H	9,347
O	7,683
BaO	18,377
	100,000

Il ne reste donc pas de doute que le sel analysé par nous était de l'oléate de baryte, et que, par conséquent, le second acide gras fixe de l'huile de foie de morue est l'*acide oléique.*

Analyse quantitative des acides gras fixes de l'huile de foie de morue.

Pour cette analyse, une quantité d'huile exactement pesée fut saponifiée par l'oxyde de plomb, et le margarate et l'oléate de plomb séparés par l'éther sulfurique.

Les acides margarique et oléique furent obtenus de ces sels de la manière indiquée ci-dessus. L'épuration de l'acide oléique ne pouvant s'effectuer qu'avec grande perte, l'acide oléique et la matière colorante avec laquelle il était mélangé furent ensemble portés en compte.

Espèces d'huiles.	Quantité d'huile employée.	Quantité obtenue d'ac. marg.	Ac. margar. en 100 part.	Quantité obtenue d'ac. oléiq.	Ac. oléiq. en 100 part.
	gr.	gr.		gr.	
Huile noire . . .	5,302	0,846	16,145	3,700	69,785
— brune. . .	4,040	0,623	15,421	2,899	71,757
— pâle. . . .	5,095	0,599	11,757	3,772	74,033

DE LA MATIÈRE BRUNE ET DE LA GADUINE DE L'HUILE DE FOIE DE MORUE.

Analyse qualitative.

Dans le chapitre précédent nous avons parlé d'une matière adhérant si fortement à l'acide oléique, que ce dernier n'en peut être séparé qu'avec grande perte. C'est de cette matière que nous nous occuperons dans ce chapitre.

Pour l'obtenir, l'acide oléique mélangé avec cette matière fut saponifié par la soude caustique, et l'eau mère, d'un brun foncé, séparée du savon, filtrée et neutralisée par l'acide sulfurique, qui y produisit un précipité floconneux d'un jaune brun, lequel, montant lentement à la surface de la liqueur, y prit la forme d'une pellicule. Ce précipité fut recueilli sur un filtre, lavé avec de l'eau distillée et dissous ensuite dans l'alcool de 30°; après l'évaporation de l'alcool, il restait une matière brune à laquelle nous avons donné le nom de *matière brune de l'huile de foie de morue.* Sa composition est la même dans les trois espèces.

Séchée pendant quelques heures à une température de 100° cent., elle présente les propriétés suivantes.

Vue en masse, elle est d'une couleur noire ; légèrement étendue sur du verre, elle est d'une couleur brune rougeâtre et transparente. Bien séchée, elle éclate comme du verre et se laisse facilement réduire en poudre. Elle répand une odeur rappelant celle de l'huile de foie de morue. Pulvérisée et divisée dans de l'eau, le chlore la décolore entièrement; elle est inflammable et son charbon est difficilement combustible. Elle est insoluble dans l'eau, partiellement soluble dans l'éther, et ne l'est plus entièrement dans l'alcool après avoir été séchée. Ses dissolutions sont d'une couleur brune foncée. Évaporées à une température de 100° cent., ses dissolutions laissent des résidus qui ne sont plus entièrement solubles dans l'éther et dans l'alcool. En répétant cette opération, on obtient enfin un résidu qui se dissout entièrement dans l'éther et dans l'alcool. La quantité de ce dernier résidu est très petite en comparaison de la quantité soumise à cette expérience. Ce dernier résidu est d'une couleur brune, collant, très inflammable, et graisse le papier.

La plus grande partie de la matière brune consiste, par conséquent, en un principe qui perd en partie sa solubilité par l'évaporation de ses dissolutions.

Afin de mieux connaître ce principe dans les deux modifications, ainsi que les autres principes de la *matière brune*, l'analyse fut poursuivie de la manière suivante.

La *matière brune* fut dissoute dans de l'alcool de 30° en ébullition, la partie insoluble séparée de la dissolution alcoolique par filtration, la dissolution évaporée, le résidu dissous de nouveau dans de l'alcool bouillant, la nouvelle partie insoluble également séparée de la dissolution alcoolique par filtration, et cette opération répétée quatre fois ; après quoi il restait :

I. Une dissolution alcoolique du principe variable mélangé avec quelques autres principes.

II. Une quantité suffisante du principe variable dans sa modification insoluble.

I. ANALYSE DE LA DISSOLUTION ALCOOLIQUE.

Une dissolution alcoolique d'acétate de plomb versée dans la dissolution I y précipitait la matière variable en combinaison avec l'oxyde de plomb, tandis que les sels de plomb des autres principes contenus dans cette dissolution y restèrent dissous. Le précipité fut séparé de la liqueur par filtration. Nous indiquerons la liqueur filtrée par la lettre A, et le précipité par la lettre B.

Liqueur filtrée A. — Cette liqueur, d'une couleur jaune, fut soumise à l'évaporation. Après l'évaporation de l'alcool il restait un résidu collant d'un jaune brunâtre. Ce résidu était un mélange de quelques sels organiques de plomb. Après avoir été lavé avec de l'eau, pour en éloigner l'excès d'acétate de plomb, ce mélange fut séparé par l'éther en :

a. Une partie insoluble dans l'éther ;

b. Une partie soluble dans l'éther. Cette dernière fut séparée par l'alcool en :

c. Une partie soluble dans l'alcool;

d. Une partie insoluble dans l'alcool. Cette dernière fut de nouveau séparée par l'éther en :

e. Une partie soluble dans l'éther;

f. Une partie insoluble dans l'éther.

La partie *a*, d'une couleur noirâtre, est non seulement insoluble dans l'éther, mais aussi dans l'alcool et dans l'eau; elle se laisse facilement réduire en poudre et se présente alors d'un brun rougeâtre; elle est très inflammable et laisse de l'oxyde de plomb après sa combustion. Ce sel présente absolument les mêmes propriétés que le précipité B, et peut être considéré comme une fraction de ce précipité, retenue dans la dissolution alcoolique par la présence des autres sels.

La partie *b*, soluble dans l'éther, se présente, après l'évaporation de ce dernier, d'une couleur brune; elle est collante, inflammable et laisse de l'oxyde de plomb après sa combustion. L'alcool de 30° en ébullition en dissout une partie.

La partie *c*, soluble dans l'alcool, se dépose partiellement par le refroidissement de la dissolution alcoolique. Ce dépôt est de couleur grise, tandis que la dissolution reste colorée en jaune. Après l'évaporation de l'alcool, on retient un résidu collant d'une couleur brunâtre et insoluble dans l'eau, mais parfaitement soluble dans l'éther et l'alcool. En décomposant ce résidu par l'acide sulfurique, il s'en sépare une matière huileuse. Cette matière, séparée de la liqueur aqueuse par filtration et lavée avec de l'eau distillée, se dissout dans l'alcool. Après l'évaporation de l'alcool, on retient une matière huileuse parfaitement soluble dans l'éther et dans l'alcool. Cette matière est complétement combustible; elle graisse le papier et forme avec la soude caustique un

13

savon soluble dans l'eau. Elle est évidemment de l'acide oléique resté en adhérence avec la matière brune.

La matière *d*, non soluble dans l'alcool, est d'un brun très foncé et adhère fortement au vase. Elle est insoluble dans l'eau, mais se laisse séparer en deux parties par l'éther.

La partie *e* se présente, après l'évaporation de l'éther, comme une matière brune, transparente, ayant la consistance de la cire et adhérant fortement au vase. Elle est très inflammable et laisse de l'oxyde de plomb après sa combustion. En décomposant cette matière par l'acide sulfurique, il s'en sépare une matière brune, très collante, soluble dans l'éther et insoluble dans l'eau et dans l'alcool. La quantité obtenue de cette matière était trop petite pour que nous ayons pu connaître ses autres propriétés.

Il en fut de même avec la partie *f* insoluble dans l'éther.

Précipité B.—Après avoir lavé préalablement ce précipité avec de l'alcool, et ensuite avec de l'eau jusqu'à ce que cette dernière ne réagît plus sur l'hydrosulfate d'ammoniaque, il fut bouilli successivement avec de l'eau, de l'alcool et de l'éther. Épuré entièrement de cette manière, il fut séché à 110° cent. et soumis à l'analyse élémentaire avec l'oxyde de cuivre et le chlorate de potasse.

HUILE NOIRE.

I. 0^{gr},446 du sel de plomb donnèrent 0^{gr},840 CO^2 et 0^{gr},216 H^2O.

II. 0^{gr},374 du sel de plomb donnèrent 0^{gr},700 CO^2 et 0^{gr},186 H^2O.

III. 0^{gr},3265 du sel de plomb donnèrent 0^{gr},611 CO^2 et 0^{gr},166 H^2O.

Pour le dosage de l'oxyde de plomb :

0^{gr},444 du sel de plomb donnèrent 0^{gr},161 $SO^3 PbO = 0^{gr}$,1184316
  PbO = 26,855 p. 100.

Ainsi en 100 parties :

	I.	II.	III.
C	52,159	51,753	51,438
H	5,381	5,525	5,649
O	15,605	15,867	16,058
PbO	26,855	26,855	26,855
	100,000	100,000	100,000

HUILE BRUNE.

I. $0^{gr.},365$ du sel de plomb donnèrent $0^{gr.},679$ CO^2 et $0^{gr.},185$ H^2O.

Pour le dosage de l'oxyde de plomb :

$0^{gr.},363$ du sel de plomb donnèrent $0^{gr.},137$ SO^3 PbO$=0^{gr.},1007772$
   PbO $= 27,762$ p. 100.

Ainsi en 100 parties :

C	51,425
H	5,631
O	15,182
PbO	27,762
	100,000

HUILE PALE.

I. $0^{gr.},346$ du sel de plomb donnèrent $0^{gr.},6595$ CO^2 et $0^{gr.},169$ H^2O.

Pour le dosage de l'oxyde de plomb :

$0^{gr.},400$ du sel de plomb donnèrent $0^{gr.},149$ SO^3 PbO $= 0^{gr.},1096044$
   PbO $= 27,404$ p. 100.

Ainsi en 100 parties :

C	52,704
H	5,427
O	14,468
PbO	27,401
	100,000

Ces analyses nous ont fait trouver la formule $C^{35}H^{44}O^8PbO$, d'après laquelle la composition est :

$$
\begin{array}{ll}
\text{C.} \dots\dots\dots & 52,004 \\
\text{H.} \dots\dots\dots & 5,336 \\
\text{O.} \dots\dots\dots & 15,553 \\
\text{PbO} \dots\dots & 27,107 \\
\hline
& 100,000
\end{array}
$$

Afin d'acquérir plus de certitude, quant à la véritable composition de la matière analysée, une partie du sel de plomb (obtenu seulement de l'huile noire, vu la quantité insuffisante de ce sel retiré des deux autres espèces) fut mise à digérer pendant quelques heures avec du carbonate de soude, et la combinaison de la matière organique avec la soude qui restait dissoute dans la liqueur fut séparée du carbonate de plomb par filtration.

La dissolution aqueuse du sel de soude, d'un brun rougeâtre, fut décomposée par l'acide sulfurique, et le précipité brun produit par cette opération, recueilli sur un filtre, lavé avec de l'eau, distillé et ensuite dissous dans de l'alcool. Un mélange d'alcool, d'ammoniaque et de nitrate d'argent neutre, versé dans cette dissolution alcoolique, y produisit un précipité couleur chocolat. Ce précipité fut recueilli sur un filtre et lavé d'abord avec de l'alcool et ensuite avec de l'eau. Séché ensuite à une température de 110° cent., ce sel fut soumis à l'analyse élémentaire.

$0^{gr\cdot},238$ du sel d'argent donnèrent $0^{gr\cdot},436$ CO^2 et $0^{gr\cdot},115$ H^2O.

Pour le dosage de l'oxyde d'argent :

$0^{gr\cdot},3245$ du sel d'argent donnèrent $0^{gr\cdot},0835$ $Ag = 0^{gr\cdot},089677$ AgO
= 27,635 p. 100.

Ainsi en 100 parties :

$$
\begin{array}{ll}
\text{C.} \dots\dots\dots & 50,654 \\
\text{H.} \dots\dots\dots & 5,368 \\
\text{O.} \dots\dots\dots & 16,343 \\
\text{AgO} \dots\dots & 27,635 \\
\hline
& 100,000
\end{array}
$$

D'après la formule $C^{35}H^{44}O^{8}AgO$, la composition est :

C.	54,433
H.	5,278
O.	15,382
AgO	27,907
	100,000

Afin de m'assurer positivement que je n'avais pas analysé un mélange de plusieurs sels, la matière en question fut également analysée isolément.

A cette fin, le restant du sel de plomb obtenu de l'huile noire fut mis à digérer pendant quelque temps avec du carbonate de soude, la dissolution du sel organique de soude séparée du carbonate de plomb par filtration, décomposée par l'acide sulfurique, et le précipité produit par cette opération recueilli sur un filtre et dissous dans de l'alcool de 30°, après avoir été préalablement lavé avec de l'eau distillée.

La matière obtenue de sa dissolution alcoolique par l'évaporation de l'alcool fut séchée à une température de 140° cent. et ensuite analysée.

$0^{gr.},160$ de la matière isolée donnèrent $0^{gr.},001$ de cendres $= 0,625$ p. 100.

$0^{gr.},2102$ de la matière isolée, déduction faite des cendres, donnèrent $0^{gr.},527$ CO^2 et $0^{gr.},142$ H^2O.

Ainsi en 100 parties :

C.	69,324
H. . . . . . , .	7,506
O.	23,170
	100,000

Cette composition nous a fait trouver la formule $C^{35}H^{44}O^{9}$, d'après laquelle la composition est :

$$C \ldots \ldots \quad 69,266$$
$$H \ldots \ldots \quad 7,432$$
$$O \ldots \ldots \quad 23,302$$
$$\overline{\quad 100,000 \quad}$$

La matière isolée est par conséquent un hydrate, et la formule de la matière anhydre serait donc, d'après les résultats des analyses faites, $C^{36}H^{44}O^8$, et son équivalent chimique $= 3749,8812$.

Nous verrons plus tard jusqu'à quel point cette formule est juste.

La matière isolée présente les propriétés suivantes : elle est d'un brun foncé, entièrement inodore et dépourvue de saveur ; elle est insoluble dans l'eau et partiellement soluble dans l'alcool et dans l'éther. Après l'évaporation de l'alcool, le résidu de sa dissolution alcoolique laisse, de nouveau traité par l'alcool, une partie non dissoute, et ainsi de suite. La *matière brune* doit par conséquent à ce principe cette dernière propriété dont nous avons déjà parlé plus haut. Après l'évaporation de l'alcool, elle est scintillante et transparente, éclate comme du verre et se laisse facilement réduire en poudre. Elle est insoluble dans l'acide sulfurique étendu, même à une chaleur modérée, et dans l'acide nitrique tant concentré qu'étendu ; soluble dans l'acide sulfurique concentré et précipitée de cette dissolution d'une couleur garance par l'eau, les carbonates et les hydrates des alcalis. Elle est soluble dans l'acide hydrochlorique tant concentré qu'étendu et dans les alcalis, et précipitée de toutes ses dissolutions alcalines par les acides. Le chlore la décolore. Elle est inflammable et répand en brûlant, premièrement une odeur d'acide acétique, ensuite une odeur qui rappelle celle de l'huile de foie de morue. Après sa combustion, elle laisse une petite quantité de cendres.

II. ANALYSE DE LA MODIFICATION INSOLUBLE DU PRINCIPE VARIABLE DE LA MATIÈRE BRUNE.

La modification du principe variable, insoluble dans l'alcool, présente les propriétés suivantes. Elle est d'un brun noirâtre et scintille fortement quand elle est réduite en petits morceaux ; elle se laisse facilement réduire en poudre ; elle est insoluble dans l'eau, l'éther, l'alcool et dans les acides étendus. Réduite en poudre et soumise à l'action de l'acide sulfurique concentré, sa couleur devient totalement noire, sans que l'acide se colore. L'acide hydrochlorique produit le même effet sur elle, avec cette différence que cet acide se colore lui-même légèrement en vert. L'acide nitrique étendu change en gros flocons la matière pulvérisée. L'acide nitrique bouillant la dissout totalement. L'eau la précipite de cette dissolution sous la forme de flocons. Elle est soluble dans les alcalis caustiques, et précipitée de ces dissolutions, toutes d'une couleur brune, par les acides minéraux et l'acide acétique. Elle est inflammable et répand, en brûlant, d'abord une odeur d'acide acétique, et ensuite une odeur qui rappelle celle de l'huile de foie de morue.

Après avoir été bouillie avec de l'eau, de l'alcool et de l'éther, elle fut séchée à 110° cent. et soumise ensuite à l'analyse élémentaire.

0^{gr},244 de cette matière donnèrent 0^{gr},002 de cendres $= 0,822$ p. 100.

I. 0^{gr},1567 de cette matière, déduction faite des cendres, donnèrent 0^{gr},375 CO^2 et 0^{gr},100 H^2O.

II. 0^{gr},1736 de cette matière, déduction faite des cendres, donnèrent 0^{gr},446 CO^2 et 0^{gr},110 H^2O.

Ainsi en 100 parties :

	I.	II.
C	66,474	66,260
H	7,090	7,040
O	26,739	26,700
	100,000	100,000

Ces analyses m'ont fait trouver la formule $C^{59}H^{12}O^{12}$, d'après laquelle la composition est :

C	66,464
H	7,202
O	26,634
	100,000

La formule dérivée des deux dernières analyses nous fit douter de la pureté de la matière analysée. Nous rappelant que la modification soluble avait été par hasard séchée à 140° cent., tandis que la modification insoluble avait été séchée à 110°, la différence des résultats obtenus nous parut devoir provenir de la présence d'un principe volatil qui ne s'éloigne qu'à une température au-dessus de 110°. C'est pourquoi une nouvelle quantité de la modification insoluble de la matière variable fut soumise à l'analyse élémentaire, après avoir été séchée à 140° cent.

0^{gr},477 de cette matière, déduction faite des cendres, donnèrent 0^{gr},446 CO^2 et 0^{gr},116 H^2O.

Ainsi en 100 parties :

C	69,694
H	7,281
O	23,045
	100,000

Cette analyse se rapportant entièrement avec l'analyse de la matière variable dans l'état isolé [1], et donnant par con-

(1) Voyez page 107.

séquent, comme elle, la formule $C^{35}H^{46}O^9$, nos conjectures furent confirmées.

Il se pourrait maintenant que cette matière volatile, chassée à une température au-dessus de 110° cent., préexistât dans l'huile de foie de morue, ou qu'elle y fût introduite pendant les différentes opérations de l'analyse. Dans le dernier cas cette matière pourrait être ou l'alcool, ou l'éther, ou bien encore l'acide acétique de l'acétate de plomb employé. La découverte faite par moi que l'huile de foie de morue contient elle-même de l'acide acétique, ainsi qu'on le verra dans un chapitre suivant, jointe à cette circonstance que la matière variable, tant sa modification soluble qu'insoluble, répand pendant la combustion une forte odeur d'acide acétique (¹), me fit présumer que cette matière volatile n'était autre que l'acide acétique.

Cette conjecture se confirme entièrement par la formule suivante :

1 atome de la matière variable. . . $= C^{35}H^{44}O^8$.
1 atome d'acide acétique anhydre . $= C^4 H^6 O^3$.

$$+ H^2 O.$$

$$= C^{39}H^{52}O^{12}.$$

La dernière formule étant la même que celle que nous avons calculée d'après les analyses I et II de la modification insoluble, la matière séchée à 110° peut, par conséquent, être regardée comme une combinaison de la matière variable anhydre avec l'hydrate de l'acide acétique.

Ayant maintenant trouvé la formule $C^{35}H^{46}O^9$ pour la matière séchée à 140°, l'acide acétique doit donc abandonner son atome H^2O à la matière variable au moment de la décomposition, et, ne pouvant exister dans l'état anhydre, s'échapper, décomposé lui-même en acétone et en acide carbonique.

(¹) Voyez pages 102 et 103.

Afin de nous convaincre qu'une matière acide s'échappe réellement à une température au-dessus de 110°, une petite quantité de la modification insoluble de la matière variable fut séchée dans l'exsiccateur de Liebig, dans le tuyau duquel un morceau de papier de tournesol mouillé avait été introduit. Le papier commençait déjà à se rougir à 130° cent., et le changement de couleur augmenta jusqu'à 138°.

Cette combinaison d'une matière organique avec l'acide acétique n'est pourtant pas la seule dans ce genre, vu que le *xanthile* offre une combinaison analogue, dont la composition est $C^4H^{10}OS + C^4H^6O^3$ [1]. Il est seulement étonnant que la combinaison trouvée par moi ne soit pas décomposée par les alcalis, et que l'acide acétique n'en soit pas éliminé par l'acide sulfurique.

Ainsi les deux matières analysées par nous, l'une soluble et l'autre insoluble dans l'alcool, ne sont pas deux matières différentes, mais seulement deux modifications isomériques d'une même matière.

Pour le sel de plomb et d'argent nous avons trouvé la formule

$$C^{35}H^{44}O^8 \left\{ \begin{array}{l} Pb\,O, \\ Ag\,O, \end{array} \right.$$

et pour la matière dans l'état isolé la formule

$$C^{35}H^{46}O^9.$$

La première formule pouvant être écrite

$$7\,(C^5H^6O) + H^2O + \left\{ \begin{array}{l} PbO, \\ AgO, \end{array} \right.$$

et la seconde

$$7\,(C^5H^6O) + 2\,H^2O,$$

la matière analysée peut être considérée comme l'oxyde d'un radical hypothétique C^5H^6 dont 7 atomes sont combinés avec 2 atomes d'eau basique.

[1] BERZELIUS, *Jahresbericht*, 1841, p. 504.

D'après cette proposition, la matière désignée serait bi-basique, et de ses 2 atomes d'eau basique un seul pourrait être facilement remplacé par 1 atome d'oxyde métallique, tandis que l'autre resterait combiné plus intimement avec elle.

La formule de la matière anhydre serait donc $7(C^5H^6O)$ ou $C^{35}H^{42}O^7$, et son équivalent chimique 3637,4016.

Cependant, avant de pouvoir accepter cette constitution, on devrait premièrement trouver et analyser des combinaisons de cette matière, dans lesquelles les 2 atomes d'eau basique sont remplacés par 2 atomes d'oxyde métallique.

La matière en question étant une matière particulière, trouvée par nous le premier dans un produit de *Gadus*, nous avons proposé pour elle le nom de *gaduine*.

Berzelius [1], ayant trouvé de l'analogie entre la réaction de la gaduine et celle de l'acide bilifellinique, a émis l'opinion que la gaduine pourrait bien être primitivement de l'acide bilifellinique, et qu'en ce cas, sa modification insoluble serait la même matière insoluble dans l'alcool et dans l'eau qu'il a séparée de la bilifulvine. Cependant cette assertion a besoin d'être confirmée.

L'analyse quantitative de la matière brune n'a pas été faite, vu que la séparation de l'acide oléique et de cette matière n'est pas praticable pour le dosage de ces deux matières. C'est pourquoi ces deux matières ont été portées en compte ensemble, ainsi qu'il est déjà mentionné plus haut.

DES ACIDES VOLATILS DE L'HUILE DE FOIE DE MORUE : ACIDE BUTYRIQUE ET ACIDE ACÉTIQUE.

Analyse qualitative.

Pour obtenir les acides volatils de l'huile de foie de mo-rue, l'huile fut saponifiée par la soude caustique, le savon

[1] BERZELIUS, *Jahresbericht*, 1843.

décomposé par l'acide sulfurique, la liqueur aqueuse séparée des acides gras fixes et soumise à la distillation ; la liqueur distillée, d'une réaction acide et d'une odeur particulière, saturée par la baryte caustique, traitée ensuite par l'acide carbonique, filtrée et enfin évaporée au bain-marie.

Pendant l'évaporation, la liqueur se colora en jaune, puis en brun, et laissa, après l'évaporation, un résidu d'un brun foncé et d'une odeur extrêmement désagréable. Ce résidu fut dissous dans de l'eau, et la dissolution aqueuse décolorée par le charbon animal. Soumise de nouveau à l'évaporation, la liqueur décolorée laissait, après l'évaporation, un résidu légèrement coloré en jaune, parfaitement soluble dans l'eau, mais partiellement soluble dans l'alcool absolu.

I. ANALYSE DU SEL DE BARYTE SOLUBLE DANS L'EAU ET L'ALCOOL ABSOLU.

Après l'évaporation de l'alcool, au moyen duquel les deux sels furent séparés, il restait un sel couleur d'ambre d'un goût et d'une odeur rappelant fortement ceux du beurre rance, soluble dans l'eau, très hygroscopique et se décomposant lentement à une température de 100° cent. Bien que ce sel ne parût pas changé, séché à cette température, des vapeurs bleues se dégageant chaque fois qu'on levait le couvercle de l'exsiccateur et répandant fortement l'odeur du sel même nous firent admettre que le desséchement le changeait réellement : d'autant plus qu'après cette opération il n'était plus entièrement soluble. Sa décomposition par les acides minéraux en sépare une huile d'une couleur jaune claire, difficilement soluble dans l'eau, facilement soluble dans l'éther et dans l'alcool, et répandant la même odeur que le sel, mais à un plus haut degré.

Pour l'analyse élémentaire, ce sel fut séché dans le vide

en présence de l'acide sulfurique. La combustion se fit avec l'oxyde de cuivre et le chlorate de potasse.

La quantité que j'en obtins pure ne me permit que d'en faire deux analyses élémentaires pour l'huile noire, une pour chacune des deux autres espèces et un dosage de baryte pour chaque espèce d'huile.

Les résultats de ces analyses furent les suivants :

HUILE BRUNE.

0^{gr},256 du sel de baryte donnèrent 0^{gr},287 CO^2 et 0^{gr},104 H^2O.

Pour le dosage de la baryte :

0^{gr},194 du sel de baryte donnèrent 0^{gr},136 $SO^3BaO = 0^{gr}$,0892568
   $BaO = 46,574$ p. 100.

Ainsi en 100 parties :

C.	30,999
H. . . , . . .	4,383
O.	18,044
BaO.	46,574
	100,000

Cette analyse nous a fait trouver la formule $C^8H^{14}O^4BaO$, tandis que la composition, d'après cette formule, est :

C.	29,746
H	4,249
O.	19,458
BaO	46,547
	100,000

La formule de l'acide butyrique étant $C^8H^{12}O^3$ (Chevreul dit $C^8H^{11}O^3$), le sel analysé était par conséquent du *butyrate de baryte* avec 1 atome d'eau de cristallisation $= C^8H^{12}O^3BaO + H^2O$.

HUILE PALE.

$0^{gr.},277$ du sel de baryte donnèrent $0^{gr.},334$ CO^2 et $0^{gr.},150$ H^2O.

Pour le dosage de la baryte :

$0^{gr.},561$ du sel de baryte donnèrent $0^{gr.},229$ SO^3 BaO $= 0^{gr.},1502927$
    BaO $= 26,790$ p. 100.

Ainsi en 100 parties :

C.	33,341
H	6,016
O.	33,853
BaO	26,790
	100,000

Cette analyse nous a fait trouver la formule $C^{16}H^{36}O^{12}BaO$, tandis que la composition, d'après cette formule, est :

C.	33,929
H.	6,232
O.	33,292
BaO.	26,547
	100,000

La formule ci-dessus indiquée pouvant être écrite par $2(C^8H^{12}O^3)BaO + 6H^2O$, il n'y a pas à douter que le sel analysé était du *bibutyrate de baryte* avec 6 atomes d'eau de cristallisation.

HUILE NOIRE.

I. $0^{gr.},285$ du sel de baryte donnèrent $0^{gr.},352$ CO^2 et $0^{gr.},145$ H^2O.
II. $0^{gr.},266$ du sel de baryte donnèrent $0^{gr.},332$ CO^2 et $0^{gr.},134$ H^2O.

Pour le dosage de la baryte :

$0^{gr.},442$ du sel de baryte donnèrent $0^{gr.},216$ $SO^3BaO = 0^{gr.},1417564S$
    BaO $= 34,406$ p. 100.

Ainsi en 100 parties :

	I.	II.
C	34,417	34,511
H	5,703	5,597
O	25,474	25,486
BaO	34,406	34,406
	100,000	100,000

Ces analyses nous ont fait trouver la formule $C^{13}H^{24}O^7BaO$ d'après laquelle la composition est :

C	35,484
H	5,347
O	24,997
BaO	34,172
	100,000

Il est vrai que la dernière formule ne contient aucunement la formule de l'acide butyrique ; mais, considérant que le sel analysé de l'huile noire a été obtenu de la même manière que les sels analogues des deux autres espèces d'huiles, et surtout que son odeur rappelle, comme celle des autres sels, l'odeur de beurre rance, nous présumons que le sel de la dernière analyse n'était pas pur, et nous pensons pouvoir admettre avec quelque raison l'existence de l'*acide butyrique* en général dans les trois espèces d'huiles soumises à notre analyse.

II. ANALYSE DU SEL DE BARYTE SOLUBLE DANS L'EAU ET INSOLUBLE DANS L'ALCOOL ABSOLU.

Ce sel, obtenu de sa dissolution aqueuse, est d'un jaune clair, inodore, d'un goût piquant et beaucoup moins hygroscopique que le butyrate de baryte. Sa décomposition par les acides minéraux n'en fait point séparer de matière huileuse.

La quantité obtenue de ce sel était très petite dans les

trois cas, et diminua tellement par son épuration, que seulement *une* analyse élémentaire en put être faite pour chaque espèce d'huile. Malheureusement son analyse pour l'huile brune échoua entièrement, et celle pour l'huile pâle fut incomplète par la perte de l'eau.

Les résultats obtenus furent ceux-ci :

HUILE NOIRE.

$0^{gr.},349$ du sel de baryte donnèrent $0^{gr.},215$ CO^2 et $0^{gr.},105$ H^2O.

Pour le dosage de la baryte :

$0^{gr.},507$ du sel de baryte donnèrent $0^{gr.},403$ $SO^3BaO = 0^{gr.},26448084$

     $BaO = 52,166$ p. 100.

Ainsi en 100 parties :

$$\begin{array}{lr}
C & 17,034 \\
H & 3,342 \\
O & 27,458 \\
BaO & 52,166 \\
\hline
& 100,000
\end{array}$$

Cette analyse nous a fait trouver la formule $C^4H^{10}O^5BaO$, d'après laquelle la composition est :

$$\begin{array}{lr}
C. & 16,753 \\
H. & 3,419 \\
O. & 27,397 \\
BaO & 52,431 \\
\hline
& 100,000
\end{array}$$

Ce sel doit par conséquent être de l'*acétate de baryte* avec 2 atomes d'eau de cristallisation $= C^4H^6O^3BaO + 2H^2O$; et puisque, selon M. Mitscherlich, outre l'acétate de baryte qui contient 1 atome d'eau de cristallisation, il y en a un autre qui en contient 3 atomes, ce sel doit être considéré comme nouveau et tenant le milieu entre les deux sels déjà connus.

HUILE PALE.

0^{gr},286 du sel de baryte donnèrent 0^{gr},171 CO_2.

Pour le dosage de la baryte :

0^{gr},403 du sel de baryte donnèrent 0^{gr},333 SO^3 BaO $= 0^{gr},21854124$
    BaO $= 54^{gr},228$ p. 100.

Ainsi en 100 parties :

C.	16,552
H. . . . . . . $\Big\}$	
O	29,240
BaO	54,228
	100,000

Le résultat de cette analyse permet également d'admettre
que ce dernier sel était aussi de l'*acétate de baryte* avec deux
atomes d'eau de cristallisation.

Les acides *butyrique* et *acétique* n'ayant été trouvés dans
aucune espèce d'huile de poisson jusqu'au jour où je les dé-
couvris dans l'huile de foie de morue, et par contre M. Chevreul ayant trouvé dans l'huile de dauphin un acide qu'il a
nommé *acide phocénique*, le même acide que d'autres chimistes prétendent plus tard avoir également trouvé dans
l'huile de foie de morue, je pense que l'acide phocénique
de M. Chevreul n'est autre chose que le mélange des acides
butyrique et acétique, d'autant plus que M. Chevreul n'a
pas traité par l'alcool le résidu obtenu par l'évaporation de
la liqueur distillée, après que celle-ci eut été saturée par des
bases, et qu'il indique comme propriétés de l'acide phocénique une odeur tenant le milieu entre l'odeur de l'acide
acétique et celle du beurre rance ([1]).

---

[1] CHEVREUL, *Recherches chimiques sur les corps gras*, 1823, p. 107·

Analyse quantitative des acides volatils de l'huile de foie de morue.

Pour le dosage de ces acides, une quantité d'huile soigneusement pesée fut saponifiée par la soude caustique, le savon décomposé par l'acide sulfurique, la liqueur aqueuse retirée au moyen d'une pipette, les acides gras fixes lavés avec de l'eau, jusqu'à ce qu'ils restassent parfaitement inodores, et la liqueur aqueuse réunie aux eaux de lavage, soumise à la distillation au bain-marie. La liqueur distillée fut saturée par la baryte caustique, ensuite traitée par l'acide carbonique, filtrée et évaporée au bain-marie. Le résidu fut extrait par l'alcool absolu, et ce que l'alcool laissait non dissous fut dissous dans de l'eau.

Les deux dissolutions furent évaporées à siccité dans des creusets de platine soigneusement pesés et après que les résidus avaient été séchés pendant quelques jours dans le vide en présence de l'acide sulfurique, les creusets furent pesés avec leur contenu. Ensuite la combustion des sels fut opérée avec prudence, vu que ces sels se boursouflent fortement à une température élevée; le résidu changé en sulfate de baryte par l'addition d'acide sulfurique, et les creusets pesés de nouveau après la calcination du sel.

La quantité de baryte fut trouvée par la quantité du sulfate de baryte et déduite de la quantité du sel analysé.

Les résultats de cette analyse furent ceux-ci :

HUILE NOIRE.

19^{gr},590 de cette huile donnèrent :

> 0^{gr},129 de sels de baryte, dont
>> 0^{gr},058 solubles, et
>> 0^{gr},054 insolubles dans l'alcool.

Le premier sel donnait 0^{gr},041, le dernier 0^{gr},045 SO^3BaO.

HUILE PALE.

16^{gr},405 de cette huile donnèrent :

0^{gr},046 de sels de baryte, dont
0^{gr},024 solubles, et
0^{gr},018 insolubles dans l'alcool.

Le premier sel donnait 0^{gr},018; le dernier 0^{gr},016 SO^3BaO.

Le dosage des acides volatils échoua pour l'huile brune.

Espèce d'huile.	Quantité d'huile employée.	Quantité obtenue d'ac. butyr.	En 100 parties.	Quantité obtenue d'ac. acétiq.	En 100 parties.
Huile noire .	19^{gr},950	0^{gr},0311	0^{gr},15875	0^{gr},0245	0^{gr},12506
— pâle .	16^{gr},405	0^{gr},0122	0^{gr},07436	0^{gr},0075	0^{gr},04571

§ II. — Analyse inorganique.

IODE.

Analyse qualitative.

Nous commençâmes cette analyse par la méthode de M. Sarphati.

300 à 400 grammes d'huile noire furent charbonnés dans un creuset en fer bien fermé, le charbon calciné et extrait par l'alcool après le refroidissement, l'alcool évaporé, et le résidu dissous dans de l'eau.

Ni l'acide nitrique ni le chlore ne produisirent le moindre changement de couleur dans cette dissolution aqueuse dans laquelle avait été versée une dissolution d'amidon.

Cette expérience répétée avec 600 à 700 grammes de la même huile donna le même résultat.

Après ces résultats négatifs nous essayâmes la saponification.

300 à 400 grammes de la même huile furent saponifiés par la potasse caustique parfaitement exempte d'iode. Le

savon fut charbonné dans un creuset en fer, le charbon calciné et extrait par l'alcool après le refroidissement, l'alcool
évaporé et le résidu dissous dans de l'eau.

L'acide nitrique versé dans cette dissolution aqueuse, à
laquelle j'avais préalablement ajouté une dissolution d'amidon, y produisit un fort précipité couleur d'indigo.

Cette expérience fut répétée avec les deux autres espèces
d'huile et donna les mêmes résultats.

Ces expériences prouvent donc suffisamment que la véritable huile de foie de morue contient toujours de l'iode,
sans distinction d'espèce. En outre, elles prouvent que
l'iode n'y est jamais contenu comme *iodure métallique*,
mais probablement, comme M. Stein ([1]) le premier l'a cru,
en combinaison avec une petite quantité d'un des acides gras.

Analyse quantitative.

Le dosage de l'iode pour les différentes espèces de cette
huile était du plus grand intérêt, en ce que la comparaison
de ces résultats, avec les résultats que m'ont donnés mes
observations thérapeutiques effectuées avec les trois espèces
de cette huile, pouvait seule décider la question si l'iode
doit ou ne doit pas être regardé comme le principe le plus
actif de l'huile de foie de morue.

L'intérêt de cette question nous obligea d'étudier d'abord
avec le plus grand soin les différentes méthodes en usage
pour le dosage de l'iode.

Les méthodes de MM. Fuchs ([2]), Rose ([3]), Planiava ([4]),

([1]) Voyez la partie historique de l'analyse chimique de cette huile, p. 32.

([2]) ROSE's, *Analyt. Chem. 4ᵉ aufl.*, Bd. II, S. 577. M. Fuchs précipite
l'iode à l'état d'iodure d'argent, par une dissolution ammoniacale de chlorure d'argent.

([3]) *Ibid.*, S. 576-578. M. ROSE précipite en commun le chlore, l'iode et
le brome par le nitrate d'argent, et change, après la fusion, tout le précipité en chlorure d'argent par le chlore.

([4]) *Pharmaceutisch Centralblatt*, 1834, S. 558.

et même celle de M. Soubeiran (¹), améliorée par Berzelius (²), ne permettent pas d'après M. Sarphati (³) un dosage exact de l'iode, j'ai essayé seulement les méthodes de MM. Sarphati (⁴) et Lassaigne (⁵).

Cet essai me fit connaître la méthode de M. Sarphati comme insuffisante. Le précipitant devant toujours être employé en excès, afin d'être sûr qu'il ne·reste rien dans la liqueur de la matière à précipiter, et le chlorure de cuivre étant précipitable de sa dissolution dans l'acide hydrochlorique par l'eau, je m'étonnai du peu de justesse avec laquelle M. Sarphati avait prescrit sa méthode, si réellement elle pouvait donner des résultats exacts.

Ainsi il dit bien que la liqueur contenant l'iode doit être acidulée par l'acide hydrochlorique, mais il a omis d'indiquer la quantité exacte qu'il faut ajouter de cet acide, afin d'empêcher que le chlorure de cuivre soit précipité en même temps que l'iodure de cuivre : il dit également de laver promptement le précipité, sans déterminer si c'est d'abord avec de l'acide hydrochlorique étendu, ou bien de suite avec de l'eau.

Il est évident que la justesse des résultats doit souffrir de cette omission ; car, la liqueur acidulée contenant l'iode, étant au-dessous d'un certain degré de concentration, une partie du chlorure de cuivre doit être précipitée avec l'iodure de cuivre, et si, par hasard, la liqueur a atteint le degré de concentration auquel la précipitation du chlorure de cuivre est rendue impossible, le chlorure de cuivre sera préci-

---

(¹) Rose's, *Analyt. Chemie*, S. 894. M. SOUBEIRAN précipite l'iode à l'état d'iodure de cuivre, par un mélange de sulfate de cuivre et de sulfate de fer. D'après M. SARPHATI, un peu de fer est toujours précipité en même temps.

(²) *Lehrb. der Chemie*, 1834, Bd. I, S. 257.

(³) *Commentatio ad questionem chemicam.* Lugd. Bat., 1834.

(⁴) *Précipitation de l'iode à l'état d'iodure de cuivre par une dissolution de chlorure de cuivre dans l'acide hydro-chlorique.*

(⁵) *Précipitation de l'iode à l'état d'iodure de palladium, par le nitrate de palladium (Centralbl.,* 1839, S. 80).

pité de la partie de sa dissolution dont le filtre et le précipité d'iodure de cuivre sont encore imprégnés, si le lavage est commencé immédiatement avec de l'eau. Dans ces deux cas, les résultats du dosage ne peuvent être que très inexacts, en ce que du chlorure de cuivre est porté en compte pour de l'iodure de cuivre.

L'expérience suivante témoignera de la justesse de ce raisonnement.

$0^{gr},522$ d'iodure de potassium préparé expressément à cette fin, furent dissous dans de l'eau. Cette dissolution fut acidulée et précipitée par une dissolution de chlorure de cuivre. Le précipité, lavé avec de l'eau sur un filtre soigneusement pesé, jusqu'à ce que l'eau de lavage ne réagît plus sur le chlore, et ensuite séché, pesait $0^{gr},657$, tandis qu'il ne devait peser d'après le calcul que $0^{gr},598$.

Ainsi, dans ce cas, où le chlorure de cuivre n'avait été ajouté qu'en très petit excès, sur $0^{gr},657$ du précipité, $0^{gr},059$ de chlorure de cuivre ont pourtant été portés en compte pour de l'iodure de cuivre $= 8,980$ pour 100.

Afin d'éviter les défauts de la méthode de M. Sarphati, je la modifiai de la manière suivante.

Je préparai un acide hydrochlorique d'une densité de $1,015$ à une température de $18°,5$ c., par lequel une dissolution de chlorure de cuivre dans l'acide hydrochlorique n'était pas précipitée. L'iodure de potassium destiné au dosage de l'iode fut dissous dans cet acide, et le précipité, produit par le chlorure de cuivre fut recueilli sur un filtre et lavé avec le même acide jusqu'à ce que l'eau de lavage ne contînt plus la moindre trace de cuivre.

Tant que l'eau de lavage contenait encore du cuivre, elle restait parfaitement exempte d'iode, mais la présence de l'iode s'y manifesta dès que la réaction du cuivre y fut devenue presque insensible. J'en recherchai les causes, et je trouvai que l'iodure de cuivre, bien qu'entièrement insoluble dans une dissolution de chlorure de cuivre dans l'acide hydro-chlorique, est parfaitement soluble dans cet acide seul. Pour cette raison nous abandonnâmes tant la méthode de M. Sar-phati que celle que nous avions modifiée d'après la sienne.

Les résultats que la méthode de M. Lassaigne me fit obtenir furent tout différents.

Cette méthode consiste à précipiter l'iode par le nitrate de palladium neutre, à l'état d'iodure de palladium. Ce pré-cipité est entièrement insoluble dans l'eau ; 100 parties d'iodure de palladium bien lavé et séché contiennent 95,25 pour 100 d'iodure de palladium anhydre, et ces 95,25 con-tiennent eux-mêmes 70,34 pour 100 d'iode.

La justesse de cette méthode est prouvée par les deux expériences suivantes :

I. $0^{gr.}$,886 d'iodure de potassium, contenant $0^{gr.}$,6762838 d'iode donnèrent, dissous dans de l'eau et précipités par le nitrate de palladium, $1^{gr.}$,004 d'hydrate d'iodure de palladium$=0^{gr.}$,956340 d'iodure de palladium anhydre $= 0^{gr.}$,6726684 d'iode.

II. $0^{gr.}$,914 d'iodure de potassium, contenant $0^{gr.}$,6976562 d'iode donnèrent, dissous dans de l'eau et précipités par le nitrate de palladium, $1^{gr.}$,030 d'hydrate d'iodure de palladium$=0^{gr.}$,981075 d'iodure de palladium $= 0^{gr.}$,6900881 d'iode.

Nous employâmes donc cette méthode pour le dosage de l'iode contenu dans l'huile de foie de morue.

A cette fin, une quantité d'huile exactement pesée fut saponifiée dans un creuset en fer, le savon charbonné dans le creuset fermé, le charbon calciné, et, après le refroidis-sement, extrait par l'alcool absolu dans un appareil à dé-placement, ensuite l'alcool évaporé, le résidu repris par l'eau et la dissolution aqueuse neutralisée avec prudence par l'acide sulfurique. Le précipité que produisit dans cette liqueur une dissolution aqueuse de nitrate de palladium fut recueilli sur un filtre préalablement pesé, puis lavé avec de l'eau et séché ensuite à 100° c.

Les résultats obtenus furent ceux-ci :

HUILE NOIRE.

590 grammes d'huile donnèrent :

0gr.,260 d'hydrate d'iodure de palladium,
= 0gr.,247650 d'iodure de palladium anhydre,
= 0gr.,174197 d'iode,
= 0,0295 p. 100.

HUILE BRUNE.

645 grammes d'huile donnèrent :

0gr.,391 d'hydrate d'iodure de palladium,
= 0gr.,372427.5 d'iodure de palladium anhydre,
= 0gr.,2619655 d'iode,
= 0,0406 p. 100.

HUILE PALE.

591 grammes d'huile donnèrent :

0gr.,330 d'hydrate d'iodure de palladium,
= 0gr.,3143250 d'iodure de palladium anhydre,
= 0gr.,2210962 d'iode,
= 0,0374 p. 100.

Il résulte de cette analyse que, dans les huiles examinées par nous, l'iode est contenu en quantité beaucoup plus grande dans l'huile brune et l'huile pâle que dans l'huile noire.

Nous reviendrons sur ce sujet.

BROME.

Analyse qualitative.

La présence du brome dans l'huile de foie de morue fut constatée d'après la méthode de M. Ballard de la manière suivante.

500 à 600 grammes d'huile furent saponifiés par la potasse caustique. Le savon fut charbonné, le charbon calciné et ensuite extrait par l'alcool. La dissolution alcoolique fut soumise à l'évaporation, le résidu repris par l'eau, et la dissolution aqueuse filtrée et ensuite soumise à l'action du chlore. Après cette opération, la liqueur aqueuse fut agitée avec de l'éther qui se colora en brun. Ensuite la dissolution dans l'éther fut séparée de la dissolution aqueuse et agitée avec une dissolution de soude caustique. Enfin ce mélange fut soumis à l'évaporation, et le résidu chauffé avec de l'acide sulfurique dans une petite cornue.

Outre les vapeurs violettes de l'iode qui se sublimait dans le col de la cornue, on remarquait encore des vapeurs brunes de brome, qui, en se condensant, coloraient en brun les premières gouttes d'eau qui passaient dans le récipient.

Les trois espèces d'huile soumises à notre analyse donnèrent les mêmes résultats.

Ainsi la véritable huile de foie de morue, quelle qu'en soit l'espèce, contient toujours du brome quoique en très petite quantité.

Analyse quantitative.

Comme la méthode de M. Berthemot (¹) pour séparer le brome du chlore ne nous a pas donné des résultats satisfaisants, nous avons cru devoir omettre le dosage du brome.

CHLORE.

Analyse quantitative.

Pour le dosage du chlore, dont la présence dans l'huile de foie de morue nous était déjà connue par l'analyse des extraits aqueux, une quantité d'huile exactement pesée fut

(¹) BERZELIUS, *Chemie*, Bd. X, S. 129.

saponifiée par la potasse caustique, le savon charbonné, le charbon calciné, et après le refroidissement extrait par l'eau bouillante dans un appareil à déplacement.

L'iode, le brome et le chlore furent précipités de leur dissolution aqueuse par le nitrate d'argent, après que cette dissolution eut été concentrée par évaporation et ensuite acidulée.

Le précipité fut recueilli sur un filtre, puis lavé, séché, et enfin pesé.

La quantité connue de l'iodure d'argent fut déduite du poids obtenu. Restaient le chlorure et le bromure d'argent, qui furent portés ensemble en compte pour du chlorure d'argent, vu la quantité minime du brome.

Il est vrai que ce dosage du chlore n'est pas très exact, mais il approche de la vérité et peut être regardé comme suffisant pour le présent but.

Les résultats obtenus furent ceux-ci :

HUILE NOIRE.

54 grammes d'huile donnèrent :

0^{gr},213 de chlorure, d'iodure et de bromure d'argent ; déduction faite de 0^{gr},029 d'iodure d'argent, restent 0^{gr},184 de chlorure d'argent avec un peu de bromure d'argent,

$= 0^{gr}$,0453928 de chlore avec une petite quantité de brome,

$= 0,0840$ p. 100.

HUILE BRUNE.

32 grammes d'huile donnèrent :

0^{gr},230 de chlorure, d'iodure et de bromure d'argent ; déduction faite de 0^{gr},024 d'iodure d'argent, restent 0^{gr},206 de chlorure d'argent avec un peu de bromure d'argent,

$= 0^{gr}$,0508202 de chlore avec une petite quantité de brome,

$= 0,1588$ p. 100.

HUILE PALE.

31 grammes d'huile donnèrent :

0$^{gr.}$,209 de chlorure, d'iodure et de bromure d'argent; déduction faite de 0$^{gr.}$,022 d'iodure d'argent, restent 0$^{gr.}$,187 de chlorure d'argent avec un peu de bromure d'argent,

$= $ 0$^{gr.}$,0461329 de chlore avec une petite quantité de brome,

$= $ 0,1488 p. 100.

ACIDES PHOSPHORIQUE ET SULFURIQUE.

Analyse quantitative.

La présence de ces acides dans l'huile de foie de morue étant déjà connue par l'analyse des extraits aqueux, je procédai immédiatement à l'analyse quantitative de ces acides.

Pour le dosage de ces acides, une quantité d'huile pesée fut saponifiée par la potasse caustique et le savon décomposé, pendant l'ébullition, par l'acide hydrochlorique.

Après avoir fait bouillir le tout pendant quelque temps, en le remuant sans cesse, la liqueur aqueuse fut séparée des acides gras au moyen d'une pipette et versée sur un filtre préalablement extrait par l'acide nitrique. Ensuite les acides gras furent bouillis six fois avec de l'acide hydrochlorique étendu, et le filtre lavé plusieurs fois avec cet acide, après que la filtration eut été terminée.

Une dissolution dans l'acide nitrique d'une quantité de fer ([1]) soigneusement pesée fut ajoutée à cette liqueur et le phosphate de fer avec un excès d'oxyde de fer précipités ensemble par l'ammoniaque.

Le précipité fut recueilli sur un filtre, lavé avec de l'eau, séché avec le filtre, dont la quantité de cendres était connue,

---

([1]) Il résulta de deux expériences faites préalablement que 100 parties du fer employé par nous se combinaient avec 44,189 parties d'oxygène.

calciné dans un creuset de platine préalablement pesé et pesé ensuite avec le creuset.

La liqueur filtrée, réunie aux eaux de lavage, fut concentrée par l'évaporation à un tiers de son volume et acidulée ensuite par l'acide nitrique.

Une dissolution de nitrate de baryte versée dans cette liqueur y produisit un précipité de sulfate de baryte.

Après vingt-quatre heures, ce précipité fut recueilli sur un filtre préalablement pesé, ensuite lavé, séché à 100° c. et pesé avec le filtre.

Les résultats de cette analyse furent ceux-ci :

HUILE NOIRE.

I. 40^{gr},056 d'huile et 0^{gr},342 de fer = 0^{gr},4931 d'oxyde de fer donnèrent :

$0^{gr\cdot}$,514 d'oxyde de fer et d'acide phosphorique; déduction faite de $0^{gr\cdot}$,4931 d'oxyde de fer, restèrent :
$0^{gr\cdot}$,0209 d'acide phosphorique = 0,521 p. 100.

La même quantité d'huile donna :

$0^{gr\cdot}$,016 de sulfate de baryte,
= $0^{gr\cdot}$,0044024 d'acide sulfurique = 0,0109 p. 100.

II. 41^{gr},286 d'huile et 0^{gr},342 de fer = 0_{gr},4931 d'oxyde de fer donnèrent :

$0^{gr\cdot}$,516 d'oxyde de fer et d'acide phosphorique; déduction faite de $0^{gr\cdot}$,4931 d'oxyde de fer, restèrent
$0^{gr\cdot}$,0229 d'acide phosphorique = 0,552 p. 100.

La même quantité d'huile donna :

$0^{gr\cdot}$,014 de sulfate de baryte,
= $0^{gr\cdot}$,0038519 d'acide sulfurique = 0,0093 p. 100.

HUILE BRUNE.

I. 35^{gr},026 d'huile et 0^{gr},358 de fer = 0^{gr},5161 d'oxyde de fer donnèrent :

0^{gr},545 d'oxyde de fer et d'acide phosphorique, déduction faite de 0^{gr},5161 d'oxyde de fer, restèrent

0^{gr},0289 d'acide phosphorique $= 0,0825$ p. 100.

La même quantité d'huile donna :

0^{gr},108 de sulfate de baryte,

$= 0,02971512$ d'acide sulfurique $= 0^{gr},00848$ p. 100.

II. 35^{gr},666 d'huile et 0^{gr},3615 de fer $= 0^{gr},5212$ d'oxyde de fer donnèrent :

0^{gr},548 d'oxyde de fer et d'acide phosphorique; déduction faite de 0^{gr},5212 d'oxyde de fer, restèrent

0^{gr},0268 d'acide phosphorique $= 0,0753$ p. 100.

La même quantité d'huile donna :

0^{gr},113 de sulfate de baryte

$= 0^{gr},03109082$ d'acide sulfurique $= 0,0871$ p. 100.

HUILE PALE.

I. 37^{gr},966 d'huile et 0^{gr},362 de fer $= 0^{gr},522$ d'oxyde de fer donnèrent :

0^{gr},5575 d'oxyde de fer et d'acide phosphorique; déduction faite de 0^{gr},5220 d'oxyde de fer, restèrent

0^{gr},0355 d'acide phosphorique $= 0,0940$ p. 100.

La même quantité d'huile donna :

0^{gr},100 de sulfate de baryte,

$= 0^{gr},027514$ d'acide sulfurique $= 0,0724$ p. 100.

II. 34^{gr},361 d'huile et 0^{gr},360 de fer $= 0^{gr},519$ d'oxyde de fer donnèrent :

0^{gr},5495 d'oxyde de fer et d'acide phosphorique ; déduction faite de 0^{gr},5190 d'oxyde de fer, restèrent

0^{gr},0305 d'acide phosphorique $= 0,0887$ p. 100.

La même quantité d'huile donna :

0^{gr},087 de sulfate de baryte,

$= 0,02393718$ d'acide sulfurique $= 0,696$ p. 100.

La moyenne des deux expériences est donc :

	Acide phosphorique.	Acide sulfurique.
Pour l'huile noire. . .	0,05365 p. 100	0,01010 p. 100
— brune . .	0,07890	0,08595
— pâle . . .	0,09135	0,07100

PHOSPHORE ET SOUFRE.

Analyse quantitative.

L'existence de graisses animales contenant du phosphore et du soufre non oxydés, nous donna lieu à rechercher également ces principes dans l'huile de foie de morue, d'autant plus que M. de Vry (¹) avait déjà trouvé en 1841 du phosphore non oxydé dans l'huile noire.

A cette fin, des quantités pesées des trois espèces d'huile de foie de morue, furent soumises à l'action de l'acide nitrique concentré.

Les premières expériences échouèrent toutes, par la raison que l'action de l'acide nitrique sur l'huile, en apparence presque nulle à la température ordinaire, est tellement véhémente aussitôt que le mélange de l'huile et de l'acide est chauffé, qu'une grande quantité en est perdue par la forte effervescence qui s'y manifeste.

Pour éviter cet inconvénient, je n'ajoutai plus l'acide à l'huile, mais, au contraire, cette dernière en très petite quantité à l'acide, laissant chaque fois la réaction se terminer, avant d'y ajouter une nouvelle quantité d'huile, et en prenant, en outre, la précaution de refroidir de temps en temps le matras, afin de prévenir une trop forte effervescence.

Après que la quantité totale de l'huile eut été ajoutée à l'acide, et que la réaction eut entièrement cessé, la tempé-

(¹) KONST et LETTERBODE, 24 sept. 1841, n° 40.

rature fut élevée jusqu'à l'ébullition du mélange. L'ébullition fut entretenue pendant douze jours et suspendue pendant la nuit, et l'acide renouvelé au fur et à mesure de son
évaporation. Je trouvai les matins des deuxième, troisième
et quatrième jours qu'il s'était formé une couche épaisse
d'une matière grasse figée, surnageant, mais disparaissant
aussitôt que le mélange eut été réchauffé. Les matins du
cinquième au huitième jour, cette couche était huileuse et
disparaissait également par l'action de la chaleur. Le douzième jour la liqueur acide fut versée dans un vase en faïence,
le matras bien lavé avec de l'acide nitrique, et le tout évaporé jusqu'au tiers (¹). La liqueur concentrée ne présenta
d'abord rien d'extraordinaire, mais le lendemain elle était
changée en une masse cristalline, blanche comme la neige,
et se dissolvant entièrement dans l'eau bouillante.

La dissolution aqueuse de cette matière cristalline fut
alors traitée de la manière ci-dessus indiquée pour le dosage
de l'acide phosphorique et de l'acide sulfurique.

Après que la dissolution de fer dans l'acide nitrique eut
été ajoutée à la dissolution aqueuse de la matière cristalline,
cette dernière se colora en brun et garda cette teinte même
après que l'ammoniaque y eut produit un fort précipité. Séparée du précipité par filtration, et soumise ensuite à l'évaporation, la liqueur filtrée se colora de plus en plus et devint
enfin couleur garance. Des réactifs y prouvèrent alors la
présence du fer, qui s'y trouvait probablement à l'état de

(¹) En continuant l'évaporation après le douzième jour, j'aperçus, au
moment où l'acide nitrique eut entièrement disparu, une matière blanche
cristalline, qui se colora peu à peu en brun. Enfin, les vapeurs nitreuses
furent remplacées par un gaz d'une odeur nauséabonde et piquante, rappelant celle de l'acide sébacique et irritant fortement les yeux et les organes respiratoires. Le résidu brun qui s'était enfin fondu se figea au
refroidissement et se présenta alors comme une matière noire, ayant la
consistance de la cire, d'une odeur excessivement désagréable, très inflammable, et entièrement combustible.

cyanure de fer. Le cyanogène s'était sans doute formé pendant la décomposition de l'huile par l'acide nitrique.

Afin que l'analyse fût aussi exacte que possible, la liqueur, après que le phosphate de fer et l'oxyde de fer en eurent été précipités par l'ammoniaque, et l'acide sulfurique par le nitrate de baryte ; la liqueur, dis-je, réunie aux eaux de lavage, fut évaporée à siccité, le résidu calciné et extrait ensuite par l'acide nitrique. De cette dernière dissolution le reste de l'oxyde de fer fut précipité par l'ammoniaque.

Les résultats de cette analyse furent ceux-ci :

HUILE NOIRE.

1. $43^{gr},963$ d'huile et $0^{gr},417$ de fer $= 0^{gr},6012$ d'oxyde de fer donnèrent :

D'abord $0^{gr},6260$ d'oxyde de fer et l'acide phosphorique, et plus tard encore,

$0^{gr},0070$ d'oxyde de fer; déduction faite de

$0^{gr},6012$ d'oxyde de fer, restèrent :

$0^{gr},0318$ d'acide phosphorique $= 0,0723$ p. 100.

La même quantité d'huile donna :

$0^{g},013$ de sulfate de baryte

$= 0^{gr},00357682$ d'acide sulfurique $= 0,0081$ p. 100.

II. $45^{gr},715$ d'huile et $0^{gr},415$ de fer $= 0^{gr},5983$ d'oxyde de fer donnèrent :

D'abord $0^{gr},6210$ d'oxyde de fer et d'acide phosphorique et plus tard encore,

$0^{gr},0090$ d'oxyde de fer; déduction faite de

$0^{gr},5983$ d'oxyde de fer, restèrent

$0^{gr},0357$ d'acide phosphorique $= 0,0693$ p. 100.

La même quantité d'huile donna :

$0^{gr},021$ de sulfate de baryte

$= 0^{gr},00577794$ d'acide sulfurique $= 0,0126$ p. 100.

HUILE BRUNE.

I. 39$^{gr.}$,237 d'huile et 0$^{gr.}$,362 de fer = 0$^{gr.}$,522 d'oxyde de fer donnèrent :

D'abord 0$^{gr.}$,558 d'oxyde de fer et d'acide phosphorique, et plus tard encore :

0$^{gr.}$,008 d'oxyde de fer ; déduction faite de

0$^{gr.}$,522 d'oxyde de fer, restèrent :

0$^{gr.}$,044 d'acide phosphorique = 0,1121 p. 100.

La même quantité d'huile donna :

0$^{gr.}$,114 de sulfate de baryte

= 0$^{gr.}$,03136596 d'acide sulfurique = 0,0799 p. 100.

II. 40$^{gr.}$,300 d'huile et 0$^{gr.}$,349 de fer = 0$^{gr.}$,5032 d'oxyde de fer donnèrent :

D'abord 0$^{gr.}$,5365 d'oxyde de fer et d'acide phosphorique, et plus tard encore :

0$^{gr.}$,0100 d'oxyde de fer ; déduction faite de

0$^{gr.}$,5032 d'oxyde de fer, restèrent :

0$^{gr.}$,0433 d'acide phosphorique = 0,1074 p. 100.

Le dosage de l'acide sulfurique échoua pour cette quantité d'huile.

HUILE PALE.

I. 36$^{gr.}$,293 d'huile et 0$^{gr.}$,362 de fer = 0$^{gr.}$,522 d'oxyde de fer donnèrent :

D'abord 0$^{gr.}$,5650 d'oxyde de fer et d'acide phosphorique, et plus tard encore :

0$^{gr.}$,0065 d'oxyde de fer ; déduction faite de

0$^{gr.}$,5220 d'oxyde de fer, restèrent :

0$^{gr.}$,0495 d'acide phosphorique = 0,1363 p. 100.

La même quantité d'huile donna :

0$^{gr.}$,098 de sulfate de baryte

= 0$^{gr.}$,02696372 d'acide sulfurique = 0,0742 p. 100.

II. 38^{gr},076 d'huile et 0^{gr},361 de fer $=$ 0^{gr},5205 d'oxyde de fer donnèrent :

D'abord 0^{gr},5700 d'oxyde de fer et d'acide phosphorique, et plus tard encore :

0^{gr},0050 d'oxyde de fer ; déduction faite de

0^{gr},5205 d'oxyde de fer, restèrent :

0^{gr},0545 d'acide phosphorique $= 0,1431$ p. 100.

La même quantité d'huile donna :

0^{gr},097 de sulfate de baryte

$= 0^{gr},02668858$ d'acide sulfurique $= 0,0700$ p. 100.

La moyenne des deux expériences est donc :

	Acide phosphorique.	Acide sulfurique.
Pour l'huile noire .	0,07080 p. 100	0,01035 p. 100
— brune .	0,10475	0,07990
— pâle . .	0,13970	0,07210

PHOSPHORE.

Espèces d'huiles.	Moyenne de l'acide phosphorique obtenu pour le dosage du phosphore.	Moyenne de l'acide phosphorique obtenu pour le dosage de cet acide même.	Différence.	Ainsi phosphore.
	p. 100.	p. 100.	p. 100.	p.100.
Huile noire	0,07080	0,05365	0,01715	0,00754
— brune.	0,10475	0,07890	0,02585	0,01135
— pâle.	0,13970	0,09135	0,04835	0,02125

SOUFRE.

Espèces d'huiles.	Moyenne de l'acide sulfurique obtenu pour le dosage du soufre.	Moyenne de l'acide sulfurique obtenu pour le dosage de cet acide même.	Différence.
	p. 100.	p. 100.	p. 100.
Huile noire	0,01035	0,01010	$+$ 0,00025
— brune	0,07990	0,08595	$-$ 0,00605
— pâle.	0,07210	0,07100	$+$ 0,00110

Il résulte donc de ces analyses qu'outre l'acide phosphorique il se trouve dans chaque espèce d'huile de foie de

morue une petite quantité de phosphore non oxydé, probablement en combinaison avec une matière grasse, tandis
que le soufre est renfermé dans cette huile seulement à
l'état oxydé.

DES BASES : CHAUX, MAGNÉSIE ET SOUDE.

Analyse quantitative.

La présence de ces bases dans l'huile de foie de morue
nous étant également connue par l'analyse des extraits
aqueux, nous procédâmes immédiatement au dosage de ces
matières.

A cette fin une quantité d'huile pesée fut charbonnée
dans un creuset de fer bien fermé, et le charbon extrait par
l'acide hydrochlorique.

L'acide phosphorique fut d'abord précipité par le nitrate
de fer et l'ammoniaque, et le précipité éloigné et lavé.

La chaux fut précipitée de la liqueur filtrée réunie aux
eaux de lavage par l'oxalate d'ammoniaque. Après vingt-
quatre heures, le précipité d'oxalate de chaux fut recueilli
sur un filtre, dont la quantité de cendres était connue, puis
bien lavé, séché et grillé avec le filtre. La quantité de chaux
fut trouvée par le calcul de la quantité de carbonate de
chaux obtenue de cette manière.

La magnésie fut précipitée de la liqueur filtrée réunie
aux eaux de lavage, par le phosphate d'ammoniaque. Le
lendemain, le précipité de phosphate ammoniaco-magnésien
fut recueilli sur un filtre, dont la quantité de cendres était
connue, puis bien lavé, séché avec le filtre, et enfin changé
par calcination en phosphate de magnésie neutre, de la
quantité duquel la quantité de magnésie fut trouvée par le
calcul.

La liqueur filtrée, réunie aux eaux de lavage, fut alors
concentrée par évaporation, et après que l'acide phospho-

rique provenant de l'excés de phosphate d'ammoniaque en eut été éloigné par le nitrate de fer et l'ammoniaque, elle fut acidulée par l'acide sulfurique et ensuite évaporée à siccité.

Le résidu fut calciné et considéré comme sulfate de soude, dont la quantité fit trouver la quantité de soude.

Le résidu entier fut considéré comme sulfate de soude, pour la raison que l'huile de foie de morue ne contient pas de potasse ([1]).

Les résultats de cette analyse furent les suivants :

HUILE NOIRE.

$104^{gr.},650$ d'huile donnèrent :

$0^{gr.},152$ de carbonate de chaux$=0^{gr.},0855$ de chaux$=0,0817$ p. 100.

$0^{gr.},011$ de phosphate de magnésie$=0^{gr.},0040$ de magnésie$=0,0038$ p. 100.

$0^{gr.},043$ de sulfate de soude $= 0^{gr.},0188$ de soude $= 0,0179$ p. 100.

HUILE BRUNE.

$98^{gr.},313$ d'huile donnèrent :

$0^{gr.},297$ de carbonate de chaux$=0^{gr.},1671$ de chaux$=0,1678$ p. 100.

$0^{gr.},033$ de phosphate de magnésie$=0^{gr.},0121$ de magnésie$=0,0123$ p. 100.

$0^{gr.},153$ de sulfate de soude $= 0^{gr.},0670$ de soude $= 0,0681$ p. 100.

HUILE PALE.

$112^{gr.},200$ d'huile donnèrent :

$0^{gr.},302$ de carbonate de chaux$=0^{gr.},1700$ de chaux $=0,1515$ p. 100.

$0^{gr.},027$ de phosphate de magnésie$=0^{gr.},0099$ de magnésie $=0,0088$ p. 100.

$^{gr.},142$ de sulfate de soude $= 0^{gr.},0622$ de soude $= 0,0554$ p. 100.

[1] Voyez p. 76 et 133.

POTASSE.

Analyse qualitative.

Les trois espèces d'huiles furent charbonnées et le charbon extrait par l'eau.

Dans cette liqueur le chlorure de platine ne produisit point de précipité.

Par conséquent, l'huile de foie de morue ne contient point de potasse.

FER.

Analyse qualitative.

Les trois espèces d'huiles furent charbonnées et le charbon extrait par l'acide hydrochlorique.

Dans cette liqueur provenant de l'huile noire, le sulfocyanure de potassium et le cyanure de fer et de potassium produisirent une faible réaction. Ces réactifs n'agirent pas sur la même liqueur provenant des deux autres espèces d'huiles.

La présence d'une trace de fer contenue seulement dans l'huile noire doit être attribuée à la particularité que cette huile seule s'obtient par la cuisson des foies dans des chaudières de fer.

Résultat général de l'analyse chimique des trois espèces d'huiles sus-mentionnées.

100 PARTIES D'HUILE DE FOIE DE MORUE CONTIENNENT :	HUILE NOIRE.	HUILE BRUNE.	HUILE PÂLE.
Acide oléique, avec la matière brune (gaduine et deux autres matières particulières)	69,78500	71,75700	74,03300
Acide margarique.	16,14500	15,42100	11,75700
Glycérine.	9,71100	9,07300	10,17700
Acide butyrique	0,15875	»	0,07436
Acide acétique	0,12506	»	0,04571
Acide fellinique et cholinique avec une petite quantité d'oléine, de margarine et de bilifulvine . .	0,29900	0,06200	0,04300
Bilifulvine, acide bilifellinique et deux autres matières particulières	0,87600	0,44500	0,26800
Une matière particulière soluble dans l'alcool de 30"	0,03800	0,01300	0,00600
Une matière particulière insoluble dans l'éther, l'alcool et l'eau. .	0,00500	0,00200	0,00100
Iode.	0,02950	0,04060	0,03740
Chlore, avec une petite quantité de brome	0,08400	0,15880	0,14880
Acide phosphorique.	0,05365	0,07890	0,09135
Acide sulfurique	0,01010	0,08595	0,07100
Phosphore.	0,00754	0,04136	0,02125
Chaux.	0,08170	0,16780	0,15150
Magnésie.	0,00380	0,01230	0,00880
Soude	0,01790	0,06810	0,05540
Fer	trace.	»	»
Perte.	2,56900	2,60319	3,00943
	100,00000	100,00000	100,00000

On se rappellera que le dosage des acides butyrique et acétique a échoué pour l'huile brune (¹).

(¹) Voyez page 113.

§ III.— Analyse chimique d'une espèce d'huile de foie de morue dite anglaise.

L'huile pâle et inodore des Anglais n'a pas été soumise par nous à l'analyse comparée en 1843, par la raison que cette huile était alors presque inconnue.

Le mode de préparation de cette huile nous ayant fait soupçonner que sa composition chimique devait différer de celle des autres espèces, nous avons maintenant soumis cette espèce d'huile à une analyse spéciale.

Le dosage des acides gras fixes m'a paru peu important, en ce que ma première analyse des trois espèces d'huiles du commerce m'avait prouvé que la somme des acides oléique et margarique est à peu près la même dans toutes les espèces.

Il était plus important de savoir si l'huile obtenue des foies parfaitement frais contient également les acides volatils, et si sa préparation (la cuisson des foies dans l'eau) ne porte aucun préjudice à la quantité des matières bilieuses qui y sont renfermées.

C'est pourquoi cette espèce d'huile a été analysée par nous, surtout sous ces rapports. En outre, nous en avons fait le dosage de l'iode, du phosphore et de l'acide phosphorique.

Outre l'huile connue sous le nom d'huile de Hogg, j'ai soumis à cette analyse encore deux autres sortes d'huiles inodores, préparées à cette fin par moi-même de foies parfaitement frais de *Gadus morrhua*, l'une par la cuisson des foies sans eau, au bain-marie, l'autre par la cuisson des foies dans l'eau.

Les résultats de cette analyse furent les suivants :

I. DOSAGE DES EXTRAITS AQUEUX.

Pour obtenir les extraits aqueux, les trois sortes d'huiles soumises à cette analyse sont traitées par l'eau froide.

Sortes d'huiles.	Quantité d'huile employée.	Quantité d'extrait obtenue.	Ainsi en 100 parties.
Huile dite de Hogg.	30gr.,234	0gr.,089	0,294
Huile préparée par la cuisson des foies frais dans l'eau .	27gr.,965	0gr.,094	0,339
Huile préparée par la cuisson des foies frais sans eau . .	35gr.,473	0gr.,226	0,637

II. DOSAGE DES MATIÈRES COMPOSANT LES EXTRAITS AQUEUX.

Quantité d'extrait soumise à l'analyse. . .	HUILE DE HOGG. 2gr.,897.		HUILE PRÉPARÉE par la cuisson des foies dans l'eau. 3gr.,178.		HUILE PRÉPARÉE par la cuisson des foies sans eau. 4gr.,004.	
	Produit	en 100 parties d'huile contenant 0,294.	Produit	en 100 parties d'huile contenant 0,339.	Produit	en 400 parties d'huile contenant 0,637.
A. Extraits par l'éther : Acide fellinique, acide cholinique avec une petite quantité d'oléine, de margarine et de bilifulvine. . .	0,249	0,025	0,292	0,031	0,354	0,056
B. Extraits par l'alcool absolu : Acide bilifellinique, avec deux matières particulières à l'huile	1,663	0,168	1,851	0,197	2,114	0,336
C. Extraits par l'alcool de 30° : Une matière particulière à l'huile. . . .	0,028	0,002	0,033	0,003	0,047	0,007
D. Résidu insoluble contenant : 1° Une matière organique.	0,009	0,001	0,012	0,001	0,008	0,001
2° Du sulfate de soude, de magnésie et de chaux, du chlorure de sodium et de calcium	0,927	0,094	0,974	0,103	1,451	0,230
Perte.	0,021	. . . . . .	0,046	. . . . . .	0,030	. . . . .
	2,897	0,290	3,178	0,335	4,004	0,630

III. DOSAGE DES ACIDES VOLATILS.

HUILE DE HOGG.

$18^{gr\cdot}\!,463$ de cette huile donnèrent :

> $0^{gr\cdot}\!,010$ de sels de baryte, dont
>> $0^{gr\cdot}\!,007$ solubles et
>> $0^{gr\cdot}\!,002$ insolubles dans l'alcool.

Le premier sel donnait $0^{gr\cdot}\!,005$ SO^3BaO, le dernier $0^{gr\cdot}\!,0015$ SO^3BaO.

HUILE OBTENUE PAR LA CUISSON DES FOIES FRAIS DANS L'EAU.

$15^{gr\cdot}\!,446$ de cette huile donnèrent :

> $0^{gr\cdot}\!,006$ de sels de baryte, dont
>> $0^{gr\cdot}\!,005$ solubles dans l'alcool.
>> (Il ne restait non dissoute qu'une légère trace.)

Le sel dissous dans l'alcool donnait $0^{gr\cdot}\!,0035$ SO^3BaO.

HUILE OBTENUE PAR LA CUISSON DES FOIES FRAIS SANS EAU.

$17^{gr\cdot}\!,110$ de cette huile donnèrent :

> $0^{gr\cdot}\!,007$ de sels de baryte, dont
>> $0^{gr\cdot}\!,006$ solubles dans l'alcool.
>> (Il ne restait non dissoute qu'une légère trace.)

Le sel dissous dans l'alcool donnait $0^{gr\cdot}\!,004$ SO^3BaO.

Sortes d'huiles.	Quantité d'huile employée.	Quantité obtenue d'ac. butyrique	En 100 parties.	Quantité obtenue d'ac. acétique.	En 100 parties.
Huile de Hogg	$18^{gr\cdot}\!,463$	$0^{gr\cdot}\!,0037$	0,02004	$0^{gr\cdot}\!,0100$	0,0054
Huile obtenue par la cuisson des foies dans l'eau	$15^{gr\cdot}\!,446$	$0^{gr\cdot}\!,0027$	0,0174	trace.	»
Huile obtenue par la cuisson des foies sans eau	$17^{gr\cdot}\!,110$	$0^{gr\cdot}\!,0034$	0,0198	trace.	»

IV. DOSAGE DE L'IODE.

HUILE DE HOGG.

701 grammes d'huile donnèrent :

$0^{gr.},212$ d'hydrate d'iodure de palladium,
$= 0^{gr.},201930$ d'iodure de palladium anhydre,
$= 0^{gr.},142037$ d'iode,
$= 0,0201$ p. 100.

HUILE OBTENUE PAR LA CUISSON DES FOIES FRAIS DANS L'EAU.

640 grammes d'huile donnèrent :

$0^{gr.},301$ d'hydrate d'iodure de palladium,
$= 0^{gr.},286702$ d'iodure de palladium anhydre,
$= 0^{gr.},201666$ d'iode,
$= 0,0315$ p. 100.

HUILE OBTENUE PAR LA CUISSON DES FOIES FRAIS SANS EAU.

706 grammes d'huile donnèrent :

$0^{gr.},389$ d'hydrate d'iodure de palladium,
$= 0^{gr.},370522$ d'iodure de palladium anhydre,
$= 0^{gr.},250625$ d'iode,
$= 0,0354$ p. 100.

V. DOSAGE DE L'ACIDE PHOSPHORIQUE.

100 parties du fer employé à ce dosage pesaient, après l'oxydation par l'acide nitrique, 144,216.

HUILE DE HOGG.

$40^{gr.},339$ d'huile et $0^{gr.},371$ de fer $= 0^{gr.},535$ d'oxyde de fer donnèrent :

$0^{gr.},5601$ d'oxyde de fer et d'acide phosphorique ; déduction faite de $0^{gr.},5350$ d'oxyde de fer, restèrent :
$0^{gr.},0251$ d'acide phosphorique $= 0,0622$ p. 100.

HUILE OBTENUE PAR LA CUISSON DES FOIES FRAIS DANS L'EAU.

42^{gr},438 d'huile et 0^{gr},364 de fer $= 0^{gr}$,525 d'oxyde de fer donnèrent :

0^{gr},5548 d'oxyde de fer et d'acide phosphorique ; déduction faite de 0^{gr},5250 d'oxyde de fer, restèrent :
0^{gr},0298 d'acide phosphorique $= 0,0702$ p. 100.

HUILE OBTENUE PAR LA CUISSON DES FOIES FRAIS SANS EAU.

38^{gr},463 d'huile et 0^{gr},348 de fer $= 0^{gr}$,501 d'oxyde de fer donnèrent :

0^{gr},5349 d'oxyde de fer et d'acide phosphorique ; déduction faite de 0^{gr},5010 d'oxyde de fer, restèrent :
0^{gr},0339 d'acide phosphorique $= 0,0890$ p. 100.

VI. DOSAGE DU PHOSPHORE.

HUILE DE HOGG.

36^{gr},666 d'huile et 0^{gr},322 de fer $= 0^{gr}$,464 d'oxyde de fer donnèrent :

D'abord 0^{gr},495 d'oxyde de fer et d'acide phosphorique, et plus tard encore :
0^{gr},007 d'oxyde de fer ; déduction faite de
0^{gr},464 d'oxyde de fer, restèrent :
0^{gr},038 d'acide phosphorique $= 0,1008$ p. 100.

Le dosage du phosphore a échoué pour l'huile obtenue par la cuisson des foies dans l'eau.

HUILE OBTENUE PAR LA CUISSON DES FOIES FRAIS SANS EAU.

41^{gr},569 d'huile et 0^{gr},337 de fer $= 0^{gr}$,486 d'oxyde de fer donnèrent :

D'abord 0^{gr},532 d'oxyde de fer et d'acide phosphorique, et plus tard encore :
0^{gr},009 d'oxyde de fer ; déduction faite de

0^{gr},486 d'oxyde de fer, restèrent:

0^{gr},055 d'acide phosphorique $= 0,1323$ p. 100.

Sortes d'huiles.	Quantité d'acide phosphorique obtenue pour le dosage du phosphore.	Quantité d'acide phosphorique obtenue pour le dosage de cet acide même.	Différence.	Ainsi phosphore.
	p. 100.	p. 100.	p. 100.	p. 100.
Huile de Hogg	0,1008	0,0622	0,0386	0,0169
Huile obtenue par la cuisson des foies sans eau .	0,1323	0,0890	0,0433	0,0190

§ IV. — Conclusion de l'analyse chimique.

Si l'on compare maintenant les résultats de notre analyse avec ceux qui ont été obtenus par d'autres chimistes, on remarquera que quelques matières mentionnées par eux, comme principes constituants de l'huile de foie de morue, ne se sont pas présentées à nous, tandis que nous en avons trouvé d'autres dont l'existence dans cette huile n'avait pas même été soupçonnée.

Ainsi M. Marder ([1]) a trouvé dans l'huile pâle une résine molle d'une couleur verte, une résine dure d'une couleur brune et de la colle animale; et dans l'huile noire une résine molle d'une couleur brune, une résine dure d'une couleur noire et également de la colle animale. MM. Marder et Spaarmann ([2]) ont trouvé, dans toutes les espèces analysées par eux, un principe colorant particulier; et enfin MM. Marder, Spaarmann ([3]) et Chevreul ([4]) indiquent l'existence de l'acide phocénique dans toutes les espèces soumises à l'analyse.

Notre analyse ne nous a indiqué la présence d'aucune de

([1]) Voyez son analyse p. 27.

([2]) Voyez leur analyse p. 26.

([3]) *Ibid.*

([4]) *Recherches chimiques sur les corps gras*, 1823, p. 107.

ces matières; mais, par contre, nous avons trouvé dans l'huile de foie de morue une matière brune très composée, dont la gaduine forme la partie principale, deux acides volatils, les acides butyrique et acétique, et des matières bilieuses.

La grande diversité de résultats que les différentes analyses d'une même matière ont fait obtenir prouve que les chimistes sus-mentionnés ont regardé comme des matières simples des mélanges très composés.

Ainsi, la résine molle de M. Marder n'est certainement autre chose qu'un mélange de principes bilieux avec de l'oléine et de la margarine; et il est plus que probable que sa résine dure est composée de bilifulvine et d'acide bilifellinique.

La matière que MM. Marder et Spaarmann indiquent comme matière colorante est certainement la même que j'ai nommée *matière brune de l'huile de foie de morue* et dont la gaduine constitue la partie principale.

Enfin l'acide phocénique de ces chimistes n'est sans doute autre chose qu'un mélange des acides acétique et butyrique.

Quant à la colle animale que M. Marder dit avoir trouvée dans l'huile de foie de morue (se basant sur ce qu'une infusion de noix de galle produit, dans la dissolution aqueuse de l'extrait aqueux de l'huile, un précipité insoluble dans l'eau, l'alcool et l'éther), il n'a certainement pas songé à ce que la colle animale, le produit de la cuisson de certains tissus animaux, ne peut absolument pas être contenue ni dans l'huile pâle ni dans l'huile brune, par la raison que ces deux espèces sont obtenues sans le secours du feu, par l'écoulement spontané.

Il est vrai que cette objection ne concerne pas l'huile noire, qui, comme on sait, s'obtient par la cuisson des foies; pourtant en considérant que ledit précipité est absolument le même pour les trois espèces d'huiles, ce précipité prouve aussi peu l'existence de la colle animale dans l'huile noire que dans les deux autres espèces.

Si nous comparons maintenant entre elles les différentes espèces d'huiles analysées par nous, nous trouvons que l'huile noire possède les principes bilieux en plus grande quantité que toutes les autres espèces, tandis que l'huile dite anglaise et celle que j'ai obtenue par la cuisson des foies dans l'eau en contiennent le moins.

Cette différence doit surtout être attribuée aux divers modes de préparation. Ainsi la présence de ces principes en plus grande quantité dans l'huile noire dépend certainement de la haute température qu'on emploie à la préparation de cette espèce ; et comme nous avons vu que l'eau extrait en grande partie les principes bilieux de l'huile, il n'est pas étonnant que les espèces obtenues par la cuisson des foies dans l'eau contiennent la moindre quantité de ces principes perdus nécessairement en grande partie par ce mode de préparation.

Ensuite nous voyons également que les acides volatils se trouvent en plus grande quantité dans l'huile noire que dans les espèces moins foncées, et que l'huile dite anglaise, ainsi que les deux sortes d'huile incolore et inodore préparées par nous, en contiennent le moins.

Les circonstances qui favorisent la transformation de l'oléine et de la margarine en acides acétique et butyrique ne sont pas encore suffisamment connues. Le beurre frais contient peu de butyrine, tandis que le vieux beurre en contient une plus grande quantité. Il est donc probable que l'huile en vieillissant favorise la formation de ces principes. L'huile pâle obtenue par l'écoulement spontané étant moins riche en acides volatils que l'huile noire obtenue par la cuisson à une haute température, il est encore possible que cette dernière circonstance contribue également à la formation de ces acides. Mais, considérant que surtout l'huile obtenue des foies dans lesquels la fermentation putride s'est franchement déclarée renferme la plus grande quantité de ces acides, tandis que l'huile obtenue de foies parfaitement frais en contient le moins, il est plus que probable que la formation de ces acides dépend, sinon exclusivement, du moins en grande partie, de la fermentation putride.

Enfin notre analyse nous apprend que les espèces pâles sont les plus riches en principes inorganiques, surtout en iode, phosphore et en acide phosphorique.

Cette différence de constitution chimique dépend de ce que, probablement, l'huile découlant spontanément des foies entraîne facilement avec elle la petite quantité des sels et des combinaisons de l'iode et du phosphore renfermés dans les foies. Si cette opinion est juste, on s'expliquera facilement comment une même espèce donne si souvent des résultats si différents, quant au dosage de ces principes, surtout de l'iode; car, en admettant, pour un instant, qu'un poids donné de foies renferme toujours une quantité égale de ces principes, la somme de ces principes renfermés dans la même espèce d'huile sera en raison directe du temps pendant lequel les foies auront été abandonnés à eux-mêmes avant d'être employés à la préparation de l'huile noire. L'huile pâle contiendra donc d'autant plus de ces principes que les foies auront été abandonnés plus longtemps à eux-mêmes, tandis que l'huile noire en contiendra en quantité d'autant plus grande que les foies auront été employés plus tôt à sa préparation.

La particularité que, parmi les différentes sortes de l'espèce pâle, celle obtenue par la cuisson des foies dans l'eau contient la plus petite quantité de principes inorganiques s'explique en ce qu'une partie du phosphate de chaux et d'autres sels renfermés dans l'huile en est extraite par ce mode de préparation.

Le mode de préparation, à peu près le même pour l'huile pâle et pour l'huile brune du commerce, explique suffisamment la grande ressemblance de ces deux espèces, quant à leur composition chimique, tandis que leur différence sous ce rapport avec l'huile noire doit être attribuée au mode de préparation tout particulier de cette dernière.

La raison, déjà mentionnée antérieurement, pour laquelle nous n'avons pu faire séparément le dosage de la matière brune de l'huile, et, par conséquent, de la gaduine et de l'acide oléique, est la grande perte que l'épuration de ces matières aurait fait subir à l'analyse. En admettant que la quantité de la matière brune, et surtout de la gaduine, est à peu près la même dans toutes les espèces d'huiles, l'observation que la quantité d'acide margarique se trouve dans les différentes espèces en raison inverse de celle de l'acide oléique joint à la matière brune, rend probable que la somme de l'acide margarique et de l'acide oléique doit être à peu près la même dans toutes les espèces.

La différence de couleur des diverses espèces ne peut pas être objectée contre l'admission d'une quantité de gaduine égale dans chacune de ces espèces, par la raison que notre analyse a suffisamment prouvé que cette matière est primitivement incolore et ne se colore que sous l'influence d'une température élevée, et peut-être encore sous celle d'autres circonstances.

La présence d'une trace de fer dans l'huile noire seule s'explique, comme nous l'avons déjà dit, en ce que cette huile seule se prépare dans des chaudières de fer.

Nous terminerons cette conclusion en faisant remarquer que notre analyse surtout a démontré que la différence apparente de toutes les espèces d'huiles de foie de morue ne dépend pas de ce que les unes renfermeraient des matières qui ne se trouveraient pas dans les autres, mais plutôt d'une différence quantitative de leurs matières constituantes.

CHAPITRE III.

DES FALSIFICATIONS DE L'HUILE DE FOIE DE MORUE ET DES MOYENS DE RECONNAITRE L'HUILE VÉRITABLE.

Il est certain que des huiles qui ne sont rien moins que de l'huile de foie de morue sont souvent vendues comme telle. Ces huiles sont tantôt une huile de poisson épurée, quelquefois mélangée avec de l'iode ou des iodures ; tantôt des mélanges de véritable huile de foie de morue avec de l'huile ordinaire de poisson, de l'huile d'olive ou de l'huile de pavot.

L'absence totale d'iode, observée si souvent dans les analyses de l'huile de foie de morue, prouve non seulement que de pareilles falsifications ont lieu, mais encore que souvent la véritable huile de foie de morue n'entre pour rien dans ces mélanges.

MM. Gmelin, Marder, Haaxmann et autres ([1]) ne trouvèrent point d'iode dans une huile qui leur avait été donnée pour de la véritable huile de foie de morue, ce qui leur fit émettre l'opinion, bien qu'erronée, que l'huile de foie de morue ne contient pas d'iode. Ce n'est que plus tard, après avoir analysé de la véritable huile de foie de morue, que ces chimistes sont revenus de cette erreur.

M. Ure ([2]) analysa une huile que deux des principales maisons dans cet article vendirent aux pharmaciens de Londres pour de la véritable huile de foie de morue, et n'y trouva aucune trace d'iode.

M. Marteny ([3]) dit que souvent les droguistes ajoutent de

([1]) Voyez la partie historique de l'analyse chimique, p. 29 et 30.

([2]) *Transactions of the pharmaceutical Society*, p. 458.

([3]) *Naturgeschichte der für die Heilkunde wichtigen Thiere.* Darmstadt, 1847.

l'iode à l'huile de foie de morue, afin d'en augmenter la valeur commerciale.

M. Pereira (¹) assure que bien souvent une huile de foie de morue artificielle est préparée avec de l'huile ordinaire de poisson et de l'iode.

L'huile analysée par M. van Santen (²), et dans laquelle il n'a trouvé qu'une très petite quantité d'iode, a été sans doute un mélange d'huile véritable avec de l'huile de phoque épurée, ou avec des huiles végétales.

On peut se convaincre que de pareilles falsifications se font avec l'huile d'olive et l'huile de pavot (³), et M. Magendie (⁴) a assuré, il y a déjà longtemps, que l'on y emploie même quelquefois l'huile de colza.

Enfin l'inégalité, si souvent observée dans l'action thérapeutique de l'huile de foie de morue, ne doit être attribuée qu'à l'emploi d'huiles falsifiées ou mélangées ; et quoique je considère comme exagérée l'assertion qu'à peine un dixième de ce qui se vend pour de la véritable huile de foie de morue est de l'huile pure et non mélangée (⁵), je suis pourtant convaincu que les falsifications dont je viens de parler sont plus fréquentes qu'on pourrait bien le croire.

L'huile de phoque épurée est employée, le plus souvent, à la falsification de l'huile de foie de morue.

Selon M. Kunheim (⁶), l'huile de phoque est purifiée de la manière suivante. On y ajoute le double de son poids d'eau. Ce mélange, après avoir été agité pendant quelque temps, est amené à l'ébullition par des vapeurs d'eau que l'on y introduit. Ensuite on y ajoute d'alun le dixième du

---

(¹) *Pharmaceutical journal*, févr. 1849, vol. VIII, n° 8.

(²) Voyez la partie historique de l'analyse chimique, p. 34 et 36.

(³) GEIGER's *Magazin*, août 1826, p. 100.

(⁴) *Journal de chimie*, fév. 1843.

(⁵) *Report of the committee on adulterated drogs*, Dʳ Huston Chaerman (*Transactions of the Americ. med. association*, Philad. 1850).

(⁶) *Jahresbericht für prakt. Pharm.*, Bd. V, p. 383.

poids de l'huile employée, ce qui lui fait perdre son odeur nauséabonde, en même temps que des flocons jaunes et blancs se forment et se précipitent. L'huile ainsi épurée est séparée de l'eau après un ou deux jours.

Selon M. Davidson ([1]) l'huile de la mer du Sud, également employée à la falsification de l'huile de foie de morue, est purifiée de la manière suivante. On agite d'abord 100 litres de cette huile avec une décoction de chêne, et ensuite on les mélange avec 4 livres de chlorure de calcium dissous dans un gallon d'eau. On ajoute à ce mélange 3 onces d'acide sulfurique étendu dans 16 à 20 onces d'eau, après quoi on fait bouillir le tout pendant quelque temps. La couleur de l'huile ainsi épurée n'est pas changée par la cuisson, à cause de la présence de l'eau. Dans le cas où l'huile exhale une odeur très désagréable, on augmente la quantité de chlorure de calcium et d'acide sulfurique.

L'odeur désagréable des différentes sortes d'huile ordinaire de poisson, employées à la falsification de l'huile de foie de morue, est également éloignée, en les agitant avec une dissolution de sulfate de cuivre et de chlorure de sodium, et en les traitant ensuite par le charbon animal, par une faible dissolution de potasse caustique, ou bien par l'eau de chaux.

L'action salutaire de l'huile de foie de morue dépendant uniquement de la qualité de ce remède, et l'inégalité si souvent observée dans son action thérapeutique ne devant être attribuée qu'à l'emploi d'huiles falsifiées, il est du plus grand intérêt de pouvoir distinguer l'huile de foie de morue véritable des huiles falsifiées, d'autant plus que, comme on a pu s'en convaincre, les moyens ne manquent pas pour rendre les huiles ordinaires de poisson aptes à ces falsifications.

([1]) *Observations on the properties of some fish-oils and on the utility of lime in distroying their putrid odor* (BREWSTER, *Edinb. journal of science,* n° 12, juillet 1827, p. 97-101).

Nous possédons dans l'acide sulfurique un réactif par lequel l'huile de foie de morue se laisse facilement distinguer de toute autre huile.

Quelques gouttes de cet acide produisent dans l'huile d'olive une couleur d'un gris sale, dans l'huile de pavot une couleur jaune foncée, tirant sur le brun, et dans l'huile ordinaire de poisson une couleur brune foncée; tandis que versé goutte à goutte dans l'huile de foie de morue, l'acide sulfurique y produit un mouvement centrifuge particulier à l'endroit où les gouttes tombent, en même temps qu'une belle couleur violette, qui se change en pourpre du moment que le mélange est agité.

Plusieurs chimistes ont prétendu que ce changement de couleur provient de ce que l'iode renfermé dans l'huile de foie de morue est amené à l'état libre par l'action de l'acide sulfurique. Pourtant l'observation que l'huile de poisson commune, dont quelques espèces renferment également de l'iode, réagit tout différemment sur l'acide sulfurique, prouve suffisamment que cette explication n'est pas la vraie.

L'observation de M. Pettenkofer ([1]), que l'acide sulfurique produit sur les dissolutions de la bile une réaction à peu près semblable à celle qu'il produit sur l'huile de foie de morue, et celle de M. Strecker ([2]), que l'acide sulfurique produit les mêmes effets sur les dissolutions de l'acide cholinique, jointes à la découverte que j'ai faite que l'huile de foie de morue contient des principes de la bile, et entre autres l'acide cholinique, prouvent suffisamment que l'huile de foie de morue est redevable à l'acide cholinique du changement de couleur que l'acide sulfurique produit sur elle.

Cette opinion, que je partage entièrement avec M. le pro-

([1]) *Annalen der Chemie und Pharmacie*, 1844, Bd. LII, p. 90. — Simon's *Chemistry*, translated by doctor Day, vol. II, p. 193.

([2]) *Annalen der Chemie und Pharmacie*, 1848, Bd. LXIV, p. 15.

fesseur Pereira, a été émise par lui le premier en 1849.
L'objection qu'on pourrait y faire, que le changement de
couleur que l'acide sulfurique produit dans les dissolutions
de la bile y nécessite encore la présence d'une troisième
matière, notamment le sucre, tombe par la découverte qu'a
faite M. Strecker (¹), que le sucre peut être remplacé à cette
fin par l'acide acétique. Or, cet acide ayant été trouvé par
moi dans l'huile de foie de morue, l'opinion de M. Pereira
explique parfaitement ce phénomène pour l'huile de foie
de morue.

M. Gobley (²), le premier, a conseillé l'acide sulfurique
comme réactif pour l'huile de raie, et M. Hockin (³) pour
l'huile de foie de morue.

Quelque suffisant que soit ce réactif pour distinguer
l'huile de foie de morue de toute autre huile, il ne l'est
néanmoins pas pour faire reconnaître les différents mélanges de l'huile véritable avec l'huile ordinaire de poisson,
ou avec les huiles végétales, par la raison que la présence
de l'huile véritable dans ces mélanges, à moins qu'elle n'y
soit en très petite quantité, suffit toujours pour que l'acide
sulfurique y produise le changement caractéristique de couleur propre à l'huile véritable.

Quoique la quantité d'iode contenu dans l'huile de foie
de morue varie souvent, mes expériences réitérées m'ont
pourtant prouvé que le dosage de l'iode est encore le meilleur moyen pour distinguer l'huile véritable des mélanges
sus-mentionnés. Une expérience de plusieurs années m'ayant
appris que l'huile véritable contient toujours, en moyenne,
0,020 à 0,030 pour 100 d'iode, je regarde comme mélan-

____

(¹) PEREIRA, *On cod-liver oil* (*Pharmaceutical journal*, 1849, vol. VIII,
n° 8.)

(²) *Journ. de pharm.*, 1844, 3ᵉ série, t. V, p. 308.

(³) *Pharm. journ.*, 16 sept. 1848.

gée avec des huiles non médicamenteuses toute huile contenant moins d'iode que la quantité indiquée.

Les mélanges d'huile avec de l'iode ou avec différents iodures ne sont pas difficiles à reconnaître.

L'huile véritable, traitée par l'eau ou par l'alcool, n'abandonne jamais à ces liqueurs l'iode qu'elle renferme, tandis que l'iode et les iodures mélangés avec l'huile en sont toujours extraits pour ce procédé.

L'huile véritable, charbonnée sans avoir été préalablement saponifiée, et le charbon ensuite extrait par l'alcool, ne trahit pas la moindre trace d'iode, tandis qu'on retrouve facilement ce principe en traitant de cette manière toute huile mélangée avec la plupart des iodures employés en médecine.

Enfin, l'huile véritable n'abandonne jamais, quand elle est saponifiée, la moindre trace d'iode à l'eau mère, tandis que l'iode s'y retrouve toujours lorsqu'on saponifie de l'huile mélangée avec ce principe soit à l'état libre, soit dans ses différentes combinaisons.

Une série d'expériences que j'ai faites à ce sujet m'ont prouvé que ces différents procédés peuvent facilement faire découvrir dans l'huile, l'iode, les iodures de potassium, de sodium, de magnésium et de calcium, le deuto-iodure de mercure, les iodates de potasse, de soude et de mercure, et enfin les différentes combinaisons de l'iode avec le phosphore.

QUATRIÈME PARTIE.

THÉRAPEUTIQUE.

CHAPITRE PREMIER.

DU CHOIX QU'IL CONVIENT DE FAIRE SOUS LE RAPPORT MÉDICAL PARMI LES DIFFÉRENTES ESPÈCES D'HUILES DE FOIE DE MORUE.

Il se trouve dans le commerce plusieurs espèces d'huiles de foie de morue qui se distinguent entre elles tant par leur saveur, leur odeur et leur couleur, que par leur composition chimique. On distingue ordinairement dans le commerce les différentes espèces d'après les différences extérieures que l'on remarque entre elles. En Norwége, le commerce a adopté trois espèces principales : l'*huile pâle*, qu'on y appelle *huile blanche*, et qui, à cause de sa teinte jaunâtre, devrait plutôt s'appeler *huile jaune; l'huile brune*, qu'on y appelle *brune claire*, et l'*huile noire*, qu'on appelle *brune foncée*.

La différence de couleur, de saveur et d'odeur, comme aussi de composition chimique, bien que souvent produite par d'autres causes, résulte principalement des divers modes de préparation, par lesquels certains principes sont amenés en plus grande quantité dans une espèce que dans une autre. Il résulte de ce qui a été dit dans un précédent chapitre des divers modes de préparation, que c'est surtout à ceux-ci qu'il faut attribuer la différence de couleur, d'odeur et de saveur. Ainsi l'huile obtenue par l'écoulement spontané est toujours d'un jaune clair, quand elle est immédiatement séparée des foies; l'huile obtenue par l'emploi d'une chaleur modérée est d'un brun clair, bien que la même nuance puisse également s'obtenir par un contact trop prolongé de l'huile pâle avec les foies; et enfin l'emploi d'une chaleur plus forte produit toujours l'espèce désignée sous le nom d'huile noire.

La fermentation putride des foies et l'action d'une chaleur plus ou moins intense sur la graisse animale exerçant nécessairement une grande influence sur la formation des acides volatils, il est naturel que l'huile pâle, qui découle spontanément des foies avant que la fermentation se soit franchement déclarée, ne possède ces principes qu'en petite quantité; que l'huile brune, restée plus longtemps en contact avec les foies, ou obtenue par l'emploi d'une chaleur modérée, en renferme évidemment plus; et enfin, que l'huile noire, restée le plus longtemps en contact avec les foies, et en outre préparée au moyen d'une chaleur plus intense, en contienne la plus grande quantité. De là l'odeur et la saveur peu prononcées dans l'huile pâle et plus fortes dans les espèces foncées.

L'influence que le mode de préparation exerce sur la composition chimique de l'huile de foie de morue a été suffisamment prouvée par l'analyse que j'ai faite des différentes espèces de cette huile. Cette analyse a démontré que l'huile obtenue par l'écoulement spontané est plus riche en principes inorganiques que les espèces foncées, tandis que celles-ci renferment en plus grande quantité les acides volatils et les matières bilieuses.

Les autres causes qui influent sur la différence d'odeur, de saveur et de couleur des huiles sont leur séjour trop prolongé dans les magasins et l'action de l'air. Les commerçants de Norwége attribuent à l'action du chêne, dont sont faits les tonneaux, le changement que subit la couleur des huiles, quand on les y laisse trop longtemps, tandis que l'augmentation de saveur et d'odeur d'une graisse, comme l'huile de foie de morue, s'explique facilement par l'influence de l'air, qui, comme on le sait, favorise la transformation des acides gras fixes en acides volatils.

Quoique l'huile provenant de Norwége présente une infinité de nuances, quant au goût, à la couleur et à l'odeur, je crois que la médecine pourrait se borner à adopter les trois sortes sus-mentionnées, parce que ces trois sortes principales se rapportent aux différents modes de préparation, tandis que les nuances intermédiaires ne proviennent que de circonstances fortuites, fort peu intéressantes sous le rapport médical.

Outre ces trois sortes, provenant principalement de Norwége, il faut en admettre aujourd'hui une quatrième : je veux parler de celle qui a été préparée dans les dernières années en petite quantité par les pharmaciens anglais, et qui l'est actuellement sur une plus grande échelle à l'île Terre-Neuve. Cette huile se distingue véritablement des trois sortes sus-mentionnées, en ce qu'elle est presque incolore et, pour ainsi dire, presque entièrement dépourvue de goût et d'odeur. Le mode de préparation de cette huile, obtenue des foies avant que la fermentation putride s'y soit déclarée, explique encore ici cette absence presque totale d'odeur et de saveur, en ce que la fermentation putride des foies développe les acides volatils auxquels l'huile doit son odeur particulière et sa saveur plus ou moins piquante. Aussi l'analyse que j'ai faite de cette huile prouve, comme on l'aura remarqué, que ces principes n'y existent qu'en très petite quantité. Il en est de même des principes bilieux qui doivent nécessairement être extraits en grande partie de cette huile par l'eau, dans laquelle ils sont solubles et dont on se sert pour la préparation de cette espèce.

Il résulte de ce qui précède que le choix de l'espèce à employer doit nécessairement être basé, tant sur la connaissance de son mode de préparation que sur celle de sa composition chimique. Pourtant cette connaissance manquait absolument à l'époque où l'huile de foie de morue, de remède populaire qu'elle était, passa à l'état de remède officinal. De là la préférence donnée, sans aucune raison plausible, par les uns à l'huile pâle, et par les autres aux espèces foncées. Plus tard les résultats des analyses chimiques auxquelles on soumit cette huile influèrent sur le choix des espèces dont on prescrivait l'emploi, et depuis ce temps les médecins commencèrent à donner la préférence tantôt à l'huile pâle, tantôt aux espèces foncées, selon la différence de leur opinion quant au principe actif de l'huile ou quant à l'action thérapeutique de ce remède.

Ainsi MM. Gourée [1], Williams [2], Donovan [3], pour n'en citer que quelques uns de chaque catégorie, placent, de même que la plupart des médecins anglais, *l'huile pâle* beaucoup au-dessus des huiles foncées : plusieurs d'entre eux parce qu'ils prétendent que l'huile de foie de morue doit, spécialement ou principalement, son action salutaire aux matières grasses, qui, dans l'huile pâle, sont moins mélangées avec d'autres substances que dans les autres espèces ; d'autres parce qu'ils attribuent l'action de l'huile de foie de morue à l'iode, et que l'huile pâle renferme ce principe en plus grande quantité que les huiles foncées ; et presque tous parce que cette espèce contient moins que les autres les acides volatils qu'ils regardent comme nuisibles, en ce qu'ils sont un produit de la fermentation putride.

L'expérience a suffisamment démontré que ce préjugé

[1] *Bulletin médical belge*, janvier 1838.
[2] *London journal of medicine*, janv. 1849.
[3] *Dublin journal of medical science*, juillet 1840 et sept. 1845.

(peut-on qualifier autrement cette dernière opinion?) ne pouvait être justifié par rien. On emploie en Allemagne et en Hollande depuis nombre d'années une quantité beaucoup plus considérable d'huiles foncées que d'huile pâle, et cet emploi, loin d'être nuisible, a donné au contraire d'excellents résultats. En effet, pourquoi les acides volatils de l'huile de foie de morue, bien que produits par la fermentation putride, pourquoi ne pourraient-ils pas agir avec succès contre certaines maladies, lorsque l'ammoniaque et l'acide carbonique, produits souvent eux-mêmes par la putréfaction de matières animales, sont cependant employés avec succès en médecine ([1])?

MM. Trousseau et Pidoux ([2]) donnent au contraire la préférence à l'*huile noire*, précisément à cause de son goût plus piquant qui dépend de la présence d'acides volatils et de principes bilieux en plus grande quantité dans cette huile que dans les autres espèces, et ils mettent tant d'importance à la présence de ces principes dans l'huile, qu'ils regardent l'huile pâle comme entièrement inefficace.

M. Falker ([3]), qui attribue l'action de l'huile de foie de morue à la colle animale et aux résines qu'elle contiendrait, selon M. Marder et lui, donne la préférence à l'*huile noire*, parce que ces principes se trouveraient en plus grande quantité dans les espèces foncées que dans l'huile pâle. Selon lui, ces principes constitueraient même les 5/6es de la totalité de l'huile qu'il préfère.

([1]) Dans un temps où la composition chimique de ce remède était encore à peu près inconnue, M. Schenk, de Siegen, un des premiers auxquels l'huile de foie de morue doit son usage plus général, émit l'opinion que la fermentation putride des foies devait nécessairement développer dans l'huile certains principes actifs.

([2]) *Traité de thérapeutique*, 2e partie.

([3]) *Med. Annalen*, Bd. VI, Heft 3.

Qu'il me soit permis de dire que je ne m'explique aucunement l'analyse de M. Falker, après celle que j'ai faite moi-même des trois espèces d'huiles, et qui a été reproduite en entier dans la partie chimique de cet ouvrage.

M. Rösch (¹), qui partage l'erreur de M. Falker, et qui attribue des propriétés *nutritives* et *toniques* à la colle animale et aux résines qu'il croit contenues dans l'huile, donne également la préférence aux *espèces foncées*.

M. Haas (²), selon lequel l'huile de foie de morue agit comme *stimulant* et *altérant*, préfère les *espèces foncées* à l'huile pâle.

M. Schupmann (³), qui a obtenu d'excellents résultats de l'emploi des espèces foncées dans des cas de paralysie contre lesquels l'huile pâle était restée sans effet, préfère également les *espèces foncées*.

MM. Osberghaus (⁴) et Krebel (⁵), quoique ayant obtenu de bons résultats par l'emploi de toutes les espèces, ont cependant trouvé une action plus prompte aux *espèces foncées*, résultat que, comme on le verra plus loin, mes observations comparées m'ont également fait obtenir.

Enfin, nous trouvons encore que MM. Bouchez (⁶), Delcour (⁷), Bennett (⁸), Reder (⁹), Katzenberger (¹⁰), Rich-

---

(¹) Schmidt's *Jahrb.*, Bd. XXIII, p. 158. — Häser's *Archiv.*, Bd. II, Heft 1, 2.

(²) *Med. Jahrb. des Herzogthums Nassau*, in *Der algem. med. Centralzeitung*, 1843, p. 770.

(³) Hufeland's *Journal*, avril 1830.

(⁴) Rust's *Magazin*, Bd. XX, Heft 3, p. 362.

(⁵) *Med. Zeit. Russl.*, 26, 1848.

(⁶) *Archives de la médecine belge*, février 1843.

(⁷) *Bulletin médical belge*, juin 1841, p. 249.

(⁸) *Treatise on the oleum jecoris aselli.* London, Edinburgh, Dublin, 1848, p. 182.

(⁹) *De oleo jccoris aselli.* Rostoch, 1826.

(¹⁰) Hufeland's *Journal*, novembre 1824.

ter (¹), Tauflieb (²), Segnitz (³), Chalk (⁴), Carey (⁵), et en général la plupart des médecins allemands et hollandais s'accordent à donner la préférence aux espèces foncées.

Plusieurs praticiens conseillent telle ou telle espèce, selon la maladie qu'ils ont à traiter. Ainsi M. Osius (⁶) dit entre autres : « En ce qui concerne la différence pharmacodynamique des trois espèces, on peut admettre, en général, que l'*huile noire* agit principalement sur les organes du bas-ventre et sur le système ganglionnaire, et qu'elle est surtout indiquée en cas de torpeur de ces parties et du système nerveux en général, à cause des principes empyreumatiques et bilieux qu'elle renferme ; que l'*huile brune*, qui paraît tenir le milieu entre les deux autres espèces, agit plus efficacement dans les cas d'inflammations spécifiques de la membrane muqueuse des organes respiratoires et des intestins, comme aussi du système fibreux ; et que l'*huile pâle*, qui paraît posséder le plus de propriétés émollientes, se recommande principalement contre les inflammations spécifiques des organes respiratoires et des tissus mentionnés, quand elles présentent le caractère d'éréthisme. »

D'autres prétendent qu'il est tout à fait indifférent quelle huile on emploie. Ainsi MM. Bradshaw (⁷) et Bretonneau (⁸) regardent l'huile ordinaire de poisson comme aussi efficace que l'huile de foie de morue ; tandis que d'autres, comme

---

(¹) *Medecinische Zeitung*, n° 26, juillet 1835.

(²) *Gazette médicale* de Paris, 12 août 1837.

(³) *Summarium*, I, p. 184.

(⁴) *London med. Gaz.*, décembre 1843.

(⁵) Appendice à la traduction anglaise d'un ouvrage sur l'huile de foie de morue, que j'ai publié en 1843, p. 164.

(⁶) *Med. Annalen*, Bd. VI, St. 4, p. 559-590.

(⁷) *Provincial medical and surgical journal*, 31 déc. 1845, p. 753.

(⁸) *Bulletin de thérapeutique*, cité dans le *Medical examiner*, sept. 1847, p. 579.

MM. Bagot (¹) et Stapleton (²), Duncan et Nunn (³), du même avis que MM. Bauer, Ascherson et Hahn, notamment que l'action de l'huile de foie de morue ne doit être attribuée qu'à ses principes gras, pensent que dans tous les cas où elle est indiquée les huiles végétales peuvent être employées avec le même succès.

Afin de donner une direction plus rationnelle au choix qu'il convient de faire parmi les trois espèces d'huiles qu'on rencontre dans le commerce, j'entrepris déjà, en 1842, une analyse chimique très minutieuse de ces différentes espèces, analyse que je fis suivre de plusieurs séries d'observations médicales comparées; et afin d'être sûr d'avoir la même huile pour mon analyse et pour mes observations comparées, je m'en étais procuré de chaque espèce une quantité suffisante à l'accomplissement de cette double tâche.

Ces observations comparées seules pouvaient apprendre laquelle des trois espèces devait être regardée comme la plus efficace, et, par une comparaison mutuelle des principes constituants, faire connaître, avec quelque vraisemblance, les principes les plus actifs de l'huile. Je dis les principes, car je n'ai jamais pensé que l'huile de foie de morue ne devait son efficacité qu'à un seul des différents principes qui la composent.

Ces observations médicales comparées ont été faites par moi de la manière suivante.

MM. les professeurs Suerman et Loncq, auxquels j'avais fait connaître mon dessein, me désignèrent dix-huit patients de leur clinique, dont les six premiers devaient être traités par l'*huile noire*, les six suivants par l'*huile brune*, et les six derniers par l'*huile pâle*. Naturellement, les malades

(¹) *Dublin medical Press*, mars 1850.
(²) *Ibid.*
(³) *London medical Gazette*, févr. 1850.

que je devais soumettre à ce traitement étaient tous atteints d'*affections rhumatismales* ou *scrofuleuses*.

Comme il s'agissait d'un remède assez désagréable à prendre, et que la justesse de mes observations dépendait de la fidélité avec laquelle mes patients suivraient mes ordonnances, je pris sur moi de le leur administrer en personne. Je donnai d'abord aux patients fort jeunes deux petites cuillerées par jour, et à la fin de la troisième semaine deux fois par jour une cuillerée ordinaire. Aux patients plus âgés j'administrai tout de suite deux cuillerées ordinaires par jour, et à la fin de la troisième semaine cette dose fut augmentée d'une troisième cuillerée. Dans deux cas de *teigne* et dans un cas de *dartre squammeuse*, l'huile fut aussi employée extérieurement. Des prescriptions diététiques nécessaires furent jointes au traitement et tout autre remède exclus. Il est inutile d'ajouter que je me procurai les trois sortes d'huiles à une source assez certaine pour être convaincu que j'étais en possession d'une huile véritable et parfaitement pure.

Comme il est matériellement impossible de trouver à l'accomplissement de pareilles observations comparées des patients du même âge, de même sexe, de même tempérament, de même constitution, et présentant le même degré de développement dans les maladies dont ils sont atteints, j'ai dû me borner à prendre pour base de mes comparaisons le résultat total de chaque série.

Une communication plus détaillée de ces dix-huit observations et la donnée exacte des changements qui se sont manifestés à chaque quinzaine se trouvent dans mon précédent ouvrage (¹).

Je me bornerai ici à mentionner les maladies contre lesquelles les trois espèces d'huiles ont été employées dans ces

______

(¹) *Op. cit.*, p. 18.

trois séries d'observations comparées, et le résultat définitif de chaque cas pris isolément en ce qui concerne le temps qu'a nécessité la cure complète ; d'où l'on pourra se convaincre de la différence d'action des trois sortes relativement à la rapidité plus ou moins grande avec laquelle chacune d'elles a opéré.

L'huile noire fut employée dans les six cas suivants :

	Guérison complète
Rachitisme chez une fille de trois ans.	en 3 mois 1/2
Engorgement des glandes sous-cutanées avec *ménostasie* chez une personne de dix-sept ans ([1]) . . .	3 — 2/3
Engorgement des glandes sous-cutanées chez un garçon de huit mois.	2 — 1/2
Conjonctivite et *cornéite chronique* avec *cécité* chez une fille de quinze ans	4 —
Dartre squammeuse chez un garçon de quatorze ans([2]).	3 —
Rhumatisme chronique chez une fille de vingt ans . .	1 — 1/2

L'huile brune fut donnée dans les six cas suivants :

Rachitisme chez une fille âgée de un an à cinq mois.	5 mois 1/2
Rachitisme chez une fille âgée d'un an et demi. . .	6 —
Pédarthrocace chez une fille âgée de neuf ans	6 —
Conjonctivite et *cornéite chronique* avec *obscuration* et *taie centrale de la cornée* de l'œil gauche chez un garçon de vingt-neuf ans.	7 —
Teigne granulée chez un garçon d'un an	5 —
Rhumatisme chronique chez un homme de trente-huit ans.	2 — 1/2

L'huile pâle a été donnée dans les six cas suivants :

([1]) La ménostasie, qui datait de huit mois, avait entièrement disparu, après que l'huile de foie de morue eut été employée pendant vingt-trois jours.

([2]) Cette maladie avait duré dix ans avant l'emploi de l'huile de foie de morue.

	Guérison complète		
Rachitisme chez une fille de un an et dix mois . . .	en 5 mois	1/2
Atrophie mésentérique chez une fille d'un an et demi.	6 —	1/2
Rachitisme chez une fille de six ans et demi.	3 —	1/2
Carie du fémur chez un garçon de neuf ans (1) . . .	8 —	
Teigne faveuse chez une fille de quatorze ans. . . .	6 —	1/2
Rhumatisme chronique chez une femme de soixante-dix-sept ans	3 —	1/2

On remarquera, bien que le hasard seul eût décidé à quelle espèce d'huile chaque patient devait être soumis, qu'il se trouvait néanmoins dans chaque série des cas très graves à côté de cas moins importants.

Il résulte de ces observations que dans tous les cas où l'huile de foie de morue est indiquée, chacune des trois espèces peut agir efficacement quand elle est réellement véritable et non mélangée ; mais que l'huile noire agit le plus promptement, que l'huile pâle nécessite l'emploi le plus long, et enfin que l'huile brune tient le milieu entre ces deux espèces quant à la durée de la cure. C'est pourquoi, me basant sur cette expérience, j'ai reconnu une vertu beaucoup plus grande aux huiles foncées qu'à l'huile pâle : l'expérience devant toujours, et surtout en médecine, être placée au-dessus de vaines théories.

La différence que j'ai observée dans l'action des trois espèces d'huiles ne peut être attribuée qu'à certaines différences dans leur composition chimique. Quand bien même notre analyse ne fût pas venue confirmer cette opinion, nous n'aurions néanmoins pas hésité à poser cette thèse inattaquable, car sans différence de composition, une différence d'action est inadmissible. Mon analyse chimique, pu-

---

(1) Quand j'entrepris le traitement de ce patient, la fièvre hectique existait déjà, et la suppuration était si profuse, que l'amputation avait été proposée comme seule voie de salut. L'opération aurait même eu lieu si le patient ne s'y était, à diverses reprises, opposé de toutes ses forces.

bliée déjà antérieurement, et reproduite en son entier dans cet ouvrage à cause de l'importance de la question à traiter ; cette analyse, dis-je, a démontré, en effet, de notables différences dans la composition des trois espèces de cette huile. Ainsi, les espèces claires ont été trouvées les plus riches en principes inorganiques, tandis que les espèces foncées renfermaient les principes bilieux et les acides volatils en plus grande abondance. C'est pourquoi nous croyons avec quelque raison que ces derniers principes, quoique ne devant pas être regardés comme les seuls actifs, doivent cependant être considérés comme les plus actifs de l'huile, et que les circonstances par lesquelles ces principes se développent en plus grande quantité dans les espèces foncées exercent une grande influence sur leur action plus ou moins efficace.

Il est presque superflu de dire, d'après ce qui précède, que depuis cette époque je me suis borné à l'emploi des huiles foncées ; cependant, vu la difficulté avec laquelle les patients consentent à prendre l'huile entièrement noire et vraiment nauséabonde, il ne me restait que l'huile brune, qui toutefois, ainsi que l'ont démontré mes observations comparées, est plus efficace que l'huile pâle.

CHAPITRE II.

DU MODE D'EMPLOI MÉDICAL DE L'HUILE DE FOIE DE MORUE.

Il faut principalement attribuer à un préjugé l'aversion que la plupart des patients témoignent pour commencer l'emploi de l'huile de foie de morue. Le goût et l'odeur n'en sont, il est vrai, pas des plus agréables ; mais il est incontestable qu'une infinité d'autres remèdes sont encore beaucoup plus désagréables sous ces deux rapports, et, de fait, les patients qui manifestent la plus grande aversion pour ce remède s'y habituent peu à peu et finissent par le prendre avec un certain plaisir. Ceci est surtout le cas chez des enfants, et souvent même on ne peut que difficilement les déshabituer de ce remède quand ils l'ont pris pendant quelque temps. Je considère même toute addition tendant à corriger le goût de l'huile de foie de morue non-seulement comme superflue, mais encore comme contraire au but qu'on se propose. Un peu de confiture pour les enfants, quelques fruits, un morceau de biscuit ou un peu de vin de Bordeaux ou de Madère pour les sujets adultes, mais seulement après avoir pris l'huile, sont les meilleurs moyens que je puisse indiquer pour faire disparaître promptement l'excitation qui reste quelquefois encore longtemps dans le gosier du patient. Je conseille surtout de faire prendre l'huile peu de temps après les repas. Il est rare que je prescrive l'huile de foie de morue aux enfants au-dessous de six mois. Après cette époque, on peut déjà commencer son emploi, surtout lorsque plusieurs enfants d'une même famille sont atteints de la maladie scrofuleuse, et qu'ainsi on peut admettre avec quelque raison dans une telle famille une prédisposition héréditaire. Aux enfants au-dessous d'un an, il ne faut cependant donner que deux fois par jour une petite cuillerée, aux enfants de deux à quatre ans deux demi-cuillerées, et aux enfants plus âgés deux fois par jour une cuillerée ordinaire. Aux sujets adultes je prescris, suivant la gravité de la maladie, de deux à six cuillerées par jour. En cas de répugnance insurmontable contre ce remède, ce qui toutefois ne se rencontre que bien rarement, j'ai vu les meilleurs résultats de l'emploi de l'huile de foie de morue en lavements. Ces lavements consistent en deux onces de cette huile avec deux onces d'une solution d'amidon. Pour les enfants très jeunes, la moitié de cette dose suffit. Quand on a la précaution d'administrer ces lavements tièdes, et peu de temps après une selle, le patient les gardera longtemps, et l'on peut en attendre alors les meilleurs résultats. Ces lavements sont surtout salutaires dans des cas d'helminthiase. La diarrhée est une contre-indication à leur emploi. Je prescris l'huile de foie de morue, non-seulement intérieurement, mais aussi extérieurement contre les douleurs rhumatismales et goutteuses, les engorgements des glandes lymphatiques et le ventre durci des enfants rachitiques. Je fais panser les ulcères scrofuleux avec des compresses imbibées d'huile, et appliquer sans ligatures de semblables compresses sur les parties souffrantes des personnes atteintes d'affections scrofuleuses des articulations ou d'exanthèmes scrofuleux. Les compresses sont toujours renouvelées entièrement toutes les deux ou trois heures. J'emploie aussi extérieurement l'huile de foie de morue avec le plus grand succès contre la blepharophthalmie scrofuleuse. La diarrhée causée par l'irritation des intestins, l'hémoptysie et les dérangements des organes digestifs sont des contre-indications à l'emploi de l'huile de foie de morue. Lorsque ces affections se manifestent pendant son usage, son emploi doit être suspendu jusqu'à ce que ces accidents soient écartés par des remèdes convenables. Si l'on veut triompher entièrement de la dyscrasie scrofuleuse et rhumatismale, l'usage de l'huile de foie de morue doit être continué sans interruption au moins pendant une année entière. Je puis conseiller particulièrement, pour les enfants scrofuleux, de joindre à son usage l'emploi des bains de houblon, de camomille et de potasse. Dans les derniers temps, j'ai appris à connaître les bons effets des bains de mer, pris concurremment avec l'huile de foie de morue, dans la plupart des affections scrofuleuses.

Afin de rendre également cette partie de mon ouvrage aussi complète que possible, je citerai encore les principales prescriptions d'autres praticiens concernant le mode d'emploi de ce remède.

MM. Rust et Osius ont renouvelé le conseil de Pline, notamment de se boucher le nez en prenant l'huile de foie de morue, afin de ne point s'apercevoir de son odeur désagréable. Le premier conseille, en outre, de se tenir les yeux fermés et de ne les rouvrir qu'après que la bouteille contenant l'huile et même la cuiller dont on s'est servi aient été portées hors de l'appartement ou cachées à la vue.

M. Fredericq (¹) conseille de mâcher un morceau d'écorce d'orange avant et après l'emploi de l'huile pour en corriger le goût, et **M.** Baarly (²) dit d'ajouter une goutte de créosote à chaque cuillerée d'huile, également pour rendre le goût moins désagréable.

M. Villards donne l'huile de foie de morue dans une émulsion d'amandes amères ou mélangée avec du jus de citron.

M. Kopp fait prendre aux patients qui ont la digestion difficile un peu de vin de Bordeaux immédiatement après qu'ils ont pris l'huile.

M. Pank conseille, en cas de constipation, de mélanger l'huile de foie de morue avec l'huile de ricin.

M. Ure (³) pense que les foies de *Gadus* peuvent remplacer l'huile de foie de morue comme moyen thérapeutique. Il assure les avoir pris lui-même avec le meilleur succès dans un cas où l'huile de foie de morue avait été indiquée. Afin d'éviter la perte d'huile pendant la cuisson, il conseille de jeter les foies dans de l'eau bouillante très salée. Ceci se rapporte à l'assertion de M. Stapleton (⁴), notamment que les pêcheurs de Norwége se servent des foies de *Gadus* comme remède contre le rhumatisme.

(¹) *Revue méd.-chirurg.*, vol. V, p. 114.
(²) *Provincial journal*, oct. 1849.
(³) *Pharmaceutical journal*, nᵒ 1, 1842, p. 361.
(⁴) *Dublin medical Press*, 6 mars 1850.

M. Loze ([1]), qui pense que les résultats peu favorables de l'huile de foie de morue employée contre la phthisie doivent être attribués à son absorption difficile, conseille de la mélanger avec de la gomme et du suc pancréatique. Il croit que sous cette forme l'huile est entièrement absorbée. Il dit avoir souvent employé cette combinaison et en avoir obtenu les meilleurs résultats.

Enfin, nous trouvons encore les prescriptions suivantes également conseillées par différents praticiens :

℞. Olei jecoris aselli,
    Aq. menthæ pip., aa ℨ ß.
    Liquor. potassæ gtt. XL.
       M. f. haustus.
              (Percival.)

℞. Olei jecoris aselli ℨ j.
    Liq. potassæ carb. 3 ij.
    Olei calami gtt. iij.
    Syrup. cort. aurant. ℨj.
       M. f. s.
Une ou deux petites cuillerées le matin et le soir contre le rachitisme.
              (Fehr.)

℞. Olei jecoris aselli,
    Syrup. cort. aurant.,
    Aquæ anisi,   aa ℨj.
    Ol. calami aromat. gtt. iij.
       M. s.
Une cuillerée ordinaire trois fois par jour contre le rachitisme et la goutte.   (Rösch.)

℞. Olei jecoris aselli,
    Vin. hungaric. vel Malag., aa ℨ IV.
    Gummi arab. ℨj.
  Fiat emulsio cui adde :
    Syrup. cort. aurant. ℨj
    Eleosacch. menth. pip. 3 ij.
       M. s.
Deux cuillerées ordinaires deux ou trois fois par jour.   (Brefeld.)

℞. Olei jecoris aselli 3 ij-iij.
    Gummi arab. q. s.
    U. f. c. aquæ fœnic. ℨj.
  Emulsio. Adde :
    Syrup. cort. aurant. ℨ ß.
       M. s.
Une petite cuillerée toutes les trois heures aux enfants rachitiques.
           (Tortual.)

℞. Olei jecoris aselli 3 ij.
    Vitell. ovi unius.
    Syrup. menth.,
    Syrup. cort. aurant., aa ℨ ij.
Une petite cuillerée toutes les trois heures.   (Tortual.)

℞. Olei jecoris aselli ℨ viij.
    Pulv. gum. arab. ℨ v.
    Aquæ fontan. ℨ xij.
    Syrup. commun. ℨ IV.
    Sacchr. ℨ XXIV.
Faites une émulsion des quatre premiers ingrédients ; dissolvez le sucre, clarifiez et ajoutez-y :
    Aq. flor. aurant. ℨ ij.
    S. sirop.   (Duclou [2].)

℞. Olei jecoris aselli part. CXX.
    Sod. caust. part. XVI.
    Aquæ part. IV.
  M. s. — Massa pilularum.
         (Deschamps [3].)

([1]) *Med. Gazette*, avril 1851, p. 694.

([2]) *Journal de pharmacie*, sept. 1837.

([3]) ASSCHENBRENNER, *Die neueren Arzneimittel u. s. w.*, S. 135. Erlangen, 1848.

℞. Olei jecoris aselli 3 j.
  Hydrarg. oxyd. rubr. gr. iv.
  Cerat. Ƌ ij.
  M. s.—Extérieurement contre des ulcères et des fistules.   (Brefeld.)

℞. Olei jecoris aselli 3 iv.
  Acet. plumbi 3 ij.
  Vitell. ovor. s. adipis, 3 iij.
  M. s.—Extérieurement dans les mêmes cas.   (Brefeld.)

℞. Olei jecoris aselli 2 parties.
  Extr. belladon. 1 partie.
  M. — Contre l'ophthalmie scrofuleuse et les ulcères de la cornée, introduite dans l'œil au moyen d'un pinceau.   (Cunier [1].)

℞. Olei jecoris aselli 3 j.
  Oxyd. hydrarg. rub. gr. iv.
  Cerat. Ƌ ij.
  M.—Contre la blepharophthalmie, les obscurations de la cornée et les *pannus vascularis* et *cellularis*.
   (Cunier [1].)

℞. Olei jecoris aselli ℥j.
  Liq. ammon. caustic. ℥ ß.
  M. agitando u. f. linament.
  Extérieurement contre les engorgements des glandes lymphatiques et les douleurs rhumatismales et goutteuses.

   (Brach.)

M. Richter ([2]) conseille encore un savon d'huile de foie de morue avec de la potasse contre les exanthèmes scrofuleux, et M. Veiel ([3]) l'usage externe d'un mélange d'huile de foie de morue avec du fiel de bœuf et du sel, contre les engorgements des glandes lymphatiques. Enfin, on prépare à Berlin ([4]), dans une fabrique de chocolat, un chocolat à l'huile de foie de morue ([5]).

CHAPITRE III.

DES MALADIES CONTRE LESQUELLES L'HUILE DE FOIE DE MORUE EST INDIQUÉE.

Les maladies contre lesquelles l'huile de foie de morue est employée avec succès sont toutes de caractère rhuma-

([1]) *Annales d'oculistique*, mars 1845.
([2]) *Berliner med. Centralzeitung*, 1835, n° 42, p. 674.
([3]) RIECKE, *Die neueren Arzneimittel*, 1840, p. 654.
([4]) *Algem. med. Centralzeitung*, 1842, p. 375.
([5]) La plupart de ces prescriptions se trouvent aussi dans RIECKE, *Oper.*

tismal, goutteux ou scrofuleux. Ces maladies contre lesquelles l'huile de foie de morue exerce une action, pour ainsi dire, spécifique, sont en apparence bien différentes les unes des autres ; et cependant il existe certainement entre elles des rapports intimes qu'au premier abord on serait loin de soupçonner. En ce qui concerne le rhumatisme et la goutte, plusieurs médecins ont cherché à établir des rapports entre ces deux maladies, et même d'autres ont prétendu que la goutte n'est que le rhumatisme arrivé à son plus haut degré de développement, attendu que le siége de ces deux maladies est le même, et que pour la plupart leurs symptômes se ressemblent. Il serait plus difficile d'établir des rapports entre le rhumatisme et les scrofules, deux affections que la plupart des médecins regardent comme entièrement différentes l'une de l'autre. Si, pourtant, nous considérons : 1° que des parents goutteux ou rhumatismaux ont le plus souvent des enfants scrofuleux ; 2° que des sujets scrofuleux dans leur jeunesse sont souvent affectés de rhumatisme ou de goutte dans un âge plus avancé ; 3° que ces deux affections, endémiques dans les contrées septentrionales, perdent beaucoup de leur intensité et de leur fréquence dans les pays méridionaux ; 4° que les mêmes causes, ainsi qu'une nourriture amylacée, un air froid et humide, les provoquent et les empirent toutes deux ; 5° qu'un air chaud et sec, et surtout les chaleurs de l'été, leur font perdre à toutes deux beaucoup d'intensité ; et enfin, 6° que dans ces deux affections les mêmes remèdes, tels que le soufre, le gaïac, l'antimoine, le mercure, l'iode, les bains aromatiques, les bains de mer, et surtout l'huile de foie de morue, sont employés avec succès, nous devons en conclure qu'il

cit., p. 547 ; dans Dierbach, *Die neueren Entdeckungen in der Mat. med.*; et dans Robley Dunglison, *New remedies*, etc., 1851, Philadelphia, vol. III, chap. II, p. 557-559.

existe réellement entre ces deux maladies de certains rapports, bien que difficiles, sinon impossibles à expliquer.

L'action éminemment salutaire de l'huile de foie de morue contre le rhumatisme, la goutte et les scrofules, sera suffisamment prouvée par ce qui suit. Les différentes formes sous lesquelles ces maladies se manifestent sont toutes traitées séparément, et nous avons cru devoir suivre ici le même ordre que dans un précédent ouvrage où nous nous sommes occupé du même sujet. Enfin, ce chapitre est complété par des observations importantes de plusieurs praticiens et de moi-même.

RHUMATISME CHRONIQUE.

L'action de l'huile de foie de morue est d'une efficacité reconnue contre le rhumatisme chronique en général. Le rhumatisme local, occupant tantôt les ligaments de quelques articulations et tantôt certains groupes de muscles, cède presque toujours à l'emploi de ce remède. Le rhumatisme universel, dans lequel, pour ainsi dire, tout le système fibreux et musculaire est affecté, observé surtout chez les habitants de pays septentrionaux et de contrées marécageuses, et atteignant souvent un tel degré de véhémence, que les malades, auxquels le moindre mouvement est devenu impossible, attendent avec impatience la fin de leur misérable existence, est non moins victorieusement combattu par l'huile de foie de morue. Bien que l'huile de foie de morue ne puisse rien contre le rhumatisme acute, souvent accompagné de fièvre violente et observé surtout chez des sujets jeunes et robustes, elle se montre pourtant très efficace contre les douleurs chroniques, qui souvent subsistent encore longtemps après que la fièvre et les autres symptômes de la maladie ont disparu.

M. Darbey, qui fait mention des bons résultats obtenus

par le docteur Kay, de l'emploi de l'huile de foie de morue
contre le rhumatisme chronique, dit entre autres : « L'huile
» de foie de morue est d'une utilité incontestable contre le
» rhumatisme chronique, chez des sujets déjà avancés en
» âge et dont les muscles ont atteint un haut degré de ri-
» gidité. J'en ai vu plusieurs qui ne pouvaient même se le-
» ver de leur siége qu'avec la plus grande peine reprendre
» l'usage de leurs membres perclus après avoir pris l'huile
» de foie de morue seulement pendant quelques semaines,
» et guérir radicalement après un emploi plus prolongé de
» ce remède. »

M. Bardsley a surtout trouvé l'huile de foie de morue
efficace contre le rhumatisme chronique, chez des femmes
qui ont fait de fréquentes couches, et chez des vieillards
qui, dans leur jeunesse, ont été exposés à toutes les intempéries du temps.

M. Schenk a communiqué des observations intéressantes
sur l'action salutaire de l'huile de foie de morue contre le
rhumatisme chronique. Il cite, entre autres, un cas de rhumatisme des organes du bas-ventre, et un autre de rhumatisme des organes respiratoires radicalement guéris par
l'emploi de ce remède. Selon lui, l'huile de foie de morue
est un spécifique aussi précieux contre toutes les affections
de caractère rhumatismal que le quinquina contre la fièvre
intermittente et le mercure contre la syphilis, opinion partagée entièrement par M. Schutte.

L'opinion qu'émet M. Brefeld sur l'action de l'huile de
foie de morue contre le rhumatisme chronique lui est non
moins favorable. Il en est de même des observations communiquées à M. Bennett par MM. Frech (de Baden-Baden),
Herrght (de Heidelberg) et Krukenberg (de Halle).

MM. Schenk, Knood von Helmenstreit, Rust, Amelung,
Muntzenthaler, Brefeld, Sättinger, Spitta et Conspruch communiquent des cas très intéressants d'*ischiagre*, de *lumbago*,

de *cardialgie*, d'*hémicranie* et de *prosopalgie rhumatis-males*, guéris par l'huile de foie de morue, après avoir long-temps résisté à tout autre remède. M. Conspruch ([1]) a même prescrit avec le meilleur succès l'huile de foie de morue dans un cas de prosopalgie rhumatismale, alors que cette huile n'était encore connue que comme remède populaire.

Outre les précédents, MM. Osberghaus, Spiritus, Mönig, Chalk, Bradshaw, Alexander, à Roy, Basse, Fehr, Galama, Brach, Moll, Michaelis, Bonney, et une foule d'autres, s'ac-cordent à dire que l'huile de foie de morue employée contre le rhumatisme chronique est supérieure à tout autre moyen thérapeutique.

Par contre, MM. Haas, Segnitz et Staquez ([2]) professent une opinion toute différente. M. Haas dit que l'huile de foie de morue n'est de quelque utilité contre le rhumatisme chronique que lorsque le patient est de constitution scrofu-leuse; M. Stegnitz croit ne devoir attendre de bons résul-tats de l'huile de foie de morue qu'autant qu'il ne s'est pas encore effectué de dépôts morbides dans le système os-seux; et enfin M. Staquez déclare ne reconnaître aucune action médicatrice à ce remède employé contre le rhu-matisme.

Quoique employée sans succès contre le rhumatisme chro-nique, en 1823, à la *Charité de Berlin*, l'huile de foie de morue ne doit nullement être regardée comme impuissante contre cette affection. Il faudrait plutôt en conclure que l'huile employée alors n'était pas la véritable huile de foie de morue, d'autant plus que ce remède, employé plus tard dans le même établissement contre les affections rhuma-tismales en général, n'a pas manqué de donner constamment les meilleurs résultats.

([1]) *Taschenbuch für angehende Aerzte*, 1796, Bd. II.
([2]) *Annales de la Société de médecine de Gand*, mars 1842, t. X, p. 133-160.

L'action salutaire de l'huile de foie de morue contre le rhumatisme chronique, tant local qu'universel, est prouvée par les observations suivantes.

OBSERVATION *d'un cas de* rhumatisme universel *guéri par l'huile de foie de morue* (¹).

F..., âgé d'environ quarante ans, de constitution robuste, avait fait les campagnes d'Espagne et de Russie, des suites desquelles il souffrait d'un violent rhumatisme universel. Les changements de temps augmentaient les douleurs, et la nuit la chaleur du lit les élevait à un tel degré, qu'elles troublaient et même chassaient entièrement le sommeil chez le patient.

Les remèdes employés pendant de longues années n'avaient produit que des soulagements passagers.

Pendant l'hiver de 1825 le mal avait repris avec violence.

Le malade fut admis à l'hôpital, où je lui prescrivis le sureau, le camphre, l'opium et le vin antimonial d'Huxham ; le tout sans le moindre succès.

Ayant employé dans les dernières années, avec le plus grand succès, le chlorate de potasse, dans des cas de rhumatisme opiniâtre, de lumbago, d'ischiagre et de prosopalgie rhumatismale, j'essayai alors ce remède, dont l'effet ne fut qu'une amélioration passagère.

Je prescrivis alors l'huile de foie de morue, d'abord trois, puis quatre cuillerées par jour, me servant d'une espèce que M. le docteur Schenk avait eu la bonté de m'envoyer comme de l'huile véritable.

Les douleurs violentes diminuèrent bientôt, le sommeil revint, et, après avoir employé ce remède pendant trois semaines, le patient était entièrement rétabli.

OBSERVATION *d'un cas de* cardialgie *guérie par l'huile de foie de morue* (²).

Un moine, âgé de soixante-huit ans, était depuis longtemps tourmenté chaque soir par des accès de cardialgie, contre lesquels une

(¹) Communiquée par M. Knood von Helmenstreit (HUFELAND's *Journal*, Bd. LXXIV, St. 5).

(²) Communiquée par M. Münzenthaler (HUFELAND's *Journal*, Bd. LXXVIII, St. 5).

foule de remèdes résolvants, antispasmodiques, antigoutteux, et enfin le sulfate de quinine, avaient été employés sans aucun effet.

Je prescrivis alors l'huile de foie de morue, quatre fois par jour une cuillerée ordinaire, et, après avoir pris 8 onces de cette huile, le malade fut radicalement guéri. Pendant l'emploi de ce remède, le patient évacuait une grande quantité d'une matière muqueuse.

OBSERVATION *d'un cas d'*hémicranie *guérie par l'huile de foie de morue* (¹).

Le colon Sundermann, à Haaren, âgé d'environ quarante ans, souffrait, depuis deux ans, de maux de tête insupportables. Les douleurs n'occupaient que la moitié de la tête. Deux ans auparavant, une pièce de bois, tombant sur la tête du patient, lui avait fait de graves contusions, et il attribuait à cet accident la maladie dont il était affecté, d'autant plus que les douleurs siégeaient à la même place où la pièce de bois était tombée. A cet endroit de la tête, le patient était devenu chauve.

Cependant, comme chaque changement de temps amenait une exacerbation marquée, je considérai le mal comme étant de caractère rhumatismal, et, pour cette raison, je prescrivis l'huile de foie de morue.

En effet, après avoir pris 16 onces de cette huile, le malade se vit à jamais guéri de l'affection dont il avait tant souffert.

OBSERVATION *d'un cas d'*ischiagre *guérie par l'huile de foie de morue* (²).

M. Schaffrinski, employé civil, avait souffert depuis plusieurs semaines d'une violente ischiagre, qu'il attribuait à un froid.

Un traitement antirhumatismal avait été essayé en vain, quand le patient me consulta.

Après quelques mois d'un traitement infructueux, pendant lesquels j'avais prescrit des saignées, l'application de sangsues, des scarifications, des vésicatoires, des frictions avec de l'onguent mercuriel, et l'emploi interne du tartre émétique, de purgatifs, de remèdes émollients et

(¹) Communiquée par M. Brefeld. Voyez son ouvrage déjà cité, p. 54-55.

(²) *Aufsätze und Abhandlungen aus dem Gebiete der Medecin*, etc., von Dʳ RUST. Berlin, 1836, Bd. II, S. 180.

antispasmodiques, je dus abandonner le malade à un de mes confrères, étant obligé moi-même de suivre en Italie le prince d'Hardenberg.

À mon retour, je trouvai le malade dans un état déplorable, quoique pendant mon absence il eût consulté les premiers médecins de Berlin et essayé une foule de remèdes tant rationnels qu'empiriques. Rarement j'avais vu des malades souffrir avec moins de trêve, car depuis seize semaines, celui-ci n'avait pu ni marcher, ni s'asseoir, ni même rester couché sans éprouver les plus vives douleurs.

Il me vint alors l'idée d'essayer l'huile de foie de morue, et l'amélioration que l'on avait espérée en vain par l'emploi des douches, des bains russes, des moxas, des émétiques, des purgatifs, de l'opium, de l'ipécacuanha, de la térébenthine, du camphre, de l'aconit, de la belladone, et de plusieurs autres remèdes, l'huile de foie de morue, employée à peine pendant quelques jours, effectua cette amélioration au point de permettre au malade de marcher dans sa chambre et de se coucher dans son lit. Cette amélioration allait toujours s'augmentant, et, fort peu de temps après, le patient se voyait à jamais délivré de son mal.

OBSERVATION *d'un cas d'ischiagre traitée par l'auteur et guérie par l'huile de foie de morue.*

M. E..., à La Haye, âgé de soixante ans, d'une constitution robuste, avait dans le temps souffert de douleurs rhumatismales insignifiantes, et qui avaient disparu depuis nombre d'années.

En 1845, il éprouva à la jambe droite une douleur qui, d'abord légère, devint plus intense et s'étendit depuis le grand trochanter jusqu'à la plante du pied. Peu après, d'autres symptômes, tels qu'un engourdissement dans toute la jambe et un sentiment de formication dans le pied du côté malade, se manifestèrent; les mouvements devinrent pénibles, et le patient put à peine marcher.

Cet état avait déjà duré quelques mois quand je fus consulté.

Outre les symptômes déjà énumérés, je trouvai la jambe du côté souffrant enflée jusqu'au genou, œdème qui augmentait toujours vers le soir.

J'ordonnai de frictionner deux fois par jour la jambe malade avec de la teinture de camphre, et de l'envelopper ensuite de flanelle. En outre, je prescrivis l'huile de foie de morue, dans les premiers mois deux cuillerées, ensuite trois cuillerées par jour.

Un emploi constant et régulier de ce remède amena dans l'espace de quatre mois, une guérison complète, malgré laquelle le patient continua encore un an l'emploi de cette huile.

En 1847, le patient gagna un froid, et ressentit, à la même jambe, une légère douleur qui lui rappelait sa première maladie. Il reprit tout de suite l'usage de l'huile de foie de morue, et, huit jours après, cette légère affection avait également disparu. Il continua pourtant l'emploi de l'huile pendant quelques mois, et depuis ce temps aucun symptôme d'ischiagre ne s'est plus manifesté.

GOUTTE CHRONIQUE.

L'opinion des médecins, concernant l'action de l'huile de foie de morue contre la goutte, est loin d'être unanime. Plusieurs d'entre eux déclarent positivement que l'huile de foie de morue ne peut rien contre elle, tandis que d'autres la trouvent plus efficace contre elle que contre le rhumatisme. Parmi les premiers, nous citerons, MM. Brefeld, Knood von Helmenstreit, Delcour et Taufflieb; parmi les derniers, MM. Osberghaus, Osius, Gunther, von Wirer, Beckhaus, Fehr, Hacker, Katzenberger, Kolkmann, Monnig, Schenk, Spiritus, Spitta et Wesener.

Quelque singulière que puisse paraître cette différence d'opinions, la cause en est pourtant facile à trouver. La difficulté qu'il y a de distinguer le rhumatisme de la goutte, arrivés tous deux à un certain degré de développement, la grande analogie de symptômes observés dans certains cas de goutte et de névralgie, et la complication de la goutte avec d'autres maladies chroniques, donnent ici le mot de l'énigme.

Ainsi, on traite quelquefois des cas de goutte, croyant traiter des cas de rhumatisme, et, obtenant dans ces cas des résultats favorables, on attribue à l'huile de foie de morue la guérison d'un cas de rhumatisme. Dans d'autres cas, les névralgies, contre lesquelles l'huile de foie de morue n'a aucun pouvoir, sont regardées comme goutte, et l'on déduit de l'impuissance de l'huile de foie de morue dans de pareils cas son inefficacité contre la goutte. Il en est de même quand ce remède est employé contre la goutte compliquée d'autres maladies chroniques, telles que les névralgies ou la syphilis invétérée.

Dans sa monographie, d'ailleurs excellente, M. Brefeld comprend, dans la catégorie de rhumatisme universel, deux cas guéris par l'huile de foie de morue et qui portent évidemment le caractère de la goutte. Moi-même, j'ai observé des cas de névralgies qui avaient été traités longtemps comme goutte. Et enfin, que la complication de la goutte avec d'autres maladies chroniques échappe souvent à un premier examen, est une vérité suffisamment prouvée par le cas suivant.

Une femme, offrant tous les symptômes de la goutte, fut admise à l'hôpital d'Utrecht. L'huile de foie de morue fut prescrite, et restait sans le moindre effet. Il résulta d'un examen ultérieur que la malade avait jadis été atteinte de syphilis; et, en effet, la cure de Zittmann, répétée deux fois, la rétablit entièrement.

De pareils cas ne sont pas rares, et sont le plus souvent la cause que l'efficacité de l'huile de foie de morue contre la goutte est mise en doute.

OBSERVATION d'un cas de goutte chronique guérie par l'huile de foie de morue (¹).

Adam Fridrich, cordonnier, âgé de soixante ans, avait, pendant dix ans, souffert de la goutte. A l'époque où il me consulta, ses membres étaient, pour ainsi dire, perclus. Les articulations des doigts des deux mains étaient fortement gonflées par le dépôt de matières calcaires. Les accès se renouvelaient chaque mois et duraient plusieurs jours. Le

____

(¹) Communiquée par le professeur Reincker, de Wurtzbourg, au docteur Bennett. (Voyez BENNETT's *Treatise on cod-liver oil*, édition de 1848, appendice, p. 177).

patient avait déjà employé une foule de remèdes, tels que le colchicum, la térébenthine, le gaïac en substance et en décoction, et des bains simples et médicaux, sans en éprouver le moindre soulagement.

Je prescrivis alors l'huile de foie de morue, d'abord deux, ensuite trois cuillerées ordinaires par jour.

Le patient prit d'abord le remède avec répugnance, éprouva des nausées et vomit. Ces symptômes désagréables disparurent après huit jours, et à partir de ce moment le remède fut pris fidèlement pendant six mois consécutifs.

Deux mois se passèrent sans amener la moindre amélioration dans l'état du malade. Après ce temps, les accès devinrent moins violents, et cessèrent entièrement après quatre mois.

En même temps la rigidité des muscles et la contracture des extrémités diminuèrent peu à peu, à tel point que le patient, qui, depuis nombre d'années, n'avait pu se tenir droit, fut en état, après six mois, de se tenir parfaitement debout et de se servir avec la plus grande facilité de tous ses membres. Les dépôts calcaires seuls ont continué à subsister.

PARALYSIES RHUMATISMALES ET GOUTTEUSES.

Dans son ouvrage sur l'huile de foie de morue, M. Brefeld, en parlant des paralysies rhumatismales et goutteuses, fait observer que, chez des sujets atteints de rhumatisme et de gouttes invétérés, l'impossibilité de se mouvoir provient le plus souvent de l'engorgement et de la rigidité des muscles, des tendons et des ligaments; et qu'il faut bien distinguer ce symptôme de la véritable paralysie rhumatismale et goutteuse, suite de véritables névroses causées par des influences atmosphériques. Selon lui, cette distinction est d'autant plus importante que l'huile de foie de morue n'a pas plus de pouvoir contre les véritables paralysies rhumatismales et goutteuses que contre toutes autres névroses.

Quant à moi, je n'admets pas entièrement la définition que donne M. Brefeld de la véritable paralysie rhumatismale, que je crois causée plutôt par le rhumatisme du névrilème

et par la compression des nerfs, qui en est la conséquence.
Cette dernière définition explique les guérisons de véritables paralysies rhumatismales citées par MM. Schenk, Beck-
hause, Reinhart, Schutte, Spitta, Schupmann, Klenke et
Osius, et, en effet, je crois la guérison de pareils cas possible par l'emploi de l'huile de foie de morue, quand, pendant la durée de la maladie, il ne s'est pas encore opéré
aucun changement matériel dans les nerfs comprimés.

Au congrès de naturalistes tenu en 1842, à Strasbourg,
MM. Stober, Ubersaal et Erdmann louèrent beaucoup l'action salutaire de l'huile de foie de morue contre de pareilles
affections ; mais, en même temps, le premier fit observer
combien il est difficile de distinguer les affections de la mé-
ninge de celles de la moelle épinière. Les deux cas de para-
plégie guérie par l'huile de foie de morue, cités à cette occasion par M. Aronsohn, plaident en faveur de mon opinion.

L'inefficacité de l'huile de foie de morue contre les paralysies occasionnées par de véritables névroses est suffisamment prouvée par les observations communiquées par
M. Brefeld. Le seul cas de périplégie guérie par l'huile de
foie de morue, et qui semblait avoir été occasionnée par
une affection primitive de la moelle épinière, en ce qu'elle
avait été causée par l'onanisme, a été cité par M. Puchelt.

Le cas suivant de paralysie rhumatismale guérie radicalement par l'emploi de l'huile de foie de morue a été observé par l'auteur.

Observation d'un cas de paralysie rhumatismale guérie par l'huile de
foie de morue.

Jean Verhaaft, batelier, âgé de cinquante-six ans, adonné aux liqueurs fortes, avait beaucoup souffert dans sa jeunesse d'affections
rhumatismales aiguës. Après avoir été exposé aux intempéries du temps
pendant l'automne de 1847, il fut de nouveau atteint de fièvre rhumatismale dans l'hiver de la même année. Il garda le lit environ quinze

jours, pendant lesquels les douleurs rhumatismales furent très violentes, surtout dans les jambes. S'étant levé après ce temps, il ressentit dans les jambes un engourdissement complet, qui, loin de le
quitter, augmenta de jour en jour. Sa marche était devenue difficile,
incertaine et chancelante.

Quand il me consulta, en 1849, la maladie existait depuis environ
deux ans. La sensibilité des jambes, surtout des pieds, était alors
presque entièrement éteinte, et le patient, quoique soutenu, ne pouvait marcher qu'avec la plus grande peine.

Je crus reconnaître une paralysie rhumatismale, et je prescrivis l'usage
de l'huile de foie de morue, pendant le premier mois une cuillerée ordinaire trois fois par jour, et ensuite trois fois par jour deux cuillerées.

Après un emploi de quatre mois, le remède avait opéré le retour
de la sensibilité, et, quoique encore fort incertaine, la marche était
devenue possible. L'amélioration augmenta de jour en jour, et le patient, après avoir pris l'huile de foie de morue pendant un an, était
entièrement rétabli.

SCROFULES.

Avant de nous étendre sur l'action de l'huile de foie de
morue contre les différentes formes de la maladie scrofuleuse, nous croyons qu'il est utile de rapporter quelques
unes des opinions concernant le siége et la cause principale
de cette maladie.

L'engorgement des glandes lymphatiques, un des premiers symptômes de la maladie scrofuleuse, a longtemps
fait penser que le système lymphatique était le siége des
scrofules.

MM. Kortom et Hufeland, tout en partageant cette opinion, diffèrent néanmoins sur un point essentiel. Le premier
croit, avec les partisans de l'humorisme, que l'affection du
système lymphatique serait causée par une dyscrasie particulière de la lymphe, laquelle, par cela même, rendue
plus épaisse, facilement coagulable et d'une nature âcre,
occasionnerait l'engorgement, l'obstruction et l'irritation

des glandes lymphatiques; tandis que M. Hufeland émet l'opinion que la dyscrasie particulière de la lymphe résulterait secondairement d'un haut degré d'atonie des vases et des glandes lymphatiques.

Il est étonnant que l'on ait tardé si longtemps à reconnaître la fausseté de cette opinion; car, en admettant que la crase de la lymphe n'est pas parfaitement normale dans cette maladie, son âcreté et sa plus grande coagulabilité ne sont pas plus prouvées que sa coagulation pendant la vie. Les injections des vases lymphatiques de glandes engorgées, qui ont parfaitement réussi à Sommerring, chez des individus morts de la maladie scrofuleuse, prouvent suffisamment que l'obstruction de ces vases n'existe nullement. En outre, l'expérience a appris depuis longtemps que cette maladie ne se déclare pas seulement dans le système lymphatique, mais aussi dans presque tout autre système.

M. Baudelocque, un des premiers qui ont démontré la fausseté de la théorie défendue par MM. Kortom et Hufeland, a tâché de la remplacer par une autre, qui, elle-même, est loin d'être irréprochable. Selon lui, le siége primitif des scrofules serait le système sanguin, et sa cause principale une dyscrasie particulière du sang, occasionnée par son oxydation et sa décarbonisation incomplètes.

Il n'y a aucune raison pour admettre plutôt le siége des scrofules dans le système sanguin que dans le système lymphatique, et bien qu'une dyscrasie particulière du sang, produite par les causes sus-mentionnées, pourrait contribuer au développement de cette maladie, elle ne constitue néanmoins pas sa cause principale.

La *chlorose* et la *cyanose* prouvent qu'il peut exister une dyscrasie du sang, produite par ces causes, sans qu'il y ait aucune trace de scrofules, et quoique l'affaiblissement, l'émaciation et même l'atrophie, particuliers aux scrofules, soient aussi des symptômes de la cyanose, il y a pourtant, dans cette dernière maladie, absence totale de cette végétation anormale qui caractérise si fortement les affections scrofuleuses.

Cette végétation anormale, qui consiste dans la production de la matière tuberculeuse, ou d'une matière analogue, ne peut être produite que par un certain état morbide du système ganglionnaire, le régulateur de toute végétation, dès qu'il se présente dans le règne animal. C'est pourquoi nous croyons qu'il faut admettre comme cause principale de la maladie scrofuleuse un état morbide tout particulier de ce système, causé peut-être par une dyscrasie particulière du sang et de la lymphe, mais toutefois nécessaire pour que cette dyscrasie puisse se manifester comme la dyscrasie scrofuleuse.

Ordinairement la dyscrasie scrofuleuse est héréditaire et se manifeste par divers symptômes dont l'ensemble constitue la diathèse scrofuleuse. Cette disposition se rencontre le plus souvent dans des familles où les parents sont scrofuleux ou goutteux, et il est rare que dans ces cas un seul enfant reste exempt. Des circonstances nuisibles ou favorables peuvent provoquer la maladie ou en prévenir le développement. Il est certain que ces influences, telles qu'une nourriture amylacée, un mauvais air, une habitation humide, etc., peuvent produire cette affection particulière du système ganglionnaire, cause principale de la maladie scrofuleuse, alors même qu'il n'existe pas de dispositions héréditaires. Ceci a lieu surtout quand elles agissent longtemps et sans interruption sur de très jeunes enfants, quoique la cachexie des prisonniers, dont les symptômes ne permettent pas de douter de son analogie avec la véritable dyscrasie scrofuleuse, prouve incontestablement qu'elles ont encore le même pouvoir sur des individus d'un âge plus avancé.

Si, maintenant, on considère que les différentes formes de la maladie scrofuleuse se développent de la diathèse scrofuleuse, et que l'huile de foie de morue exerce contre elles toutes une action éminemment salutaire, on concevra facilement que ce remède est aussi le plus sûr pour détruire à jamais la disposition scrofuleuse. Aussi MM. Brefeld et Galama ont obtenu de très bons résultats de l'emploi de l'huile de foie de morue contre la diathèse scrofuleuse. Le dernier assure même que ce remède est beaucoup plus efficace contre la diathèse scrofuleuse que contre les scrofules arrivées à un certain degré de développement, et moi-même, qui l'ai employée dans plus de quatre cents cas contre cette diathèse, j'ai rarement vu la maladie se déclarer pendant ce traitement. C'est pourquoi je ne comprends pas comment M. Segnitz peut émettre l'opinion que l'huile de foie de morue, bien que salutaire contre les scrofules mêmes, provoque leur développement quand elle est employée contre la diathèse scrofuleuse.

Quant à l'action de l'huile de foie de morue contre les affections scrofuleuses en général, la plupart de ceux qui l'ont employée contre elles s'accordent à lui donner la première place parmi les remèdes antiscrofuleux, opinion que mes observations m'ont pleinement fait partager. Il n'y en a que fort peu, parmi lesquels il faut surtout citer M. Stacquez, dont l'opinion soit entièrement opposée.

Après cette introduction sur les scrofules en général, nous passerons aux différentes formes sous lesquelles cette maladie se présente.

ENGORGEMENT DES GLANDES LYMPHATIQUES.

Ce n'est pas de l'engorgement des glandes mésentériques qui constitue chez les enfants la forme particulière de la maladie scrofuleuse appelée atrophie mésentérique que nous voulons parler ici. Cette affection doit être classée parmi les formes les plus importantes de cette maladie et sera traitée plus tard.

Nous ne nous occuperons ici que de l'engorgement des glandes lymphatiques subcutanées, qui, bien qu'accompagnant le plus souvent les autres formes de la maladie scrofuleuse, se présente quelquefois isolément.

Les glandes engorgées occupent le cou, la nuque, l'aisselle et l'aine, et se présentent comme des tumeurs dures, irrégulières, indolentes et mobiles. Elles peuvent longtemps subsister dans cet état et ne se ramollissent qu'après que leur sensibilité a augmenté. Alors la peau qui les recouvre s'enflamme, devient luisante et d'un rouge bleuâtre, et crève enfin sur différents points pour livrer passage à une matière purulente, caséeuse et même parfois tuberculeuse.

L'anatomie pathologique nous apprend que ces glandes engorgées consistent en une masse blanche ou grisâtre tantôt d'une consistance égale, tantôt ramollie au centre, tantôt ressemblant à une matière calcaire délayée d'eau.

Quant à l'action de l'huile de foie de morue contre ces engorgements, elle est infailliblement salutaire, bien que lente. Plusieurs de mes patients ont même dû prendre cette huile pendant un an entier, avant que ces engorgements eussent entièrement disparu : il est vrai que cet emploi prolongé avait, dans de pareils cas, éloigné en même temps toute disposition scrofuleuse.

M. Pank assure également avoir obtenu les meilleurs résultats de l'emploi interne de ce remède.

M. Brefeld conseille l'emploi exclusivement externe contre les engorgements, quand ils se présentent chez des enfants atteints d'exanthèmes non scrofuleux.

L'action salutaire du seul emploi externe de l'huile de foie de morue contre la *scrofula fugax* de Sauvages ne prouve rien pour ce mode d'emploi contre les véritables engorgements scrofuleux, puisque la première affection est aussi victorieusement combattue par l'emploi externe des huiles végétales que par celui de l'huile de foie de morue. Aussi l'expérience m'a prouvé que l'emploi externe seul n'est que de peu d'utilité contre les engorgements vraiment scrofuleux des glandes lymphatiques.

MM. Rösch, Brach, Kopp et Veiel recommandent tous, outre l'usage interne, l'emploi externe de l'huile. M. Rösch fait frictionner ces engorgements avec de l'huile tiède, et M. Veiel avec un mélange d'huile et de fiel de bœuf, tandis que M. Kopp les fait couvrir avec des cataplasmes composés de farine, d'un jaune d'œuf et d'une cuillerée d'huile de foie de morue.

M. Bennett déclare que l'huile de foie de morue est beaucoup moins puissante contre cette forme de la maladie scrofuleuse que contre toutes les autres; tandis que MM. Taufflieb, Haas et Hirtz lui contestent toute utilité contre les engorgements des glandes lymphatiques. Peutêtre ne l'ont-ils pas employée assez longtemps.

Quelle que soit l'utilité de l'huile de foie de morue contre les engorgements scrofuleux des glandes lymphatiques, elle n'est d'aucun effet contre les engorgements de ces glandes, quand ils se manifestent après la rougeole, la scarlatine, la petite vérole, ou quand ils sont de caractère syphilitique ou carcinomateux.

ULCÈRES SCROFULEUX.

Les ulcères scrofuleux sont le plus souvent occasionnés par l'inflammation des glandes engorgées. Après que la peau qui recouvre ces glandes s'est ouverte, les plaies dégénèrent bien vite en ulcères. D'autres fois, ils naissent de ces tumeurs qui se présentent si souvent sur toutes les parties du corps chez des sujets scrofuleux, et qui, d'abord petites et dures, s'agrandissent peu à peu, se ramollissent,

crèvent et évacuent ordinairement une matière tuberculeuse. Enfin, la moindre blessure suffit quelquefois à amener
l'ulcération scrofuleuse chez des sujets où la dyscrasie scrofuleuse a atteint un haut degré de développement.

Ces ulcères se caractérisent par une forme irrégulière,
une couleur grisâtre et des bords enroulés et flasques.

Quoique l'ulcération scrofuleuse soit une forme plus
avancée de la maladie scrofuleuse, et par conséquent plus
importante que l'engorgement des glandes subcutanées,
l'huile de foie de morue agit plus promptement contre elle
que contre les glandes engorgées qui l'occasionnent. Cette
particularité s'explique facilement, en ce que, dans le dernier cas, l'huile de foie de morue doit effectuer l'assimilation de la matière tuberculeuse qui ne s'opère que fort
lentement.

MM. Klenke, Furstenberg, Brefeld et autres reconnaissent à l'huile de foie de morue une action éminemment
salutaire contre les ulcères scrofuleux ; et M. Haas assure
même avoir employé ce remède avec succès contre les ulcères atoniques occasionnés par la gale, la pléthore abdo-
minale et autres causes. Quoique l'huile de foie de morue,
employée contre les ulcères scrofuleux, m'ait toujours donné
les meilleurs résultats, je n'ai pas été à même de lui reconnaître les propriétés mentionnées par M. Haas.

Je puis surtout recommander de joindre l'emploi externe
de l'huile à son usage interne.

Les tumeurs scrofuleuses dont je viens de parler plus
haut, et qu'il ne faut pas confondre avec les glandes engorgées, disparaissent également par l'emploi interne et externe de l'huile de foie de morue, même quand elles sont
sur le point de crever.

Le cas suivant prouve d'une manière irrécusable l'action
salutaire de l'huile de foie de morue contre les ulcères scrofuleux.

Observation *d'un cas* d'ulcères scrofuleux *arrivés à un très haut degré de développement et guéris par l'huile de foie de morue* (¹).

M.-C. Plumpe, âgée de huit ans, fille d'un pauvre tisserand et ramoneur, habitant une misérable hutte à Rhynern, était d'une constitution torpide et lymphatique, et d'un extérieur leuco-phlegmatique. Elle fut confiée à mes soins au printemps de l'année 1829. La malade, dont une sœur était déjà morte des suites d'atrophie mésentérique et d'ulcères scrofuleux, avait tout le cou, pour ainsi dire, en pleine ulcération. Les glandes cervicales étaient tellement engorgées, que quelques unes avaient atteint la grosseur d'un œuf de poule; d'autres s'étaient crevées et formaient de larges ulcères aux bords enroulés, dont plusieurs, sécrétant une quantité effrayante de pus, s'étendaient jusqu'à la partie supérieure du thorax. Les autres symptômes étaient : tuméfaction du ventre et des extrémités des os, voracité, digestion souvent dérangée, exanthèmes scrofuleux sur plusieurs parties du corps. En outre l'hydropisie était fort à craindre.

Le traitement, commencé d'abord par les remèdes antiscrofuleux ordinaires, en partie résolvants, en partie toniques, ne produisit aucun résultat favorable, quoique continué pendant des mois entiers.

Ce ne fut qu'un an et demi plus tard, après que j'eus observé l'action salutaire de l'huile de foie de morue dans des cas analogues, que ce remède fut prescrit à la jeune Plumpe.

Pendant les premiers mois, je ne prescrivis l'huile qu'intérieurement et fis couvrir les ulcères de feuilles fraîches de digitale pourprée.

Il résulta de ce traitement une amélioration visible, quoique les ulcères ne se guérissent que fort lentement. Même après que la cure eut duré plus de six mois, la cicatrisation ne faisait que peu de progrès.

L'huile ayant alors été également employée extérieurement, notamment sous la forme de mon onguent (²), les progrès de la cicatrisation furent si rapides et si surprenants, que quelques mois après la cure était complétement terminée, et, à l'exception des cicatrices entourant le cou, il était impossible de découvrir quelque trace de la maladie vaincue.

(¹) Communiquée par M. Brefeld, *op. cit.*, p. 97-98.
(²) Voyez p. 167.

EXANTHÈMES SCROFULEUX.

Les différentes formes sous lesquelles les exanthèmes chroniques se présentent,se rencontrent autant chez des individus qui ne trahissent aucun symptôme de scrofules, que chez d'autres dont la disposition scrofuleuse est évidente : c'est pourquoi on ne peut regarder ces exanthèmes comme scrofuleux que lorsqu'ils sont accompagnés des symptômes généraux de la dyscrasie scrofuleuse.

Presque tous les praticiens qui ont prescrit l'huile de foie de morue contre cette forme de la maladie scrofuleuse en ont obtenu les meilleurs résultats.

M. Guérard, et après lui MM. Brefeld, Mayer et moi-même, nous avons employé avec le meilleur succès l'huile de foie de morue contre la teigne faveuse ; pourtant nous n'en avons obtenu aucun résultat favorable contre la teigne maligne, héréditaire, contagieuse, ni contre les exanthèmes psoriques et syphilitiques, même en suivant le conseil du docteur Martens, c'est-à-dire de mélanger, pour l'emploi externe, l'huile de foie de morue avec l'huile de térébenthine, afin de la rendre plus stimulante.

Contrairement à l'opinion de M. Brefeld, que l'huile de foie de morue employée intérieurement contre les exanthèmes scrofuleux n'est d'aucune utilité, et que son emploi externe seul peut les guérir promptement, mes nombreuses observations m'ont prouvé que l'action salutaire de ce remède, employé extérieurement dans ces cas, est considérablement augmentée par son emploi interne.

M. Haas, qui a obtenu les meilleurs résultats de l'emploi de l'huile de foie de morue contre les exanthèmes scrofuleux, conseille de n'ajouter l'emploi externe de ce remède à son usage interne que lorsque ce dernier a déjà donné quelques résultats favorables. Il n'admet en aucune façon l'emploi externe seul, de peur que l'exanthème ne reparaisse, après que ce mode d'emploi l'a fait disparaître.

MM. Klenke et Rösch pensent même, et je partage en cela leur opinion, que l'emploi externe seul contre les exanthèmes chroniques peut causer des répercussions dangereuses vers les organes vitaux.

M. Richter, qui donne jusqu'à 8 onces d'huile par jour, dans des cas d'exanthème chronique, et qui en outre fait usage, pour l'emploi externe, d'un savon composé de potasse et d'huile de foie de morue, prétend que, si M. Brefeld n'a pas obtenu des résultats satisfaisants de l'emploi interne de ce remède contre les exanthèmes scrofuleux, c'est qu'il ne l'a probablement pas administré à doses assez fortes. En 1835, il publia la guérison de huit cas de dartre, de six cas de gale invétérée et de deux cas de cachexie furonculeuse traités par l'huile de foie de morue d'après sa méthode.

Je crois pourtant que M. Richter va trop loin, en déclarant que l'huile de foie de morue intérieurement employée peut vaincre non seulement les exanthèmes scrofuleux, mais encore tout exanthème chronique, voire même les exanthèmes psoriques et syphilitiques.

L'opinion de M. Klenke me paraît également exagérée, en attribuant à l'huile de foie de morue une action spécifique non seulement contre les exanthèmes scrofuleux, mais encore contre la cachexie psorique, la couperose, l'éléphantiasis tuberculeux et contre la *corona veneris*.

Je ferai observer que souvent on regarde comme psoriques des exanthèmes qui, bien qu'en apparence assez semblables à la gale, ne doivent pourtant pas être regardés comme tels à cause de l'absence de l'*acarus scabiei*, et que plusieurs praticiens regardent toujours comme syphilitiques les exanthèmes qui se présentent chez des individus autrefois atteints de syphilis. Il serait superflu d'expliquer pourquoi de tels cas ne prouvent rien en faveur de l'efficacité de l'huile de foie de morue contre les exanthèmes psoriques et syphilitiques.

Pourtant les observations de M. Richter ont prouvé d'une manière irrécusable l'efficacité de l'emploi interne de l'huile de foie de morue contre les exanthèmes scrofuleux.

Parmi ceux qui recommandent l'huile de foie de morue contre les exanthèmes chroniques en général, je puis encore citer M. Osius. Il assure même l'avoir employée avec le meilleur succès dans un cas d'éléphantiasis tuberculeux.

Pendant mon séjour à Bergen, en Norwége, où l'éléphantiasis est endémique, j'y visitai l'hôpital spécialement affecté au traitement de cette maladie, et je pus me convaincre qu'on n'y avait pas obtenu de meilleurs résultats par l'emploi de l'huile de foie de morue que par l'usage de tout autre remède.

M. Hauff cite un cas de dartre rongeante qui, pendant longtemps, avait bravé tous les moyens thérapeutiques, et qui, à la fin, avait été victorieusement combattu par l'emploi externe de l'huile de foie de morue. Le remède n'aurait-il pas en même temps été employé intérieurement?

M. Müller communique la guérison de deux cas de dartre rongeante.

M. Schenk cite un cas de dartre pustuleuse datant de plusieurs années, et où l'huile de foie de morue employée intérieurement, bien qu'ayant d'abord empiré l'état du malade, amena la plus parfaite guérison dans l'espace de quatre mois.

M. Kopp a également obtenu de bons résultats de l'emploi de l'huile de foie de morue contre les dartres. Dans un cas où l'exanthème occupait environ un quart de la peau, et causait au patient des démangeaisons et des douleurs insupportables, l'emploi externe, joint à l'usage interne de l'huile de foie de morue, effectua une prompte guérison.

L'action éminemment salutaire de l'huile de foie de morue contre les dartres est encore prouvée par un cas de dartre squameuse, traité par moi-même et relaté ci-après. Quoique dans ce cas la maladie datait de dix ans, le patient en a été radicalement guéri, après un traitement de trois mois.

M. Emery a obtenu les meilleurs résultats de l'emploi de l'huile de foie de morue contre le lupus. Il prescrit ce remède en très fortes doses, d'une pinte à une pinte et demie par jour : commençant par 25 drachmes, il monte bientôt jusqu'à 15 et 20 onces. En cas de vomissements, ce qui arrive quelquefois, l'emploi de l'huile est interrompu pendant quelques jours. De soixante-quatre patients atteints de lupus et traités par lui de cette manière, la plupart se sont sensiblement améliorés, et vingt-quatre ont été radicalement guéris, entre autres un homme de trente-deux ans, chez lequel la maladie datait de vingt ans. Selon la gravité du mal, ses cures durent de deux à douze mois.

M. Devergie, quoique n'ayant pas vu d'abord se confirmer l'action salutaire de l'huile de foie de morue si préconisée par M. Emery, assure, plus tard, que jamais il n'a trouvé un remède qui pût égaler l'efficacité de l'huile de foie de morue contre le lupus. Il raconte qu'ayant divisé en deux catégories ses malades atteints de lupus, et qu'ayant traité les uns par l'huile de foie de morue et les autres par le fer et l'iode, les résultats obtenus par l'huile de foie de morue avaient été tels, que les patients traités par le fer et l'iode demandèrent instamment qu'on les traitât également par l'huile.

Nous citerons encore, comme partisans de l'huile de foie de morue contre le lupus, MM. Gibert et Kalt. Dans un cas de lupus traité par le premier, le patient avait la face presque entièrement corrodée, le nez détruit et la mâchoire cariée. Néanmoins l'emploi interne et externe de l'huile de foie de morue joint à celui de l'iode, continué pendant un an, amena la guérison radicale.

M. Kalt assure que depuis onze ans il emploie l'huile de foie de morue avec le meilleur succès contre toutes les formes de lupus. Sa méthode consiste à administrer l'huile en assez fortes doses : commençant par une cuillerée ordinaire par jour, il augmente chaque semaine d'une cuillerée, de sorte qu'à la huitième semaine, le patient prend huit cuillerées par jour; après cela il suit la même progression pour diminuer la dose, jusqu'à ce que le patient soit revenu au point de départ. Si alors le malade n'est pas entièrement rétabli, ce qui, selon lui, est très rare, il lui fait prendre encore deux ou trois cuillerées par jour jusqu'à sa guérison complète. Il assure même avoir guéri par cette méthode un véritable cancer (?).

Enfin M. Marshall-Hall a obtenu de bons résultats de l'emploi de l'huile de foie de morue contre l'eczéma, l'impétigo et les rhagades.

M. Veiel, quoique ayant obtenu souvent de bons résultats de l'huile de foie de morue contre les exanthèmes chroniques, l'a pourtant trouvée sans effet dans deux cas de dartre.

Citons maintenant MM. Taufflieb et Hirtz, lesquels contestent l'action salutaire de l'huile de foie de morue contre les exanthèmes chroniques en général.

OBSERVATION *d'un cas de* dartre squammeuse *traitée par l'auteur et guérie par l'huile de foie de morue* (¹).

E. Siedenberg, âgé de quatorze ans, né de parents scrofuleux, fut atteint, à l'âge de deux ans et demi, environ six mois après qu'il eut été

______

(¹) Communiquée dans mon ouvrage intitulé : *Disquisitio comparativa chemico-medica de tribus olei jecoris aselli speciebus.*

vacciné, d'une ophthalmie qui dura une année entière et dont les symptômes furent : forte enflure des paupières, sécrétion purulente de la conjonctive, douleur brûlante et photophobie.

Six mois après la guérison de l'ophthalmie, qui avait laissé une taie à la cornée de l'œil gauche, la mère remarqua une grande tache rouge dans le creux du genou gauche, où se formèrent bientôt plusieurs pustules. Ces pustules, en crevant, évacuèrent une matière âcre et séreuse, qui forma une croûte confluente. La croûte tomba en écailles pour faire place à de nouvelles pustules qui subirent les mêmes changements que les premières, et ainsi de suite.

Trois mois après, un pareil exanthème se manifesta dans le creux du genou droit.

A partir de ce moment l'exanthème resta dans le même état.

Aucun remède interne n'avait été employé, tandis que plusieurs onguents avaient été essayés.

Le 2 mai 1842, l'enfant fut porté à l'hôpital où il fut confié à mes soins.

Je le trouvai dans l'état suivant : extérieur scrofuleux très prononcé, taie centrale très faible de la cornée de l'œil gauche; engorgement des glandes cervicales, dartre squammeuse dans le creux des deux genoux ; digestion dérangée, renvois acides, constipation ; respiration et circulation normales, sommeil paisible ; sécrétion d'une matière séreuse et âcre sur toute l'étendue de l'exanthème, souvent si abondante, que les compresses en étaient traversées; impossibilité de marcher à cause de douleurs violentes.

Après avoir réglé la diète, je commençai le traitement par l'emploi interne et externe de l'huile de foie de morue. Je prescrivis d'abord deux cuillerées ordinaires, et, après la troisième semaine, trois cuillerées ordinaires par jour. Des compresses imbibées d'huile de foie de morue furent appliquées autour des genoux et renouvelées toutes les deux heures.

Les changements observés à chaque quinzaine furent ceux-ci :

15 mai. La constipation a cessé.

1ᵉʳ juin. Digestion meilleure, renvois acides moins fréquents, sommeil plus agité; le siége de l'exanthème moins rouge, en plusieurs endroits encore couvert de larges croûtes. La sécrétion de la matière séreuse diminue.

15 juin. Quatre selles par jour, sommeil plus paisible. L'engorgement des glandes a presque disparu. L'exanthème commence à dispa-

raître, quoique de nouvelles pustules se soient formées en plusieurs endroits.

1er juillet. Deux ou trois selles par jour. L'exanthème au genou droit est entièrement desséché. Les croûtes, en tombant, laissent voir un épiderme mince; la peau, un peu rude au toucher, est rose. Tout au genou gauche tend à la même amélioration. La matière séreuse qui y est encore sécrétée n'est plus âcre.

15 juillet. Digestion bonne, deux selles par jour, sommeil paisible; l'engorgement des glandes a entièrement disparu. L'exanthème aux deux genoux est complétement guéri. La peau reste rude au toucher; au genou droit elle a presque sa couleur naturelle, au genou gauche elle est encore rose.

1er août. La digestion est parfaitement normale, les selles réglées, le patient marche sans douleur. La couleur de la peau aux deux genoux est naturelle, et depuis un mois de nouvelles pustules n'ont pas paru.

L'emploi externe de l'huile fut alors abandonné, et l'usage interne continué encore trois mois.

Le patient fut donc guéri radicalement en trois mois, par l'emploi de l'huile de foie de morue, d'un exanthème datant de dix ans.

OPHTHALMIE SCROFULEUSE.

L'huile de foie de morue est non moins efficace contre cette forme de la maladie scrofuleuse que contre toutes celles dont nous avons parlé plus haut.

M. Brefeld l'a employée avec le meilleur succès contre la blépharophthalmie scrofuleuse, accompagnée de photophobie. Il recommande surtout dans ces cas de passer deux ou trois fois par jour, sur les bords des paupières, un petit pinceau trempé d'huile. De douze cas qu'il a traités de cette manière, dix ont été radicalement guéris. Dans les deux autres cas, un violent érysipèle des paupières avait obligé de suspendre l'emploi externe de l'huile, à laquelle, selon lui, il ne faut pourtant pas attribuer cet incident. Il fait observer avec raison que le premier effet de l'huile de foie de morue sur les yeux est toujours une congestion plus ou moins forte de la conjonctive, mais qu'il ne faut, en aucun cas, se laisser effrayer par ce symptôme, quoiqu'il rende plus difficile l'emploi externe de ce remède, surtout chez les enfants. Enfin, M. Brefeld a trouvé l'huile de foie de morue plus efficace contre l'ophthalmie scrofuleuse chronique que contre l'ophthalmie scrofuleuse récente.

M. Schütte cite un cas de carie scrofuleuse avec blépharophthalmie et photophobie, dans lequel l'huile de foie de morue avait entièrement fait disparaître l'ophthalmie, dans le court espace de dix jours.

MM. Kopp, Pank, Piffard, Haas et Juncken reconnaissent également une action éminemment salutaire à l'huile de foie de morue, employée contre l'ophthalmie scrofuleuse.

Au congrès de naturalistes, tenu en 1842 à Strasbourg, M. Bertini citait d'importantes guérisons de taies de la cornée, opérées à Halle par l'emploi de l'huile de foie de morue.

M. Bennett a traité un cas de xérophthalmie, avec cécité complète d'un œil et partielle de l'autre, dans lequel l'huile de foie de morue a amené une amélioration sensible. En outre, il cite un cas de kératite chronique, avec *pannus vascularis* et cécité d'un œil, guérie en deux mois par l'emploi externe de l'huile de foie de morue, et un autre cas d'ophthalmie scrofuleuse, avec ulcères et taie de la cornée, qui, après avoir résisté pendant quatre ans à une foule d'autres remèdes, avait été victorieusement combattue par l'huile de foie de morue (1).

M. Amon a employé avec le meilleur succès l'huile de foie de morue contre la conjonctivite de la cornée, sans distinction de la dyscrasie par laquelle l'ophthalmie avait été occasionnée. Il assure avoir guéri par l'emploi de deux

(1) Ces deux cas ont été communiqués à M. Bennett, le premier par M. Gruby, de Vienne, le second par M. Abendheimer, de Heidelberg.

à cinq cuillerées par jour un grand nombre de malades qui avaient en vain eu recours aux sommités de l'art.

M. Wilde reconnaît également l'action salutaire de l'huile de foie de morue contre les ophthalmies chroniques avec granulation de la conjonctive.

M. Carron du Villards a obtenu les meilleurs résultats de l'emploi externe de l'huile de foie de morue contre la conjonctivite chronique et l'obscuration de la cornée, soit que cette dernière eût été occasionnée par des ulcères ou par un dépôt interlamellaire. Il fait observer que l'huile pâle dont il se sert ordinairement contre les obscurations est tantôt trop stimulante et tantôt pas assez. Dans le premier cas il la mélange avec l'huile d'amandes, et dans le second il a recours à l'huile brune.

M. Cunier donne également la préférence à l'emploi externe de l'huile de foie de morue contre l'ophthalmie scrofuleuse, même quand il y a photophobie à un haut degré, sécrétion lacrymale abondante et forte enflure des paupières. Dans ces derniers cas, il combine l'huile avec l'extrait alcoolique de belladone, combinaison, selon lui, également utile contre les ulcères scrofuleux de la cornée. Contre l'inflammation chronique des glandes meibomiennes, contre le *pannus vascularis* et le *pannus cellularis*, il combine l'huile avec le précipité rouge.

M. Taufflieb, non seulement confirme l'action salutaire de l'emploi externe de l'huile de foie de morue contre l'ophthalmie scrofuleuse, mais il assure n'avoir jamais obtenu aucun résultat favorable de l'emploi interne de ce remède contre cette forme de la maladie scrofuleuse.

Par contre, M. Bosch ne l'emploie qu'intérieurement contre l'ophthalmie scrofuleuse, et s'abstient même de tout remède externe. Selon lui, l'emploi interne seul de l'huile de foie de morue, non seulement combat victorieusement l'ophthalmie, mais encore améliore la constitution entière.

Quant à moi, qui ne pourrai jamais admettre la guérison radicale de la véritable dyscrasie scrofuleuse sans traitement interne, je prescris toujours l'huile de foie de morue intérieurement en même temps qu'extérieurement, et ce double emploi m'a donné les meilleurs résultats dans des cas de blépharophthalmie, de conjonctivite avec granulation et sécrétion purulente, de cornéité avec ulcères et taies de la cornée, et enfin de cécité occasionnée par l'obscuration de la cornée, suite de l'ophthalmie scrofuleuse.

Il résultera de l'observation suivante quelle est la puissance de l'huile de foie de morue contre l'ophthalmie scrofuleuse, et par conséquent combien l'assertion de M. Hirtz, notamment que l'huile de foie de morue ne peut rien contre cette forme de la maladie scrofuleuse, a peu de poids.

OBSERVATION *d'un cas de* conjonctivite *et* cornéite scrofuleuses *avec* cécité, *traitées par l'auteur et guéries par l'huile de foie de morue* [1].

Jeannette van Ingen, âgée de quinze ans, était née de parents non scrofuleux, quoique ses cinq frères eussent été tous atteints de scrofules.

Jusqu'à l'âge de quatorze ans, la patiente avait été affligée de teigne, dont elle avait été guérie par des lotions d'eau de savon.

Six mois après que la teigne avait disparu, la malade se réveilla un matin complétement aveugle de l'œil droit; un mois plus tard, il en était de même de l'œil gauche, et c'est alors seulement que le secours de l'art fut invoqué.

L'emploi interne de l'huile de foie de morue fut immédiatement prescrit, et quoique pris très irrégulièrement, ce remède améliora tellement l'état de la malade, qu'au bout de quelque temps elle pouvait marcher sans guide.

Le 16 mars, une forte congestion cérébrale nécessita une saignée. La congestion, le mal de tête et la somnolence disparurent, mais l'ouverture de la saignée commença à suppurer et se changea bientôt en un ulcère malin. L'ulcération s'étendit de jour en jour en profondeur,

[1] **Communiquée dans ma** *Disquisitio comparativa*, etc.

tellement que l'on dut craindre que l'articulation elle-même n'en fût affectée.

L'huile de foie de morue fut de nouveau prescrite, mais prise négligemment, de l'aveu même de la malade.

Confiée à mes soins le 1er mai, je trouvai la patiente dans l'état suivant :

Constitution débile, extérieur cachectique ; les bords des paupières fortement enflés, et la conjonctive très injectée ; deux faisceaux de vaisseaux se rendant dans chaque œil, des coins à la cornée, qu'ils entouraient comme d'un anneau ; obscuration des deux cornées, une pustule au centre de la cornée gauche. Au bras gauche l'ulcération sus-mentionnée. L'appétit bon, la digestion souvent dérangée, diarrhée ; respiration normale, pouls lent ; la sécrétion des glandes meibomiennes augmentée. En fermant l'œil droit la patiente distingue seulement le jour de la nuit. L'état de l'œil droit lui permet de distinguer les objets, mais comme enveloppés d'un brouillard. Sommeil paisible.

L'huile de foie de morue fut prescrite, d'abord deux, et ensuite trois cuillerées ordinaires par jour.

Les changements observés à chaque quinzaine furent ceux-ci :

15 mai. Les bords des paupières moins gonflés, l'ulcération d'un aspect moins malin ; digestion meilleure, diarrhée moins forte ; la sécrétion des glandes meibomiennes diminuée.

1er juin. L'extérieur amélioré, les vaisseaux de la conjonctive moins injectés, l'obscuration de la cornée diminuée ; la malade voit plus distinctement les objets, l'œil droit supporte mieux la lumière ; la sécrétion lacrymale diminuée, l'ulcère au bras moins profond et plus petit.

15 juin. L'extérieur beaucoup amélioré, les bords des paupières beaucoup moins gonflés, les faisceaux de vaisseaux, surtout à l'œil droit, commencent à disparaître. La sécrétion morbide des glandes meibomiennes a presque cessé, la digestion est normale ; l'ulcère au bras a diminué de moitié, la granulation commence.

1er juillet. L'extérieur visiblement amélioré. Les faisceaux de vaisseaux, l'obscuration de la cornée et la pustule centrale de la cornée diminuent de jour en jour. La patiente distingue assez bien les objets. Depuis quelques jours, la malade se rend chez moi, sans guide. La photophobie a diminué. L'ulcère se cicatrise de plus en plus.

15 juillet. La malade voit distinctement ; la digestion est normale, et l'ulcère complétement cicatrisé.

1er août. Extérieur excellent ; l'obscuration a tellement diminué, que l'on commence à distinguer la cornée des deux yeux ; la pustule de la cornée devient de jour en jour plus petite.

15 août. Il ne reste qu'une petite taie à la cornée de l'œil droit. La sécrétion anormale des glandes meibomiennes a entièrement cessé.

1er septembre. Excepté une petite taie de la cornée à l'œil gauche, les yeux se trouvent dans leur état normal.

La malade put donc être regardée comme entièrement rétablie après un traitement de quatre mois. L'huile de foie de morue fut encore prise pendant trois mois, et depuis ce temps la patiente est restée parfaitement bien portante.

ATROPHIE MÉSENTÉRIQUE.

Dans cette terrible forme de la maladie scrofuleuse, qui entraînait jadis tant de jeunes victimes au tombeau, l'état des glandes mésentériques offre une analogie frappante avec celui des glandes subcutanées, dont nous avons donné précédemment la description.

Cette forme se caractérise par les symptômes suivants : Physionomie offrant les signes de la vieillesse, yeux creux, peau flasque et ridée, et entourant pour ainsi dire les membres décharnés comme d'un sac ; muscles flasques et sans force ; ventre fortement tuméfié, souvent dur comme la pierre et dans lequel la main exploratrice sent parfois les glandes mésentériques engorgées ; voix plaintive ; goût très prononcé pour les aliments farineux, qui sont pour ainsi dire dévorés, mais toujours fort mal digérés ; rapports de l'estomac, vomissements, flatulence ; selles irrégulières, tantôt constipation, tantôt diarrhée ; évacuation d'aliments à moitié digérés, et enfin fièvre hectique.

Tous ces symptômes, qui prouvent que la sanguification et par conséquent la nutrition sont en souffrance, s'expliquent facilement par l'état morbide du système par lequel l'assimilation du chyle doit s'accomplir et dans lequel la sanguification commence.

Quant à l'action de l'huile de foie de morue contre cette forme de la maladie scrofuleuse, elle est tellement efficace, que les plus incrédules en sont frappés.

Les observations de MM. Brefeld, Krebel, Tortual, Galama, Reinecker, Kopp, Heyfelder, Schmidt, Lion et autres, et surtout une observation communiquée à M. Bennett par le docteur Nebel, de Heidelberg, témoignent suffisamment de l'efficacité de l'huile de foie de morue contre l'atrophie mésentérique.

Moi-même, j'ai employé l'huile de foie de morue avec succès dans plusieurs cas où la maladie avait fait de tels progrès, que malgré ma confiance en ce remède je n'osais espérer qu'il pût arracher le patient à une mort certaine.

Bien que l'usage interne de l'huile de foie de morue soit le plus ordinairement prescrit contre cette forme de la maladie scrofuleuse, les observations de M. Brefeld, ainsi que les miennes, prouvent que son emploi externe, en frictions sur le ventre, joint à l'usage interne, contribue beaucoup à avancer la guérison. Quand le ventre est très sensible, M. Brefeld fait chauffer légèrement l'huile pour l'emploi externe; quand au contraire il y a grande insensibilité, il conseille de mélanger l'huile avec de la teinture de camphre. Dans les cas où le patient ne peut supporter les frictions, j'ai vu de bons effets de l'application sur le ventre de bandes de flanelle imbibées d'huile tiède. Plusieurs praticiens prescrivent, outre l'usage interne de l'huile de foie de morue, des frictions sur le ventre d'un onguent iodé.

Lorsque l'atrophie mésentérique se complique d'affections aiguës des organes du bas-ventre, l'usage de l'huile de foie de morue doit être suspendu jusqu'à ce qu'elles aient été combattues par des moyens convenables.

MM. Klenke et Segnitz prétendent que l'huile de foie de morue provoque l'atrophie mésentérique, quand elle est administrée à des enfants au-dessous de sept mois. Par contre, M. Haas assure qu'elle n'exerce jamais aucune action nuisible, même quand elle est prise par de très jeunes enfants, et moi-même, qui ai prescrit ce remède à un grand nombre d'enfants dont plusieurs n'avaient pas plus de six mois, je n'ai jamais trouvé le moindre inconvénient à l'emploi de ce remède.

OBSERVATION *d'un cas* d'atrophie mésentérique *traitée par l'auteur et guérie par l'huile de foie de morue* (¹).

Jeannette Flaat, âgée d'un an et demi, née de parents scrofuleux, jouit de la plus parfaite santé jusqu'à l'époque de son sevrage. Après ce temps elle commença à maigrir à vue d'œil. A l'émaciation qui augmentait de jour en jour, se joignit l'engorgement des glandes cervicales et bientôt après celui de presque toutes les glandes subcutanées. Le ventre devenait gros et dur, et les forces diminuaient au point que l'enfant ne pouvait se tenir debout.

Dans cet état on invoque le secours de l'art.

Le 2 juin, je trouvai la malade dans l'état suivant :

Cheveux clairs, cils bruns, yeux bleus ; face amaigrie, mâchoire inférieure proéminente, glandes subcutanées engorgées ; bras et jambes décharnés, et tout le corps ne présentant littéralement que la peau et les os ; ventre tuméfié et dur, voracité, rapports acides ; trois ou quatre selles par jour, excréments liquides ; respiration et pouls accélérés ; forces musculaires presque nulles, voix plaintive, sommeil agité.

Je prescrivis du pain blanc, du lait et du bouillon, pour nourriture, et l'huile de foie de morue, d'abord une petite cuillerée et plus tard une cuillerée ordinaire deux fois par jour.

Les changements observés à chaque quinzaine furent ceux-ci :

15 juin et 1ᵉʳ juillet. Aucun changement.

15 juillet. Extérieur amélioré ; voracité moins grande.

1ᵉʳ août. Respiration et pouls moins accélérés.

15 août. Ventre moins dur, deux selles par jour, excréments moins liquides ; sommeil moins agité.

1ᵉʳ septembre. Extérieur visiblement amélioré, glandes subcutanées moins engorgées, rapports acides moins fréquents.

(¹) Communiquée dans ma *Disquisitio comparativa*, etc.

15 septembre. Extérieur s'améliorant de jour en jour, voix plus forte et moins plaintive.

1er octobre. Extérieur amélioré, digestion bonne, respiration normale, pouls de même.

15 octobre. Les forces musculaires reprennent.

1er novembre. Extérieur s'améliorant de jour en jour ; digestion normale, deux selles par jour, excréments naturels, sommeil paisible.

15 novembre. L'engorgement des glandes a entièrement disparu, les forces musculaires reprennent journellement, voix naturelle.

1er décembre. Teint frais, digestion normale, ventre moins gonflé et moins dur. Aidée par la mère, l'enfant peut déjà se tenir debout depuis le 29 novembre.

15 décembre. Extérieur normal ; la peau plus douce au toucher, visage plein, teint frais ; ventre normal, fonctions végétatives normales, forces musculaires augmentant toujours. L'enfant marche sans le secours de sa mère.

L'enfant put être considérée comme entièrement rétablie, après une cure de six mois et demi.

L'usage de l'huile de foie de morue fut encore continué pendant trois mois, et depuis ce temps l'enfant est restée parfaitement bien portante.

RACHITISME.

Bien que le rachitisme se présente quelquefois chez des sujets qui ne trahissent aucun symptôme de scrofules, il est incontestable que cette affection est, dans la plupart des cas, de nature scrofuleuse. L'observation que le rachitisme se manifeste presque toujours chez des enfants qui présentent tous les symptômes de la dyscrasie scrofuleuse ; qu'il est même souvent accompagné d'autres formes de la maladie scrofuleuse, surtout d'atrophie mésentérique ; et enfin qu'il est aussi victorieusement combattu par l'huile de foie de morue que toutes les autres formes de la maladie scrofuleuse, prouve suffisamment qu'il existe de certains rapports entre le rachitisme et les scrofules. Ceux qui prétendent le contraire n'auront qu'à visiter les pays septentrionaux où les scrofules, et par conséquent le rachitisme, sont endémiques.

Ajoutons aux symptômes de l'atrophie mésentérique la déviation du rachis, la courbure des os longs, le gonflement de leurs extrémités et un volume plus ou moins considérable de la tête, et nous aurons devant les yeux l'image du rachitisme arrivé à son plus haut degré.

Heureusement que le rachitisme ne se rencontre pas toujours à un tel degré de développement, mais, quel que soit le degré auquel il est arrivé, l'huile de foie de morue exerce toujours sur lui une action qui surpasse celle de tout autre remède; et il est rare que son emploi ne soit pas suivi de guérison radicale, abstraction faite des difformités du système osseux, qui, elles-mêmes, disparaissent sinon entièrement, du moins en partie par la croissance.

M. Brefeld, qui a employé l'huile de foie de morue dans plus de cent cas de rachitisme, s'exprime en ces termes, quant à l'action de ce remède contre cette forme de la maladie scrofuleuse. « L'action surprenante de l'huile de foie
» de morue contre le rachitisme se révèle d'une manière
» incroyable. Alors même qu'il semble n'y avoir plus aucun
» espoir d'arracher le malade à une mort certaine, presque
» toujours l'emploi de l'huile écarte le danger. La diarrhée,
» la fièvre hectique, en un mot tous les symptômes du ra-
» chitisme cèdent devant elle. Elle améliore d'abord la di-
» gestion et la nutrition qui en dépend. Les selles devien-
» nent plus réglées. A mesure que les extrémités reprennent
» de la chair, le ventre se dégonfle et devient moins dur.
» La physionomie devient moins sombre, la peau moins ri-
» dée et plus fraîche, les yeux plus clairs et le regard plus
» vif. La gaieté de l'enfance revient, et les soubresauts con-
» vulsifs, qui rendaient le sommeil si pénible, deviennent de
» moins en moins fréquents. Les forces reviennent et avec
» elles l'agilité et le désir de marcher. L'état morbide des

» os disparaît insensiblement, les dents chancelantes s'affer-
» missent et prennent un meilleur aspect, et les os moins
» gonflés à leurs extrémités ne présentent plus cette flexi-
» bilité morbide. La courbure du rachis et des os longs
» disparaît peu à peu par la croissance, quand la difformité
» n'est pas trop prononcée. Je ne connais d'autre contre-
» indication à l'emploi de l'huile de foie de morue contre
» cette forme de la maladie scrofuleuse que la fièvre hec-
» tique à son plus haut degré et l'agonie. La guérison s'ef-
» fectue le plus souvent dans l'espace de trois à quatre
» mois, non compris le temps nécessaire au rétablissement
» de la forme des os attaqués. En un mot, l'huile de foie de
» morue a une action tellement puissante contre le rachi-
» tisme qu'elle opère la guérison, alors même que les pres-
» criptions auxiliaires, telles qu'une diète convenable, une
» grande propreté et l'emploi de bains aromatiques, ont été
» négligées (1). »

Citons encore ce que dit M. Pruys van der Hoeven dans
son ouvrage *De arte medica*, où il parle de l'action salutaire
de l'huile de foie de morue. « J'avoue, dit-il, que j'étais
» d'abord prévenu contre l'huile de foie de morue, car je
» savais par expérience le peu de cas qu'il faut faire des
» éloges si souvent prodigués à tout nouveau remède. Mais
» aujourd'hui que des observations réitérées m'ont fait
» connaître la puissance de ce moyen thérapeutique, je suis
» forcé de déclarer que je ne connais pas de remède contre
» le rachitisme qui puisse égaler l'huile de foie de morue. »

Si nous ajoutons maintenant que les témoignages de
MM. Brefeld et Pruys van der Hoeven, concernant l'action
de l'huile de foie de morue contre le rachitisme sont suffisamment confirmés par les observations communiquées par
MM. Schenk, Schütte, Schnitzer, Fehr, Schmidt, Most,

(1) Voyez la monographie déjà citée, p. 140-141.

Hahnekrodt, Osberghaus, Bretonneau, Trousseau, Pidoux, Taufflieb, Daumerie, Bösch, Roy, Rösch, Escallier, Galama, Kopp, Rhades, Steinhauser et Jungken, je crois qu'il serait superflu de détailler les nombreux cas de rachitisme que j'ai traités avec succès par l'huile de foie de morue.

Outre le véritable rachitisme, il existe un ramollissement particulier des os qu'on nomme *ostéomalaxie*, et qu'on observe quelquefois chez des individus d'un âge avancé, et surtout chez des femmes qui ont fait de fréquentes couches.

Quoiqu'il y ait une certaine analogie entre le véritable rachitisme et l'ostéomalaxie, en ce que, dans les deux cas, le phosphate de chaux ne paraît pas être reproduit dans le système osseux en quantité suffisante, il n'est pas certain que l'ostéomalaxie soit occasionnée, ainsi que le rachitisme, par la dyscrasie scrofuleuse.

Plusieurs médecins attribuent l'ostéomalaxie à la goutte ou à la syphilis; mais il est difficile de concevoir comment ces dyscrasies, qui rendent ordinairement les os plus fragiles, pourraient parfois exercer une action entièrement contraire.

D'autres l'attribuent à la dyscrasie scorbutique ou cancéreuse; mais cette opinion nous paraît également erronée, par la raison que l'ostéomalaxie se manifeste souvent chez des individus qui n'ont jamais trahi le moindre symptôme de l'une ou de l'autre de ces dyscrasies.

L'ostéomalaxie ne pourrait-elle pas en beaucoup de cas être occasionnée par la dyscrasie scrofuleuse longtemps restée latente? Cette thèse, quoiqu'un peu risquée, pourrait en quelque sorte être défendue d'abord par l'analogie des symptômes pathognomoniques du rachitisme et de l'ostéomalaxie, et ensuite par l'action salutaire d'un même remède contre ces deux affections. Cependant, comme l'huile de foie de morue se montre entièrement inefficace dans plusieurs cas d'ostéomalaxie, il faut pourtant reconnaître que, si la dyscrasie scrofuleuse peut quelquefois occasionner cette affection, elle est certainement produite dans d'autres cas par des causes qui nous sont encore entièrement inconnues. De là la différence d'opinions concernant l'action de l'huile de foie de morue contre l'ostéomalaxie : par exemple, M. Knood von Helmenstreit lui conteste toute utilité contre cette maladie, tandis que MM. Hahnekrodt, Schenk, Puchelt et Nægele reconnaissent à l'huile de foie de morue une action spécifique contre elle.

La fausseté de l'opinion de MM. Hoebeke, Delavacherie et Simon, notamment que l'huile de foie de morue pourrait provoquer l'ostéomalaxie, est suffisamment démontrée par quatre excellentes observations de M. Stacquez (¹), qui n'est pourtant pas grand partisan de l'huile de foie de morue.

Du grand nombre d'observations concernant l'action salutaire de l'huile de foie de morue contre le rachitisme et l'ostéomalaxie, je ne citerai que les suivantes.

OBSERVATION *d'un cas de* rachitisme *guéri par l'huile de foie de morue* (²).

Lisette Glunz, âgée de cinq ans, était née d'une mère qui, avant son mariage, paraissait jouir de la plus parfaite santé.

Enceinte de la patiente, elle tomba malade ; les glandes cervicales s'engorgèrent et arrivèrent bientôt à l'état d'ulcération. En outre, des symptômes de phthisie pulmonaire vinrent encore aggraver le mal, et, un an après avoir mis au monde la petite Lisette, elle succomba.

L'auteur, n'ayant pas vu lui-même cette femme, a dû se borner à communiquer les détails qu'il en a entendu raconter.

L'état maladif de la mère et les conditions misérables dans lesquelles elle avait vécu paraissent avoir influé sur l'état de son enfant.

A la mort de la mère, l'enfant fut confié par le bureau de bienfaisance aux soins de personnes dignes de confiance, lesquelles déclarent que l'enfant était recouverte d'ulcères sur plusieurs parties du corps, à l'époque où elle leur fut confiée.

(¹) *Ann. de la Société de médecine de Gand*, t. X , p. 133-160.
(²) Communiquée par M. Brefeld, *op. cit.*, p. 144-145.

L'état de l'enfant empira de jour en jour, et quand l'auteur la vit pour la première fois, elle avait deux ans et demi, et était atteinte de rachitisme au plus haut degré. L'enfant n'avait jamais marché ; le thorax était comprimé, les cartilages des côtes proéminents ; de plus elle avait les jambes de travers, le dos voûté, les extrémités des os longs gonflées, la tête grosse, le ventre dur et tuméfié, les traits contractés et l'air morose. L'émaciation était arrivée au plus haut degré, la reproduction était languissante, la fièvre hectique s'était déclarée ; en un mot, les symptômes de rachitisme et d'atrophie mésentérique s'étaient manifestés. La mort elle-même semblait prochaine.

L'huile de foie de morue seule employée intérieurement et sans interruption opéra la guérison de la malade dans l'espace de six mois. Néanmoins il est étonnant combien le développement du système osseux est resté arriéré. Ainsi, quoique l'enfant ait actuellement cinq ans, elle a la taille et tout l'extérieur d'un enfant de trois ans, quoique cette particularité ne provienne pas d'une gibbosité qui serait restée de la maladie vaincue.

En définitive, l'enfant est parfaitement bien portante sous tous les rapports.

Observation *d'un cas d'ostéomalaxie guérie par l'huile de foie de morue*[1].

Une femme ayant déjà eu plusieurs enfants souffrait depuis quelques années de douleurs violentes dans la région de l'os sacré et dans la partie inférieure du dos. Tous les médecins de Manheim avaient été consultés, et toutes les ressources médicales avaient été épuisées sans le moindre effet.

Le professeur Nægele, qui fut alors consulté, demanda à la malade si elle avait remarqué qu'elle était devenue plus petite depuis qu'elle souffrait. A sa réponse affirmative, il ne douta pas qu'il avait devant lui un cas d'ostéomalaxie. Il prescrivit immédiatement l'huile de foie de morue. Six mois après les douleurs avaient entièrement cessé, et la patiente est restée depuis parfaitement bien portante.

CARIE SCROFULEUSE.

On observe souvent, chez des sujets scrofuleux, principalement aux pieds, aux mains, à la poitrine et dans la

---

[1] Communiquée par le professeur Nægele au docteur Bennett. (Voyez son ouvrage cité, p. 111).

figure, des tumeurs dures et immobiles, qui grandissent peu à peu, et qui, après que la peau qui les recouvre s'est enflammée et ouverte, sécrètent une grande quantité de pus ichoreux ou floconneux, et occasionnent des ulcères fistuleux, qui subsistent souvent pendant plusieurs années.

Ces tumeurs, et les ulcères fistuleux qu'elles occasionnent, sont la conséquence de la carie scrofuleuse, qui, chez des jeunes sujets, se borne le plus souvent à la périphérie des os (*carie scrofuleuse périphérique*), tandis que chez des sujets plus âgés, elle part au contraire plus du centre (*carie scrofuleuse centrale, spina-ventosa*).

Dans les deux cas, l'huile de foie de morue est d'une grande utilité. Administrée à temps, elle fait peu à peu disparaître les tumeurs, même quand elles sont sur le point de crever. Employée plus tard, quand les ulcères fistuleux existent déjà, elle diminue la suppuration, souvent très profuse, effectue la guérison des fistules et apporte même un tel changement dans la constitution du malade, qu'il y a rarement récidive, quand, après la cicatrisation des ulcères, on continue seulement son usage pendant quelques mois.

L'efficacité de l'huile de foie de morue contre la carie est sensiblement augmentée, quand on joint à l'usage interne l'emploi externe de ce remède.

Plusieurs guérisons de carie effectuées par le seul emploi de l'huile de foie de morue sont communiquées par MM. Brefeld, Busch, Kopp, Schenk, Hahnekrodt, Schütte, Tortual, Hirtz, Knoltz, Carry, Delavacherie, Alexander, et par moimême.

M. Delavacherie, quoique de ceux qui prétendent qu'un usage trop prolongé de l'huile de foie de morue pourrait occasionner l'ostéomalaxie, assure pourtant avoir employé cette huile avec le meilleur succès dans un cas de nécrose.

M. Knoltz cite trois cas où l'huile noire (c'est l'espèce à

laquelle il donne la préférence dans ces cas) effectua la guérison après qu'une foule de remèdes eurent été employés sans succès.

M. Carry communique un cas important de carie de l'os submaxillaire, dans lequel l'huile de foie de morue amena une complète guérison, après un emploi de quelques mois.

M. Alexander m'a communiqué un cas très intéressant de carie du fémur guérie par l'huile de foie de morue. L'usage de l'huile améliora tellement la constitution du patient, qu'après que la partie malade du fémur, à peu près longue de 4 pouces, se fût détachée spontanément, la guérison radicale s'effectua ; toutefois la jambe attaquée resta plus courte que l'autre.

Enfin un cas de carie du fémur traité par moi-même n'est pas moins intéressant. La fièvre hectique avait atteint un haut degré, et la suppuration était tellement profuse, que l'amputation avait été proposée comme seule voie de salut. Le patient, s'y étant opposé de toutes ses forces, fut confié à mes soins. Je commençai la cure par l'emploi de l'huile de foie de morue, qui effectua la guérison la plus complète. Vu son importance, je reproduis ici cette observation dans son entier.

Observation *d'un cas de* carie scrofuleuse *traitée par l'auteur et guérie par l'huile de foie de morue.*

Thierry Veenedaal, âgé de neuf ans, né de parents scrofuleux, avait jusqu'à l'âge de quatre ans les glandes cervicales engorgées. Depuis ce temps il paraissait jouir de la plus parfaite santé jusqu'à l'âge de six ans, époque à laquelle un état de somnolence continuelle nécessita un traitement de neuf mois. Trois mois après en avoir été guéri, de vives douleurs se firent ressentir au genou gauche et devinrent bientôt si violentes, qu'il fut impossible au patient de marcher. Porté à l'hôpital, l'application de ventouses scarifiées à la partie malade fit dispa-

____

(¹) Communiquée dans ma *Disquisitio comparativa*, etc.

raître les douleurs. Huit jours après l'application des ventouses, les incisions commencèrent à suppurer, mais se refermèrent bientôt à l'exception de deux en dedans du genou, qui se changèrent peu à peu en ulcères, et qui, s'étendant de jour en jour en largeur et en profondeur, sécrétèrent une grande quantité de pus épais et jaune.

M. le docteur Van der Steen, qui visitait journellement le malade, s'étant convaincu que le fémur était atteint de carie, prescrivit des remèdes antiscrofuleux, entre autres l'huile de foie de morue.

L'état du malade empira tellement, que l'amputation fut proposée comme seule voie de salut. Le patient, s'y étant opposé de toutes ses forces, fut confié à mes soins.

Voici l'état dans lequel je le trouvai le 27 mai :

Extérieur scrofuleux très prononcé, face cachectique, émaciation générale, ventre tuméfié ; plusieurs cicatrices d'ulcères autour du genou gauche, et deux ulcères évacuant une grande quantité de pus jaune et puant, quand on pressait la cuisse un peu au-dessus ; œdème du pied gauche.

L'exploration avec la sonde se fit facilement. En l'introduisant entre les muscles j'atteignis la portion cariée du fémur qui se trouvait à la partie inférieure postérieure.

Appétit presque nul, digestion dérangée, diarrhée, respiration accélérée vers le soir, pouls accéléré, fièvre hectique, sommeil agité, débilité extrême.

L'emploi de l'huile de foie de morue fut immédiatement prescrit, d'abord deux, ensuite trois cuillerées ordinaires par jour. La nourriture donnée au patient consistait en bouillon, viande et pain blanc.

Les changements observés à chaque quinzaine furent ceux-ci :

15 juin. Diarrhée moins forte.

1er juillet. Suppuration moindre, sommeil plus paisible.

15 juillet. Ventre moins tuméfié et moins dur, meilleur appétit.

1er août. Extérieur plus satisfaisant ; la suppuration continue, le pus reste fétide. La sonde accuse encore l'existence de la carie.

15 août. Les ulcères plus petits ; bonne digestion, trois selles par jour.

1er septembre. Extérieur beaucoup amélioré ; la fièvre hectique diminue.

15 septembre. Le patient reprend sensiblement des forces.

1er octobre. L'extérieur s'améliore toujours ; la suppuration diminue.

15 octobre. La fièvre hectique diminue, l'appétit est bon, les forces

reprennent ; deux selles par jour. Le malade reçoit journellement un peu de vin.

1er novembre. Le patient gagne de jour en jour, les ulcères sont beaucoup moins grands, la suppuration diminue sensiblement ainsi que la fièvre ; sommeil paisible.

15 novembre. L'ulcère supérieur se granule, l'œdème du pied a presque disparu, les forces reprennent ; appétit normal, selles naturelles.

1er décembre. Extérieur satisfaisant, et s'améliorant de jour en jour ; appétit et digestion excellents. Le patient a repris des forces au point de se tenir debout.

15 décembre. L'amaigrissement disparaît de jour en jour ; l'œdème a disparu, la suppuration est presque nulle ; la sonde n'accuse plus l'existence de la carie.

1er janvier. Suppuration presque nulle, l'ulcère restant est presque cicatrisé, pouls normal. Le patient marche avec le secours d'une canne.

15 janvier. Les ulcères sont entièrement cicatrisés, l'appétit est bon, les selles réglées. L'extérieur est bon, et le patient, dont les forces ont repris, marche mieux de jour en jour.

1er février. Le patient peut être regardé comme entièrement rétabli.

La cure était entièrement terminée en huit mois, et le patient est resté depuis parfaitement bien portant.

ARTHROCACES, TUMEURS BLANCHES.

Cette grave maladie des articulations, dans laquelle les ligaments, les cartilages et les os sont affectés, est certainement beaucoup plus importante que la carie scrofuleuse, à cause des suites qu'elle peut avoir. Quand la maladie est arrivée à son plus haut degré, les parties molles des articulations dégénèrent en une masse fongueuse ; la partie osseuse et cartilagineuse est complétement détruite par la carie ; et le malade, pour ainsi dire, empoisonné par l'absorption d'une matière ichoreuse sécrétée par les parties malades, et épuisé par la fièvre hectique, est bientôt entraîné au tombeau. Cette maladie, quoique pouvant être

occasionnée par d'autres dyscrasies, est causée le plus souvent par la dyscrasie rhumatismale ou scrofuleuse. Les
différents noms que l'on donne à cette affection des articulations, tels que tumeur blanche, quand elle commence
dans les parties molles ; arthrocace, quand la partie cartilagineuse ou osseuse est primitivement attaquee ; ou pédarthrocace, gonarthrocace, coxarthrocace et spondylarthrocace, d'après les différentes articulations où elle se manifeste,
ne sont cités ici que pour mémoire. Le point sur lequel nous
voulons spécialement fixer l'attention, c'est que cette affection, même arrivée à un tel degré, que jadis on aurait sé-
rieusement pensé à l'amputation, est aussi victorieusement
combattue par l'huile de foie de morue que toutes les autres
formes de la maladie scrofuleuse.

J'ai pu me convaincre de l'utilité du conseil de M. Brefeld, c'est-à-dire de joindre, dans chaque période de cette
maladie, l'emploi externe de l'huile de foie de morue tiède
à l'usage interne de ce remède ; toutefois je ferai observer
qu'il ne faut dans aucun cas d'arthrocace négliger les dérivatifs en usage.

Quand, dans la première période de la maladie, la fièvre
acute se joint à l'inflammation de l'articulation, l'emploi de
l'huile de foie de morue doit être suspendu jusqu'à ce que
la fièvre ait été combattue par des remèdes convenables.
Quelque efficace que soit l'huile de foie de morue contre
cette forme de la maladie scrofuleuse, elle n'est pourtant
pas en état de faire disparaître les suites des destructions
qui ont déjà eu lieu ; c'est pourquoi l'ankylose subsiste le
plus souvent, si la maladie a atteint un haut degré d'intensité. On regardera pourtant cette issue comme très favorable, si l'on considère que jadis la maladie, arrivée à son
plus haut degré, nécessitait presque toujours l'amputation
du membre affecté, afin de conserver la vie.

MM. Rust, Behr, Knood von Helmenstreit, Heineken

Kittel, Muntzenthaler, Schmidt, Kidd, Busch, Pank et Maerker, confirment l'action salutaire de l'huile de foie de morue contre la coxarthrocace, même à sa dernière période; Bösch et Luders, contre la pédarthrocace; Galama, Schütte et Escallier, contre la gonarthrocace; Hirtz, contre les tumeurs blanches, et Brefeld et Bennett contre tous ces cas, et, de plus, contre l'olécranarthrocace et la spondylarthrocace.

Nous faisons suivre ici quelques observations d'arthrocace.

Observation *d'un cas de* coxarthrocace *guérie par l'huile de foie de morue* (¹).

Lina Vos, âgée de six ans, était atteinte de coxarthrocace, quand je fus appelé auprès d'elle en 1829. Je trouvai la pauvre enfant dans un état d'émaciation effrayant; de plus, la fièvre hectique menaçait de l'entraîner en peu de temps au tombeau. La cavité cotyloïde du côté droit était détruite, la jambe raccourcie de plus de 3 pouces, et la tête du fémur déplacée en dehors; au-dessus d'elle quelques plaies, causées par des cautérisations antérieures, suppuraient abondamment.

La malade éprouvait de vives douleurs dans toute la région de l'articulation affectée. La fluctuation que j'y sentis me détermina à pratiquer une petite incision, par laquelle s'échappait une quantité énorme de pus floconneux.

Je prescrivis alors l'huile de foie de morue, remède que l'enfant prit volontiers et qu'elle supporta parfaitement bien; et pour l'emploi interne, d'abord une infusion de camomille, et plus tard une décoction de quinquina. Ce traitement améliora visiblement l'état de la malade. Les douleurs diminuèrent peu à peu, en même temps que la rougeur et la suppuration; la fièvre cessa promptement, les forces reprirent, et l'appétit et le sommeil reparurent. Cette amélioration allait toujours s'augmentant, et la malade pouvait être considérée comme rétablie, après un emploi de quelques bouteilles d'huile de foie de morue. La formation d'une nouvelle articulation et la faculté de pouvoir s'en servir nécessitèrent naturellement un plus grand laps de temps. La malade se sert bien encore de béquilles, mais à part la destruction de

(¹) Communiquée par M. Brefeld, dans son ouvrage déjà cité, p. 126.

l'articulation et le raccourcissement de la jambe, elle est parfaitement bien portante.

OBSERVATION d'un cas de pédarthrocace guérie par l'huile de foie de morue (¹).

Robert Lind fut sevré à l'âge de trois mois. Peu après, atteint d'une affection catarrhale il fut porté à la clinique de M. Barez, à la Charité de Berlin. L'enfant était très amaigri. Des sangsues lui furent appliquées deux fois, et des remèdes antiphlogistiques et réfrigérants furent prescrits sans pouvoir vaincre la toux. L'enfant était tellement affaibli par la diarrhée, et se trouvait dans un tel état de prostration, qu'il ne pouvait se tenir droit dans les bras de la femme qui le portait. Il avait l'extérieur cachectique et les glandes cervicales engorgées. Enfin la toux et l'engorgement disparurent. L'enfant resta deux mois absent de la clinique, et, au dire de sa mère, il s'était trouvé pendant ce temps parfaitement bien portant.

Quand le patient eut atteint l'âge de six mois, il se déclara une enflure rouge et dure au pied droit, dans la région des os métatarsiens. Reporté à la clinique, il avait une fièvre violente et la diarrhée; le ventre était tuméfié, l'émaciation grande et l'extérieur cachectique au plus haut degré. Des médicaments légèrement réfrigérants furent donnés, afin de combattre l'irritation et la fièvre. Pendant ce traitement, qui avait presque entièrement fait disparaître la diarrhée et la fièvre, l'enflure du pied s'était crevée, et avait évacué une matière tuberculeuse d'une consistance caséeuse. L'ouverture avait la circonférence d'un petit pois, et à l'examen par la sonde les os furent trouvés cariés. L'huile de foie de morue fut alors prescrite, deux à trois petites cuillerées par jour. En quelques semaines, une grande amélioration s'était manifestée, la couleur du pied affecté était meilleure, et le patient se fortifiait et jouissait d'un bon appétit. A partir de ce moment, la suppuration devint moins abondante, l'ulcère fistuleux se ferma et se cicatrisa peu à peu, et trois mois après l'enfant put être regardé comme entièrement rétabli, bien que les os métatarsiens du pied droit fussent encore un peu plus gros que ceux de l'autre pied.

(¹) Communiquée par M. Bennett, dans son ouvrage cité, p. 116-118.

OBSERVATION *d'un cas de* spondylarthrocace *guérie par l'huile de foie de morue* (¹).

Scharfenberg , actuellement âgé de six ans , d'une famille et de constitution scrofuleuses , jouit d'une bonne santé jusqu'à l'âge de trois ans. A cette époque, la mère remarqua que l'enfant se fatiguait promptement, et qu'il ne pouvait se tenir debout qu'avec la plus grande peine. Un médecin, ayant été consulté, découvrit une proéminence dans le dos, qu'il pensa provenir d'une distorsion des vertèbres.

Malgré l'application de moxas et de sangsues, et l'emploi de remèdes dérivatifs, etc., la maladie fit tant de progrès, qu'un an après qu'elle se fut déclarée, l'enfant était entièrement paralysé des membres inférieurs. Pendant ce temps, la proéminence s'était agrandie graduellement, au point que la partie supérieure du corps se portait entièrement en avant. En cet état, l'enfant resta un an, sans secours médical, par la raison que ses parents croyaient le cas incurable. Ils le soignèrent le mieux possible, employèrent quelques remèdes populaires, et abandonnèrent l'enfant à son sort.

A cette époque, le professeur Reineker soignait un malade dans la même maison. Il vit l'enfant, l'examina et trouva une proéminence angulaire à la hauteur des cinquième, sixième et septième vertèbres dorsales. Les symptômes de scrofules étaient en même temps très prononcés. L'extérieur du patient était cachectique au plus haut degré, la peau jaune, le ventre tuméfié et dur, les membres inférieurs atrophéis, et la diarrhée alternant avec la constipation. Toutefois il n'y avait pas de fièvre hectique ni de sueurs colliquatives. La respiration était quelque peu pénible ; pourtant un examen minutieux avait prouvé que les poumons n'étaient pas affectés.

L'huile de foie de morue fut prescrite, et la dose s'éleva bientôt de deux à six cuillerées par jour.

En quinze jours, une amélioration visible se manifesta. La digestion était meilleure, les selles plus réglées, et une abondante transpiration eut lieu. En moins de six semaines, le malade put mouvoir ses membres antérieurement paralysés et se tenir debout sans soutien. Les symptômes détaillés plus haut disparurent graduellement, à tel point

(¹) Communiquée par M. Reineker, de Würzbourg, à M. Bennett. (Voyez l'ouvrage de ce dernier, p. 178-180.)

que le mois après il pouvait marcher seul sans difficulté, et se tenir parfaitement droit.

Après avoir pris l'huile de foie de morue pendant huit mois, l'enfant put être regardé comme entièrement rétabli. Son extérieur était devenu florissant et sain, et la proéminence du dos avait suffisamment disparu pour que cette difformité échappât à l'œil quand on n'y regardait pas attentivement.

Le malade avait pris l'huile non seulement sans la moindre répugnance, mais comme une friandise ; ainsi, quand on ne la lui donnait pas assez vite, il s'empressait toujours de la demander. Malgré la dose élevée et le long espace de temps pendant lequel elle a été prise, l'huile n'a pas dérangé une seule fois la digestion.

PHTHISIE TUBERCULEUSE.

Quand la matière tuberculeuse, produit morbide de la dyscrasie scrofuleuse, se dépose dans le tissu des poumons, il en résulte cette effroyable maladie qu'on nomme la phthisie tuberculeuse. La plupart des praticiens ne reconnaissent pas qu'il existe des rapports intimes entre cette maladie et la dyscrasie scrofuleuse ; pourtant, si nous considérons que la phthisie tuberculeuse s'observe le plus souvent dans les pays où les scrofules sont endémiques ; que les individus atteints de phthisie présentent presque toujours les symptômes généraux de la dyscrasie scrofuleuse ; qu'il existe une grande analogie entre la matière tuberculeuse des poumons et celles qu'on trouve en d'autres organes chez des personnes atteintes de la maladie scrofuleuse ; et enfin, que l'huile de foie de morue, le remède antiscrofuleux le plus puissant, exerce également contre la phthisie une action qui surpasse celle de tout autre moyen thérapeutique, je ne comprends pas comment on peut hésiter à regarder la phthisie tuberculeuse comme une forme de la maladie scrofuleuse.

L'huile de foie de morue, employée contre la phthisie tuberculeuse dans sa première période, est aussi efficace que contre toutes les autres formes de la maladie scrofuleuse; quant à son peu d'utilité, employée dans les dernières périodes de la phthisie, il s'explique facilement par la destruction du tissu pulmonaire, qui n'atteint qu'à la fin de la seconde période le degré qui rend la sanguification normale presque impossible.

La question concernant l'action de l'huile de foie de morue contre la phthisie tuberculeuse nous a paru assez importante, pour que nous ayons tâché de rassembler ici tout ce qui a été dit à ce sujet.

M. Haenkel (¹), un des premiers qui aient employé l'huile de foie de morue avec succès contre la phthisie dans sa première période, émet l'opinion que ce remède arrête souvent le développement des tubercules.

M. Brefeld (²), qui ne considère la phthisie tuberculeuse comme une forme de la maladie scrofuleuse que lorsqu'elle est accompagnée de symptômes généraux de la dyscrasie scrofuleuse, assure avoir obtenu dans ces cas les meilleurs résultats de l'emploi de l'huile de foie de morue.

M. Richter (³) dit avoir employé l'huile de foie de morue avec beaucoup de succès contre la phthisie, alors même qu'il a cru reconnaître avec quelque certitude l'existence de tubercules dans les poumons.

M. Alexander (⁴) cite la guérison d'une grave affection pulmonaire, compliquée de vomique, contre laquelle tout autre remède pris antérieurement était resté impuissant. Pourtant il dit n'avoir pu reconnaître avec certitude l'existence de tubercules, quoique la constitution du malade semblât indiquer leur présence.

(¹) *Med. Zeitung*, 1833, n° 49, Beilage.
(²) *Op. cit.*
(³) *Verein-Zeitung*, 1835, n° 26.
(⁴) Hufeland's *Journal*, Bd. LXXXVI, St. 6.

M. Häeser (¹), se basant sur les excellents résultats qu'il a obtenus de l'emploi de l'huile de foie de morue dans trente-quatre cas de phthisie pulmonaire, dit que ce remède, employé contre la tuberculisation pulmonaire, surpasse en efficacité tout autre. Plusieurs observations communiquées par lui plaident fortement en faveur de cette opinion.

M. Smeets (²) établit une distinction entre la phthisie tuberculeuse acquise et héréditaire; il dit que l'huile de foie de morue, employée concurremment avec l'iodure de potassium, est préférable à tout autre moyen thérapeutique contre la phthisie tuberculeuse héréditaire. Il cite trois cas de cette maladie guéris radicalement par l'emploi de ces deux remèdes.

M. Schenk (³) communique l'histoire d'une jeune fille scrofuleuse âgée de huit ans, chez laquelle une toux facile à exciter et persistante, des douleurs vagues dans la poitrine et d'autres symptômes, lui avaient fait reconnaître la présence de tubercules. Dans ce cas l'huile de foie de morue effectua la guérison si complétement, que trois ans plus tard pas le moindre symptôme de la maladie vaincue n'avait reparu.

M. Bennett (⁴) a rapporté les communications que MM. Osius et Wolff lui ont faites, concernant l'action de l'huile de foie de morue contre la phthisie. Le premier a employé ce remède avec le meilleur succès, contre la phthisie pulmonaire, même arrivée à sa dernière période. Le dernier a également obtenu les meilleurs résultats de son emploi contre la phthisie tuberculeuse, même dans plusieurs cas où l'expectoration de la matière tuberculeuse avait déjà commencé, quoique la fièvre hectique ne se fût pas encore manifestée. Il fait

---

(¹) HUFELAND's *Journal*, Bd. LXXXVI, St. 1.
(²) MOLL et VAN ELDIK, *Recueil de pratique médicale*, 17ᵉ année, p. 16.
(³) HUFELAND's *Journal*, Bd. LXXXVIII, St. 2.
(⁴) *Op. cit.*, p. 134.

observer pourtant que ni lui ni M. Schoenlyn n'ont jamais obtenu de bons résultats de l'emploi de l'huile de foie de morue contre la phthisie arrivée à sa dernière période.

M. Delcour ([1]) assure avoir prolongé, par l'emploi de l'huile de foie de morue, l'existence de plusieurs phthisiques dont quelques uns étaient déjà arrivés à un haut degré de marasme. Il dit que ce remède fait cesser la diarrhée et les sueurs colliquatives, améliore les fonctions digestives et diminue la toux et l'expectoration : c'est pourquoi il pense que l'huile de foie de morue mérite la première place parmi les remèdes contre la phthisie pulmonaire.

M. Tierfelder ([2]) considère l'huile de foie de morue comme un véritable spécifique contre la diathèse tuberculeuse et contre la phthisie, quand elle n'a pas dépassé la première période. Employée plus tard, elle n'aurait même pas de vertu palliative.

M. Haller ([3]) traita sept cas de phthisie tuberculeuse par l'huile de foie de morue. Dans deux cas les patients ne purent supporter le remède et succombèrent. Dans trois cas il amena une amélioration sensible, et dans les deux autres la guérison fut complète. Dans ces deux cas, l'emploi de l'huile avait d'abord occasionné un exanthème dartreux. Il pense que l'huile de foie de morue peut être employée avec succès contre la phthisie tuberculeuse aussi longtemps qu'il ne s'est pas formé de cavernes dans les poumons, et que la digestion n'a pas été troublée par des dépôts tuberculeux dans les intestins.

M. Asmus ([4]) ne trouve l'huile de foie de morue efficace

([1]) *Archives de la médecine belge*, t. I, p. 272.

([2]) Kneschke's *Summarium*, 1839, Heft 8, n° 10. — *Med. Jahrb. des K. K. Oestreich. Staates*, Bd. XXIX, p. 407.

([3]) *Med. Jahrb. des K. K. Oestreich. Staates*, Bd. I, Heft 1, 1840. — Schmidt's *Jahrb.*, Bd. XXVII, Heft 3, p. 287.

([4]) *Med. Vereinzeitung*, 1840, n° 22. — *Berliner med. Centralzeitung*, p. 313.

contre la phthisie tuberculeuse qu'autant que la fièvre hectique ne s'est pas encore déclarée. Il compare son action à celle de l'iodure de potassium, et croit par cette raison qu'on ne peut l'administrer que s'il y a un certain degré d'atonie.

Citons encore comme partisans de l'huile de foie de morue contre la phthisie tuberculeuse, MM. Haas, Kopp, Klenke, Bennett et Stens, dont les observations datent d'une époque antérieure à celle où je commençai à m'occuper de la question de l'huile de foie de morue. MM. Bennett et Stens citent, entre autres, plusieurs cas de phthisie tuberculeuse guérie radicalement par l'emploi de ce remède, quoique l'existence de cavernes dans les poumons eût été incontestablement prouvée.

La question que nous traitons ici me parut déjà, en 1842, assez importante, pour me faire rechercher les opinions de nos plus célèbres praticiens. Voici quelques unes des communications les plus importantes qui m'ont été faites à ce sujet.

Communication de M. Suerman, professeur à l'université d'Utrecht :

« J'ai souvent reconnu l'action salutaire de l'huile de foie
» de morue contre la phthisie tuberculeuse, surtout lorsque
» cette maladie affecte des sujets de constitution et de pa-
» rents scrofuleux. Je suis convaincu que ce remède peut
» arrêter les progrès de la tuberculisation, et faire passer
» aux phthisiques l'époque qui leur est si dangereuse. Alors
» même que la maladie a déjà fait quelques progrès, l'huile
» de foie de morue est encore éminemment salutaire. Sou-
» vent j'ai prescrit l'usage de l'huile de foie de morue à des
» phthisiques dont l'état me semblait désespéré ; et plus
» d'une fois, j'ai rencontré de tels malades, après les avoir
» perdus de vue pendant quelque temps, sans les reconnaître,
» tellement leur extérieur s'était amélioré : il est vrai que

» souvent cette amélioration n'était que passagère. Néan-
» moins ce remède est d'autant plus précieux qu'il a rem-
» placé une foule d'autres remèdes dangereux autrefois en
» usage contre la phthisie tuberculeuse. »

Communication de M. Schroeder van der Kolk, professeur
à l'université d'Utrecht.

Après m'avoir communiqué les trois cas de phthisie pulmonaire relatés ci-après, M. Schroeder van der Kolk ter-
mine en ces termes : « Ces trois cas prouvent suffisamment
» l'action salutaire de l'huile de foie de morue contre la
» phthisie tuberculeuse; d'ailleurs, l'expérience a démontré
» que ce remède, pris à temps, et continué pendant plu-
» sieurs années, peut non seulement éloigner la disposition
» à la phthisie pulmonaire, mais encore arrêter les progrès
» de la tuberculisation, quand toutefois on prend soin
» d'écarter toute influence nuisible. L'huile de foie de mo-
» rue agit encore dans la troisième période de la maladie,
» mais alors seulement comme palliatif. »

Communication de M. Loncq, professeur à l'université
d'Utrecht :

« L'huile de foie de morue, si efficace contre la maladie
» scrofuleuse et le rhumatisme chronique, n'a jamais été
» prescrite, par moi, dans la dernière période de la phthisie
» tuberculeuse, mais très souvent à son début. Quant à l'ac-
» tion de l'huile de foie de morue contre la phthisie tuber-
» culeuse, l'expérience m'a démontré que ce remède peut,
» il est vrai, améliorer la diathèse et arrêter les progrès de
» la maladie, mais non pas empêcher la fin fatale. » Suivent
quatre observations relatées ci-après.

Communication de M. Alexander, alors chirurgien-major
en chef à l'hôpital militaire d'Utrecht :

« Je n'ai pas d'opinion bien arrêtée quant à l'action de
» l'huile de foie de morue contre la phthisie tuberculeuse
» dans sa première période, puisque chez la plupart de ceux

» que j'ai traités à l'hôpital militaire, la maladie avait déjà
» fait de tels progrès qu'il n'y avait plus rien à espérer
» d'aucun remède. Cependant, dans un cas (¹), j'ai été assez
» heureux d'arrêter les progrès de la maladie par l'emploi
» de l'huile de foie de morue, mais je n'oserais décider si
» c'était bien là un cas de véritable phthisie tuberculeuse. »

Communication de M. Pruys van der Hoeven, professeur
à l'université de Leiden :

« J'ai prescrit l'huile de foie de morue dans les différentes
» périodes de la phthisie tuberculeuse et en différentes cir-
» constances. D'abord je l'ai fait prendre à des enfants chez
» lesquels la disposition à la phthisie me paraissait évidente.
» L'emploi de l'huile, de concert avec des prescriptions
» gymnastiques et diététiques, non seulement améliorait
» l'extérieur de ces enfants, mais encore faisait disparaître
» la toux opiniâtre. Ensuite je l'ai prescrite avec le meil-
» leur succès à des adultes, chez lesquels la croissance avait
» été trop rapide, circonstance qui, de concert avec des in-
» fluences nuisibles, peut chez des sujets scrofuleux pro-
» duire la phthisie pulmonaire. En d'autres cas je l'ai
» employée contre la phthisie arrivée à l'époque du ramol-
» lissement des tubercules et même dans la dernière période
» de la maladie, et l'amélioration que l'huile amenait pres-
» que toujours était souvent si remarquable, que les patients
» les plus épuisés par les sueurs nocturnes et la fièvre hec-
» tique étaient en peu de temps en état de se lever. Dans
» ces cas, l'usage constant de l'huile fit quelquefois entiè-
» rement disparaître la fièvre, améliora la nutrition et aug-
» menta les forces. Pourtant, à chaque changement de
» temps, les symptômes de la maladie reprirent, surtout
» quand l'emploi du remède avait été interrompu. — Je ne
» déciderai pas si l'huile de foie de morue peut guérir radi-

____

(¹) Voyez HUFELAND's *Journal*, Bd. LXXXVI, St. 6, p. 3.

» calement la phthisie tuberculeuse, puisque j'ai presque
» toujours perdu de vue les phthisiques que j'avais traités
» avec succès, mais il n'y a pas de doute que l'huile de foie
» de morue ne soit un excellent remède contre cette ma-
» ladie. »

Communication de M. Suringar, professeur à l'université
de Leiden :

« Je n'ai prescrit l'huile de foie de morue contre la phthi-
» sie tuberculeuse que lorsque j'étais convaincu de la pré-
» sence de tubercules dans les poumons. C'est probable-
» ment à cette circonstance qu'il faut attribuer la perte
» d'un grand nombre de mes patients atteints de cette ma-
» ladie. L'action salutaire de l'huile de foie de morue contre
» la phthisie tuberculeuse me paraît consister en ce que
» l'usage de cette huile facilite l'expectoration et arrête non
» seulement l'émaciation, mais en général les progrès de la
» maladie. Je pense qu'il ne faut pas prescrire l'huile de
» foie de morue lorsque dans la phthisie tuberculeuse l'éma-
» ciation est excessive, la fièvre continuelle, et qu'il y a
» diarrhée et sueurs colliquatives. Dans les cas de phthisie
» où j'ai obtenu la guérison radicale ou temporaire en
» ayant employé l'huile de foie de morue, je n'attribue pas
» ces guérisons exclusivement à l'emploi de ce remède. Je
» crois, au contraire, qu'un séton appliqué à la poitrine y
» a beaucoup contribué. »

Communication de M. Sebastian, professeur à l'université
de Groningue :

« L'huile de foie de morue est un remède souverain contre
» la phthisie tuberculeuse, lorsque la fièvre ou la diarrhée
» ne se sont pas encore déclarées; quoique d'un grand se-
» cours dans la première et la deuxième période de cette
» maladie, elle n'est d'aucune utilité dans la dernière pé-
» riode. L'hémoptysie contre-indique son emploi. Elle est
» surtout d'un grand secours dans des cas de phthisie pul-

» monaire où les patients sont de parents goutteux, scro-
» fuleux ou phthisiques ; ou lorsque chez des sujets d'une
» famille où les affections sus-mentionnées sont héréditaires,
» il se présente les symptômes suivants : grande irritabilité
» des organes respiratoires, toux ou angine catarrhale, pal-
» pitations de cœur provoquées par une marche trop rapide,
» petite toux sèche qui se déclare soir et matin ; auxquels
» symptômes il se joint encore chez les femmes disposition
» aux fleurs blanches, douleurs dans le dos, nutrition dé-
» fectueuse et cardialgie. Quand, dans de tels cas, mes
» prescriptions hygiéniques et médicales ont été exactement
» suivies, je n'ai jamais vu la maladie faire le moindre pro-
» grès. Lorsqu'ils se compliquent d'affections aiguës des
» organes respiratoires, l'usage de l'huile de foie de morue
» doit être suspendu, jusqu'à ce que ces affections aient été
» éloignées par des remèdes convenables. Je traite, en ce
» moment, des enfants qui prennent l'huile de foie de morue
» depuis deux, trois, quatre et cinq ans, chez lesquels j'ai
» vu la toux diminuer graduellement et enfin disparaître
» entièrement, l'irritabilité des organes respiratoires cesser
» et l'appétit augmenter, enfin la régularité des selles, une
» meilleure nutrition, le retour graduel des forces et un
» changement favorable dans tout l'extérieur annoncer la
» guérison du sujet. »

Depuis cette époque, de nouvelles observations ont été communiquées concernant l'action de l'huile de foie de morue contre la phthisie tuberculeuse.

M. Chalk (¹) le premier attira plus particulièrement l'attention des médecins anglais sur ce remède, comme moyen thérapeutique contre la phthisie tuberculeuse.

Quelque temps après, M. Tompson (²) déclare que l'ac-

____

(¹) *London med. Gazette*, 1843, p. 840.
(²) *Lancet*, 27 juin 1846.

tion de l'huile de foie de morue contre la phthisie tuberculeuse surpasse celle de tout autre remède. Il communique les résultats de l'emploi de ce remède dans une série de trente-sept cas de phthisie. Dans dix cas la guérison était radicale; dans trois les patients ne purent vaincre leur répugnance à prendre le remède ; dans douze autres les progrès de la maladie furent arrêtés, et dans les douze cas qui restent le remède ne produisit aucun effet visible.

A peu près à la même époque, MM. Toogood [1], Everett [2], Delstanche [3] et Madden [4], se prononcèrent pour l'emploi de l'huile de foie de morue contre la phthisie tuberculeuse. Le dernier dit qu'à l'emploi de ce remède il a vu disparaître la toux, diminuer l'expectoration et l'émaciation s'arrêter; d'où il conclut que l'huile de foie de morue, plus que tout autre remède, a le pouvoir d'arrêter les progrès de la phthisie tuberculeuse.

M. Daumerie [5] assure avoir vaincu la disposition à la phthisie chez un homme dont les deux frères avaient succombé à cette maladie.

Les résultats des observations de MM. Scudamore [6] et Madvig [7] plaident également en faveur de l'efficacité de l'huile de foie de morue contre la phthisie tuberculeuse. Ce dernier communique un cas très intéressant, dans lequel la présence de cavernes dans les poumons était constatée. La patiente, jeune fille de vingt-quatre ans, arrivée au plus haut degré d'émaciation, avait déjà pris une foule de remèdes sans le moindre succès, quand, abandonnée de ses méde-

---

[1] *Prov. med. journal*, 14 oct. 1846.
[2] *Prov. med. journal*, n° 11, 1846.
[3] *Ibid.*
[4] *On some points connected with tubercle of the lungs.*
[5] *Journal de Bruxelles*, février et mars 1847.
[6] *London medical Gazette*, 1848, n° 28.
[7] Oppenheim's *Zeitschrift*, Bd. XXV, Heft 2; p. 256.

cins ordinaires, elle eut recours à M. Madvig. Il lui prescrivit l'huile de foie de morue quatre fois par jour une demi-once. Après que l'huile eut été prise fidèlement pendant quatre mois, l'expectoration, les sueurs nocturnes, la toux et la fièvre avaient entièrement disparu, et la percussion et l'auscultation n'accusèrent plus la présence de cavernes. Quoique à cette époque la malade ne pouvait être considérée comme entièrement hors de danger, il est incontestable que l'huile de foie de morue avait été d'une grande utilité.

MM. Blakiston ([1]) et Ramking ([2]) ont obtenu des résultats non moins satisfaisants de l'emploi de l'huile de foie de morue contre la cachexie tuberculeuse.

M. Pank ([1]) dit de l'action de l'huile de foie de morue contre la phthisie : « Quand, à l'âge de la puberté, il se manifeste l'engorgement des glandes cervicales qui disparaît tout à coup, et qu'alors le sujet se plaint de douleurs fixes dans la poitrine, s'amaigrit, commence à tousser et ressent le soir de légers accès de fièvre, il se trouve dans le plus grand danger de devenir phthisique. C'est surtout dans ces cas que l'huile de foie de morue est d'une grande utilité. A peine employée pendant quelques semaines, elle fait disparaître la toux, les douleurs et la fièvre, et la phthisie est prévenue. »

Les observations de M. Helfft ([4]) prouvent que l'huile de foie de morue est même quelquefois efficace dans la troisième période de la maladie. Il dit, entre autres, que dans un cas de phthisie arrivée à sa dernière période, les progrès de la maladie ont été entravés longtemps par ce remède.

([1]) *Practical observations in certain diseases of the chest*. London, 1848.
([2]) *Half yearly abstract*, *etc.*, de juillet à décembre 1848.
([3]) Hamburger, *Zeitschrift für Medecin*, Bd. XX, Heft 3, p. 273-313.
([4]) *Med. Zeitung v. d. Vereine für Heilk. in Preussen*, 1849, n° 18, Beilage.

M. Williams (¹), plus que tout autre, s'est occupé d'observations concernant l'action de l'huile de foie de morue contre la phthisie tuberculeuse. En 1849, il avait déjà employé l'huile dans plus de quatre cents cas de phthisie. Les résultats obtenus dans deux cent trente-quatre de ces cas ont été minutieusement annotés. Dans neuf cas seulement les patients ne purent supporter le remède, dans dix-neuf cas l'huile ne fut d'aucune utilité, tandis qu'elle donna de bons résultats, variant depuis un sursis plus ou moins durable des progrès de la maladie, jusqu'à une guérison plus ou moins complète, dans la grande proportion de deux cent six sur deux cent trente-quatre.

L'opinion de M. Williams, entièrement opposée à celle de la plupart des médecins, est que l'huile de foie de morue agit le plus efficacement dans la troisième période de la phthisie, quand non seulement la présence de cavernes dans les poumons est constatée, mais encore lorsque le malade est affaibli au dernier point par l'expectoration, la diarrhée et les sueurs. Il assure que dans le nombre susmentionné soixante-deux patients se trouvaient dans cet état, et que néanmoins l'huile de foie de morue effectua la guérison de trente-quatre d'entre eux; cependant une rechute mortelle fit succomber onze de ces derniers. En 1851, pendant mon séjour à Londres, M. Williams m'assura qu'il employait toujours avec le même succès l'huile de foie de morue contre la phthisie tuberculeuse.

Le premier rapport médical fait en 1849 par les médecins de l'hôpital de Brompton, affecté au traitement des poitrinaires, contient les communications suivantes concernant la question dont nous nous occupons ici.

Lorsque l'emploi de l'huile de foie de morue fut introduit dans cet établissement, il s'y trouvait 542 phthisiques :

293 (190 hommes et 103 femmes) dans la première, et 249 (139 hommes et 110 femmes) dans les deuxième et troisième périodes de la maladie.

Les résultats obtenus dans la première période de la maladie furent :

Guérison. 18 pour 100 chez les hommes et 28 pour 100 chez les femmes.

Amélioration sensible. 72 pour 100 chez les hommes et 62 pour 100 chez les femmes.

Progrès ordinaires de la maladie. 10 pour 100 chez les hommes et environ 10 pour 100 chez les femmes.

Les résultats obtenus dans les deuxième et troisième périodes furent :

Guérison. 14 pour 100 chez les hommes et environ 14 pour 100 chez les femmes.

Amélioration sensible. 53 pour 100 chez les hommes et 61 pour 100 chez les femmes.

Progrès ordinaires de la maladie. 32 pour 100 chez les hommes et 25 pour 100 chez les femmes.

Si l'on considère maintenant que dans le nombre des phthisiques traités dans cet établissement par d'autres remèdes, la guérison a constamment été dans une proportion de 5 pour 100, tandis que, dans le nombre de ceux qui y ont été traités par l'huile de foie de morue, elle a été dans une proportion de 18 pour 100, l'action salutaire de l'huile de foie de morue contre la phthisie paraîtra incontestablement prouvée.

Les diverses espèces d'huiles de foie de morue ont été employées indistinctement, sans qu'on ait observé aucune différence notable dans leur action thérapeutique. Seulement o n a trouvé que le goût extrêmement désagréable d plusieurs espèces foncées rend leur emploi moins praticable. L'huile que l'on y emploie actuellement est d'un jaune clair et presque inodore. En général, les patients prennent l'huile sans répugnance. On prescrit ordinairement d'abord 1 drachme trois fois par jour; cette dose s'élève peu à peu, et même dans plusieurs cas on monte jusqu'à 1 once 1/2 par fois. On administre l'huile le plus souvent mélangée avec des eaux aromatiques, des infusions amères, ou avec du lait. En cas de grande sensibilité de l'estomac, on la mélange avec des mucilages et quelques gouttes d'acide hydrocyanique. Quand il y a grande anémie et extrême faiblesse, ou quand l'effet de l'huile paraît faible, on joint à l'emploi de l'huile celui de l'iode et du fer.

On a aussi employé, dans cet établissement, d'autres graisses animales et végétales, afin de comparer leur effet à celui de l'huile de foie de morue : jusqu'à présent les résultats de ces observations sont restés tous en faveur de ce dernier remède.

A peu près vers la même époque, l'action salutaire de l'huile de foie de morue contre la phthisie tuberculeuse fut confirmée par M. Bonney ([1]), et plus tard par MM. Escalier ([2]), Trumbull ([3]), Levick ([4]) et Champouillon ([5]).

M. Champouillon a prescrit l'huile de foie de morue contre les affections pulmonaires en général. Il a employé les différentes espèces d'huiles chez quarante-deux individus atteints de bronchite chronique, laryngite non tuberculeuse, pleurésie rebelle avec ou sans épanchement, et de tuberculisation pulmonaire à tous les degrés. Il fait part du résultat de ses observations en ces termes :

« Huit individus affectés de bronchite chronique ont été » guéris.

([1]) *London Gazette*, nov. 1849.

([2]) *Union médicale*, n°s 9, 10, 1850.

([3]) *London journal of med.*, févr. 1850.

([4]) *American journal of the medical sciences*, janv. 1851, p. 21.

([5]) *Gazette des hôpitaux*, 12 janvier 1851.

» Sur trois cas de laryngite , un seul a été avantageuse-
» ment modifié.

» L'effet de l'huile a été complétement nul pour cinq
» malades atteints de pleurite chronique.

» Douze autres sujets tuberculeux au premier degré sont
» sortis en assez bon état de mes salles, pour reprendre leur
» service, mais au bout de six semaines deux d'entre eux
» sont rentrés à l'hôpital pour la même affection. L'un et
» l'autre ont été renvoyés dans leur famille, pour y jouir
» d'un congé de convalescence.

» Sur quatre malades parvenus au deuxième degré de la
» tuberculisation, deux ont succombé, le troisième a été
» réformé, le quatrième a guéri, et, dans la crainte parfai-
» tement légitime d'une rechute mortelle, je l'ai pareille-
» ment fait réformer.

» Enfin, de deux sujets chez lesquels la phthisie était
» arrivée à son dernier terme, l'un est mort, le second a
» guéri. »

Tout en avouant que ce succès l'a grandement étonné,
M. Champouillon rapporte les principaux détails de ce dernier cas. Cette observation est assez intéressante pour être
reproduite ci-après en son entier.

Après avoir communiqué ce cas, M. Champouillon continue par ces mots :

« En rapprochant ces faits de ceux que j'ai recueillis en de-
» hors de l'hôpital du Val-de-Grâce, et en tenant compte des
» observations semblables publiées par d'autres médecins,
» je n'hésite pas à reconnaître à l'huile de foie de morue la
» propriété d'arrêter ou de modérer les progrès de la tuber-
» culisation pulmonaire commençante, de guérir la bron-
» chite catarrhale , et au moins momentanément la phthisie
» dans sa période la plus avancée. Toutefois ce dernier ré-
» sultat ne doit être admis que comme une rare exception.
» Ce qui justifie surtout ma confiance dans ce médicament,

» confiance qui pourtant n'est point aveugle, c'est que de-
» puis onze ans il m'a été donné de traiter plus de huit
» cents sujets tuberculeux, et que je n'ai jamais vu la phthi-
» sie au troisième degré se terminer par le retour de la
» santé, quelle qu'ait été la méthode curative dont j'ai fait
» usage. »

En outre, il résulte des observations comparées de
M. Champouillon que les huiles noire et brune ont une action plus rapide et plus constante que l'huile jaune contre
les affections pulmonaires, et qu'il conviendrait, par conséquent, de donner toujours la préférence aux espèces foncées.

A tout ce qui vient d'être dit nous pouvons encore joindre
le témoignage du docteur Danielsen, de Bergen en Norwége,
qui me raconta, pendant mon séjour à Bergen, qu'ayant en-
voyé de l'huile de foie de morue à son ami le docteur Willebrand, de Helsingfors en Finlande, atteint d'une phthisie
tuberculeuse dans sa première période, celui-ci non seulement en fit usage avec le meilleur succès, mais encore guérit plus tard par cette huile plusieurs individus atteints de
la même maladie.

Quant à moi, j'ai employé avec assez de succès l'huile de
foie de morue contre la phthisie tuberculeuse dans sa première période, mais je dois avouer que jamais je n'ai obtenu
la guérison radicale de cette maladie arrivée à sa troisième
période.

En opposition avec le grand nombre de praticiens qui
tous se sont déclarés pour l'huile de foie de morue contre
la phthisie tuberculeuse, nous trouvons MM. Taufflieb (¹),
Rösch (²) et Staquez (⁴), lesquels déclarent positivement

(¹) *Gazette médicale*, nov. 1839.
(²) *Berliner Centralzeitung*.
(³) *Ann. de la Société de médecine de Gand*, mars 1842, vol. X, p. 133-160.

n'avoir jamais obtenu aucun résultat favorable de l'emploi de l'huile de foie de morue contre cette maladie. M. Staquez va même jusqu'à dire que l'embonpoint qui, dans les cas de phthisie, suit ordinairement l'emploi de l'huile de foie de morue, loin de devoir être regardé comme de bon augure, doit, au contraire, être considéré comme nuisible, en ce qu'il résulte selon lui d'une infiltration de graisse dans le tissu cellulaire (!).

Si maintenant nous considérons qu'il résulte de ce qui précède que l'huile de foie de morue peut arrêter les progrès de la tuberculisation, et, par cela même, prévenir la maladie quand elle est employée à temps contre la disposition tuberculeuse, guérir la phthisie dans sa première période, et sinon effectuer la guérison radicale de la phthisie tuberculeuse parvenue à sa dernière période, du moins amener une amélioration par laquelle la vie est rendue plus supportable aux pauvres phthisiques, je n'hésite pas à placer ce remède en première ligne comme moyen thérapeutique contre la phthisie tuberculeuse.

L'huile de foie de morue a encore été employée avec succès contre d'autres affections des organes respiratoires. Nous avons déjà communiqué plus haut les bons résultats obtenus par M. Champouillon dans des cas de bronchite chronique. Les résultats obtenus par M. Danielsen, de Bergen, qui a également employé l'huile de foie de morue contre cette affection, n'ont pas été moins satisfaisants, à ce qu'il m'a assuré. M. Rayé (¹) recommande l'huile de foie de morue contre tous les cas d'inflammation chronique des poumons et des organes du bas-ventre. Ce remède, employé dans plus de cent vingt de ces cas, a donné de bons résultats dans une proportion de deux cinquièmes. M. Hentzel (²) as-

____

(¹) *Ann. de la Société des sciences naturelles de Bruges*, dans l'*Encyclographie des sciences médicales*, mars 1840, p. 100, et sept. 1840, p. 10.

(²) *Züricher Gesundheitsbericht*, 1842, p. 51.

sure avoir victorieusement combattu chez des enfants scrofuleux la coqueluche et la disposition à la récidive du
croup, par l'emploi de l'huile de foie de morue. Enfin une
des observations suivantes témoignera du résultat inespéré
que j'ai obtenu par l'emploi de ce remède dans un cas
d'asthme.

OBSERVATIONS *de* M. Schroeder van der Kolk *concernant l'action de*
l'huile de foie de morue contre la phthisie tuberculeuse [1].

J'ai prescrit l'huile de foie de morue à un jeune homme âgé de vingt
et un ans, d'une constitution débile, d'un extérieur phthisique, et présentant tous les symptômes de tubercules crus dans les poumons,
principalement une toux sèche et facile à exciter. Après que l'huile eut
été employée pendant quelque temps, la toux sèche avait disparu et
l'extérieur en général annonçait une amélioration sensible. Actuellement le patient prend l'huile de foie de morue depuis un an sans interruption, et son état s'est tellement amélioré qu'il y a tout lieu
d'espérer que la disposition à la phthisie est complétement vaincue.

Je fus consulté, en 1839, par une femme de trente ans, atteinte de
phthisie tuberculeuse, dans la période de ramollissement des tubercules,
compliquée de vomique dans le poumon droit et présentant les symptômes suivants : émaciation, fièvre hectique, sueurs nocturnes, toux
continuelle avec forte expectoration d'une matière tuberculeuse. Je
prescrivis d'abord le lactucarium avec l'ipécacuanha, combinaison qui
m'a toujours semblé le meilleur palliatif dans ces cas. Après que ces
remèdes eurent été pris pendant quelque temps, le seul résultat favorable fut une faible amélioration de la toux. La fièvre hectique, les
sueurs nocturnes et l'expectoration de la matière tuberculeuse per-
sistèrent. J'eus alors recours à l'huile de foie de morue, et après un
emploi de deux mois, l'émaciation était arrêtée, les sueurs avaient disparu, la toux avait presque entièrement cessé, et l'expectoration non
seulement était diminuée, mais encore la matière expectorée n'était
plus tuberculeuse. Quant à la vomique, elle se signalait encore par la
pectoriloquie. Je dois faire observer que l'huile noire, après avoir été

____

[1] Communiquées à l'auteur.

employée pendant les premières semaines, dut, à cause de son odeur
nauséabonde, être remplacée par l'huile pâle qui fut prise avec le même
résultat favorable. La patiente resta tout l'été et une partie de l'automne dans cet état, quand tout à coup, soit par des influences atmosphériques, soit par d'autres causes, la toux augmenta et fut suivie
d'une forte hémoptysie à laquelle la malade succomba, comme c'est
presque toujours le cas, quand la phthisie tuberculeuse est compliquée
de vomique.

Une jeune fille de dix-neuf ans, dont plusieurs parents avaient succombé à la phthisie tuberculeuse, était atteinte de la même maladie.
La fièvre hectique, les sueurs nocturnes, l'expectoration d'une matière
tuberculeuse, l'émaciation qui augmentait visiblement, en un mot, tout
semblait annoncer la fin prochaine. Je prescrivis l'huile de foie de
morue, et, à mon grand étonnement, je vis son emploi faire cesser
l'émaciation et la toux, et faire disparaître tous les autres symptômes
de la maladie, de sorte que, dans ce cas, ce médicament avait fait plus
qu'on n'en avait osé espérer. La malade resta longtemps dans cet état
favorable. S'étant exposée imprudemment aux intempéries du temps
et à d'autres influences nuisibles, et ayant depuis quelque temps cessé
volontairement l'usage de l'huile de foie de morue, les symptômes de
la phthisie reparurent tout à coup avec une nouvelle violence, et la
maladie, compliquée cette fois de péritonite, entraîna la malade au
tombeau.

OBSERVATIONS *de* M. Loncq *concernant l'action de l'huile de foie de morue*
contre la phthisie tuberculeuse ([1]).

Un jeune homme de dix-huit ans avait perdu son père, sa mère et
ses frères, tous atteints de phthisie. J'insisterai surtout sur un point
très important, notamment que chez les deux frères du patient la
maladie avait parcouru toutes ses périodes en dix semaines. Quand le
patient me consulta, il se plaignait de dyspnée et de toux sèche ; en
outre, vers le soir, ses mains et ses pieds étaient brûlants. Je lui prescrivis immédiatement l'huile de foie de morue qui écarta pendant treize
mois les symptômes de la phthisie, à laquelle le patient ne succomba
qu'après un traitement de dix-sept mois.

([1]) Communiquées à l'auteur.

Un homme d'environ trente ans, dont plusieurs parents avaient succombé à la phthisie, fut atteint d'une toux violente suivie après trois mois d'hémoptysie. Appelé auprès du malade, j'observai les symptômes suivants : émaciation, fièvre hectique, dyspnée, toux continuelle, expectoration d'une matière sanguino-purulente, râle muqueux et pectoriloquie dans la partie supérieure du poumon droit. Je prescrivis d'abord une décoction de guimauve avec l'eau de laurier-cerise, le *decoctum album Sydenhami* et de l'eau de Seltz avec du lait. Après que ce traitement continué pendant trois mois eut diminué en général les symptômes de la maladie, je conseillai l'huile de foie de morue. L'usage constant de ce remède fit complétement disparaître en moins de cinq mois la pectoriloquie, l'expectoration, la toux, la fièvre et l'émaciation au point que le patient put reprendre ses occupations habituelles. Deux ans plus tard, il me fit appeler de nouveau et me raconta que depuis le dernier traitement pas un symptôme de la maladie vaincue n'avait reparu, mais que depuis cinq mois le ventre avait commencé à se gonfler, et que peu après ce symptôme avait été suivi de forte diarrhée. La diarrhée subsistait encore et le ventre, dans lequel le patient ressentait des douleurs lancinantes, était fortement ballonné. Malgré l'application de sangsues à l'anus et l'usage de remèdes émollients et de l'opium, le malade succomba quelques jours après.

A l'autopsie, je trouvai dans la partie supérieure du poumon droit, dont la plèvre adhérait à la plèvre costale, une grande quantité de tubercules, la plupart de nature calcaire, et la cicatrice d'une vomique longue d'un pouce. La partie inférieure du poumon droit et tout le poumon gauche étaient exempts de tubercules. Le cœur était petit et flasque. Les glandes mésentériques étaient engorgées et dures, quelques unes remplies d'une matière tuberculeuse, d'autres d'une matière purulente. La membrane muqueuse des intestins était ulcérée en plusieurs endroits, et le tissu cellulaire sous-adjacent parsemé de tubercules.

Un homme de trente-quatre ans, dont les parents et plusieurs frères et sœurs avaient succombé à la phthisie tuberculeuse, présentait tous les symptômes de cette maladie en novembre 1838. Je lui prescrivis l'huile de foie de morue, et en avril 1840, lorsqu'il se rendit d'après mes conseils à Nice, il paraissait avoir entièrement recouvré la santé. Pourtant je n'oserais affirmer avec certitude si, dans ce cas, la disposition tuberculeuse a été entièrement vaincue, par la raison que le patient, après être revenu bien portant dans sa patrie, succomba peu après, ainsi qu'il me l'a été communiqué par sa famille, aux suites d'une fièvre typhoïde.

OBSERVATION *d'un cas de* phthisie tuberculeuse *améliorée par l'huile de foie de morue* (¹).

Un jeune homme de vingt-cinq ans souffrait depuis trois mois d'une toux violente, à laquelle s'étaient jointes depuis les dernières six semaines une expectoration purulente et de fortes sueurs nocturnes. Appelé auprès du malade, j'observai les symptômes suivants : Emaciation arrivée à son plus haut degré, respiration haletante et pouls petit. En outre, la percussion rendit au côté gauche de la poitrine un son mat, surtout au-dessus de la quatrième côte, et à l'aide du stéthoscope on percevait à la même place un râle caverneux, et sous l'omoplate droite une forte respiration bronchiale. Je prescrivis l'huile de foie de morue, une cuillerée ordinaire trois fois par jour, et des frictions avec l'onguent stibié au côté gauche de la poitrine. Après quelque temps, l'extérieur du malade était considérablement amélioré, les forces avaient repris, les muscles s'étaient fortifiés, la peau n'était plus aussi flasque, le teint n'annonçait plus une souffrance générale, la toux était beaucoup moins fréquente et l'expectoration insignifiante. La percussion donna bien encore un son mat, mais le râle caverneux avait presque entièrement disparu, et pendant les accès de toux seulement, on observait un râle muqueux entre la deuxième et la troisième côte. La respiration bronchiale subsistait encore. Après cette époque, l'état du malade a toujours été s'améliorant, et le jeune homme, quoique restant un peu sujet à la toux, a repris ses occupations habituelles.

OBSERVATION *d'un cas de* phthisie tuberculeuse *arrivée à son dernier terme guérie par l'huile de foie de morue* (²).

Le 4 juin 1850, le nommé Touchelet entra au Val-de-Grâce pour une bronchite intense datant de trois semaines. Le surlendemain de son entrée à l'hôpital, Touchelet ressentit une douleur très vive du côté

(¹) Communiquée par M. Helfft dans la *Gazette médicale de Prusse*, 1849, n° 18.

(²) Communiquée par M. Champouillon dans la *Gazette des hôpitaux*, 12 janvier 1851.

gauche de la poitrine. Des crachats rouillés, du râle crépitant au sommet des deux poumons, attestaient qu'une pneumonie double avait succédé à la bronchite. Deux saignées du bras, des ventouses scarifiées, de l'émétique à haute dose et un large vésicatoire sur le point douloureux ramenèrent assez promptement la pneumonie à l'état de bronchite tuberculeuse, telle qu'elle existait avant l'apparition de l'engouement pulmonaire.

Dans les premiers jours du mois de juillet, une nouvelle pleuropneumonie, avec épanchement considérable, se déclara du côté gauche. La résolution se fit plus lentement que la première fois ; mais enfin la maladie céda aux mêmes moyens thérapeutiques qui avaient été employés précédemment. Cette récidive paraissait devoir se terminer d'une manière fâcheuse chez cet homme dévoré par une fièvre hectique incoercible, entretenue qu'elle était par la marche croissante de la phthisie. En effet, Touchelet allait s'épuisant chaque jour davantage par l'abondance de la diarrhée et des sueurs nocturnes, par l'expectoration de crachats nummulaires flottant dans une matière grisâtre, puriforme. Il y avait en ce moment, sous la clavicule gauche, un gargouillement très prononcé, circonscrit à une petite étendue et coïncidant avec la voix caverneuse sur ce point ; dans toute la région sous-claviculaire droite, on percevait du craquement humide , signe non équivoque d'un travail de tuberculisation de ce côté.

C'est alors que j'eus recours à l'huile brune de foie de morue, sans avoir une grande confiance, vu la gravité du cas, dans le succès de cette médication. Néanmoins le malade avait à peine absorbé un kilogramme de cette substance, prise à la dose d'une once par jour, qu'il se trouvait délivré de la diarrhée, des sueurs et de la fièvre ; les crachats, beaucoup moins abondants, étaient simplement muqueux. La convalescence, activée par un appétit insatiable , marcha rapidement. Au bout d'un mois et demi de ce traitement, Touchelet avait recouvré toutes ses forces, et se trouvait chargé d'un embonpoint qu'il ne s'était jamais connu.

Je m'empressai de faire congédier cet homme chez lequel, au moment de sa sortie de l'hôpital, tout râle ou bruit suspect avait disparu pour faire place à un souffle respiratoire d'une pureté et d'une étendue parfaitement normales.

Quelle sera la durée de cette guérison? Est-elle définitive? Je n'oserais l'affirmer. Ce que je sais, toutefois, c'est que depuis le 21 septembre, jour de son arrivée dans sa famille, Touchelet n'a éprouvé aucun accident nouveau capable d'inspirer quelque inquiétude sur l'avenir de sa santé.

OBSERVATION *d'un cas d'asthme traité par l'auteur et guéri par l'huile de foie de morue.*

M. R..., pharmacien à La Haye, d'une constitution délicate et d'un tempérament lymphatique, avait souffert, pendant son enfance, de légères affections scrofuleuses, et depuis sa plus tendre jeunesse, pour autant qu'il pouvait se le rappeler, il n'avait jamais pu se coucher sur le dos ni sur le côté droit. Asthmatique au plus haut degré, il se réveillait toujours avec de fortes oppressions quand, pendant son sommeil, il ne restait pas constamment couché sur le côté gauche. Auparavant il avait ordinairement un accès d'asthme par semaine. Ni de fréquentes saignées ni une foule de remèdes parmi lesquels il se rappelle l'extrait de jusquiame, le phellandre aquatique, l'eau de goudron, le datura stramonium, diverses préparations mercurielles et antimoniales, n'apportèrent de changement notable dans l'état du patient. Les accès, moins fréquents dans les dernières années, devinrent plus violents et durèrent souvent même plusieurs jours. Ces accès se terminèrent toujours par une expectoration abondante de crachats muqueux.

En janvier 1851, le patient, atteint d'un pareil accès, se confia à mes soins. La fièvre était violente. Je prescrivis l'extrait de jusquiame, l'eau de laurier-cerise et la digitale pourprée. Cette fois l'accès dura six jours et laissa le malade fort épuisé.

Quelques jours après, je prescrivis l'huile de foie de morue, dont le patient prit fidèlement pendant trois mois et demi deux cuillerées par jour.

Depuis ce temps non seulement les accès d'asthme ne se sont plus renouvelés, mais le patient peut se coucher sur le dos et sur le côté droit, sans que son sommeil en souffre.

Les bains de mer pris pendant l'été de 1851, toutefois sans mon consentement, ont augmenté de beaucoup les forces physiques du patient.

Quoique les perturbations des fonctions du système des membranes muqueuses ne puissent pas être considérées comme une forme particulière de la maladie scrofuleuse, mais plutôt comme un symptôme général de la dyscrasie, par la raison qu'elles s'observent ordinairement à un degré plus ou moins élevé chez tout sujet scrofuleux, elles atteignent quelquefois un tel degré d'intensité, ou bien elles se manifestent à des endroits tellement inaccoutumés, qu'elles attirent sinon exclusivement, du moins principalement toute l'attention du praticien et du malade : témoin l'otorrhée scrofuleuse, l'helminthiase chez des enfants scrofuleux, et les flueurs blanches et les anomalies de la menstruation chez des femmes de constitution scrofuleuse.

Toutes ces perturbations, quand elles se présentent comme symptômes de la dyscrasie scrofuleuse, sont victorieusement combattues par l'huile de foie de morue, ainsi que le prouvent les résultats des observations faites par MM. Brefeld, Katzenberger, Kopp, Galama, Schenk, Cazin, Haas, Bennett et par moi-même.

Ainsi MM. Bennett, Haas, Galama et Kopp, ont employé avec succès ce remède dans plusieurs cas d'otorrhée.

MM. Brefeld (¹), Katzenberger (²), Galama (³) et Cazin (⁴) louent beaucoup ses propriétés anthelminthiques. Les trois premiers assurent avoir toujours vu son emploi être suivi de l'évacuation d'un grand nombre d'ascarides, et le dernier raconte qu'une femme évacua douze lombricoïdes après avoir seulement pris trois cuillerées d'huile.

M. Galama (⁵) cite la guérison par l'huile de foie de morue d'une jeune fille de douze ans, sujette aux flueurs blanches. J'ai également obtenu d'excellents résultats de l'emploi de ce remède contre les flueurs blanches, chez de très jeunes filles de constitution scrofuleuse, et actuellement je traite

---

(¹) *Op. cit.*, p. 141.
(²) HUFELAND's *Journal*, 1824, p. 118.
(³) *Op. cit.*, 16ᵉ, 17ᵉ et 25ᵉ observations.
(⁴) *Dublin quart. journal*, mai 1850, p. 489.
(⁵) *Op. cit.*, p. 80.

avec succès une femme affligée de flueurs blanches, contre lesquelles, depuis nombre d'années, une foule d'autres remèdes avaient été essayés en vain.

M. Schenk a vu reparaître la menstruation par l'emploi de l'huile de foie de morue, et moi-même j'ai observé et communiqué un cas de ménostasie, où la menstruation, en retard depuis huit mois, reparut vingt-trois jours après que la patiente eut commencé l'usage de ce remède (¹).

Il arrive quelquefois que chez des individus de constitution scrofuleuse, certaines maladies du système nerveux, qui d'ordinaire n'ont rien de commun avec la maladie scrofuleuse, sont guéries par l'huile de foie de morue, après que tout autre remède a été employé inutilement. Dans ces cas il paraît exister entre ces maladies et la dyscrasie scrofuleuse de certains rapports difficiles à expliquer.

Ainsi MM. Brefeld (²) et Galama (³) communiquent, le premier un cas de surdité datant de six mois, et le dernier un cas de surdité datant de sept semaines, tous deux guéris par l'emploi de l'huile de foie de morue.

M. Osberghaus (⁴) cite un cas d'épilepsie guérie par l'huile de foie de morue. M. Schroeder van der Kolk m'a assuré avoir vu, chez un idiot épileptique de constitution scrofuleuse, les accès d'épilepsie diminuer considérablement par l'emploi de l'huile de foie de morue. M. Kopp a prescrit ce remède avec succès à un ouvrier qui ressentait depuis quelque temps un tremblement nerveux dans le bras droit, et dans un cas de chorée précédée d'un accès de goutte. Ce dernier cas est trop intéressant pour ne pas être reproduit ici dans son entier.

(¹) Voyez mon précédent ouvrage, 3ᵉ série, 2ᵉ observation.
(²) *Op. cit.*, p. 51.
(³) *Op. cit.*, p. 81.
(⁴) Rrsr's *Magazin*, Bd. XX, Heft 3.

OBSERVATION *d'un cas de* chorée *guérie par l'huile de foie de morue* (¹).

Fr. J..., âgé de dix-sept ans, d'une constitution débile, fut atteint, pendant l'hiver de 1832-1833, d'un accès de goutte dont il fut guéri par l'emploi de l'aconit, du colchique d'automne et de l'huile de foie de morue. Sa sœur, plus âgée d'un an, souffrait alors de goutte générale.

Au printemps de l'année 1833, le patient fut atteint d'une légère paralysie du bras droit, de la jambe droite et du côté droit de la langue. La faiblesse des parties affectées augmenta peu à peu, et les mouvements irréguliers et involontaires qui s'y joignirent donnèrent à la maladie toute l'apparence de la chorée. Le malade avait la marche incertaine et boiteuse, l'usage du bras droit était devenu difficile sinon impossible, la prononciation était indistincte, et l'on observait une contraction spasmodique du côté droit du visage et du bras droit.

Après que la teinture de noix vomique, le quinquina, le muriate de cuivre et d'ammoniaque, le muriate d'argent et d'ammoniaque et des bains simples et médicaux eurent été employés sans le moindre succès, je prescrivis la teinture de coloquinte, d'abord douze gouttes par jour, dose que je fis bientôt monter jusqu'à vingt gouttes. Ce remède provoqua trois à quatre selles par jour, qui, loin d'affaiblir le malade, améliorèrent au contraire visiblement son état. Cette amélioration allait toujours s'augmentant, et, après que le patient eut suivi ce traitement pendant cinq semaines, sa santé était plus florissante que jamais. Vers la fin de la cure, je fis frictionner le dos, le bras et la jambe droite avec la teinture de pyrèthre.

La teinture de coloquinte avait, en définitive, effectué la guérison de cette affection nerveuse.

J... jouit à partir de ce moment d'une santé parfaite jusqu'au printemps de l'année 1834, quand tout à coup la chorée se déclara de nouveau. Cependant cette fois elle quitta le côté droit et se jeta sur le côté gauche, où le bras, la jambe et la langue étaient continuellement agités, et le visage contracté par des mouvements convulsifs. La langue, dans son mouvement perpétuel, se plaçait entre les dents et en était souvent blessée. Les convulsions étaient moins fortes pendant le sommeil, mais pourtant visibles.

(¹) Communiquée par M. Kopp, dans *Denkwürdigkeiten*, etc.

Pendant les fortes chaleurs de l'année 1834, la maladie atteignit son paroxysme.

Les remèdes suivants furent alors employés, mais sans le moindre succès.

En octobre 1834, des pilules composées de calomel, d'extrait d'aconit et de résine de gaïac, puis la teinture de coloquinte et de colchique d'automne.

En février 1835, la teinture de coloquinte et la teinture de noix vomique.

En avril, la teinture de pyrèthre, la teinture de coloquinte et l'onguent stibié frictionnés dans le dos, des douches froides, et intérieurement le nitrate d'argent.

En mai, la noix vomique en poudre et en extrait.

En juin, le cyanure de zinc et la strychnine.

En juillet, le muriate de cuivre et d'ammoniaque, les fleurs de zinc avec l'extrait de jusquiame, des pilules composées d'assa fœtida, de sulfate de cuivre et d'extrait de valériane, et une combinaison de calomel, de sulfure d'antimoine et d'extrait de jusquiame. En outre, un séton fut mis à la nuque.

Tous ces médicaments furent administrés avec le plus grand soin et pris exactement, quoique, ainsi que je l'ai dit, sans le moindre résultat favorable.

Je proscrivis alors l'huile de foie de morue noire quatre fois par jour une cuillerée ordinaire.

Peu après les mouvements convulsifs diminuèrent, et, après que ce remède eut été employé un mois, il s'était manifesté une amélioration visible dans l'état du malade. Le patient continua à prendre fidèlement le remède, et 72 onces suffirent pour effectuer la guérison radicale.

Pendant l'emploi de l'huile de foie de morue, les douches seulement furent continuées, et la suppuration du séton entretenue.

En septembre 1835, le patient était entièrement rétabli.

L'action salutaire de l'huile de foie de morue contre une affection nerveuse dans laquelle les antispasmodiques les plus actifs étaient restés sans effet doit être regardée comme un phénomène remarquable. L'accès de goutte dont la chorée avait été précédée ne peut même pas en donner une explication suffisante, d'autant plus que la maladie avait été pendant toute sa durée de caractère nerveux.

Enfin l'action de l'huile de foie de morue a encore été

reconnue salutaire contre l'induration des testicules par M. Hahnekrot (¹), contre l'induration des seins par M. Kopp (²), contre l'induration des amygdales par M. Graeves (³), contre l'induration des glandes salivaires et contre la chlorose par M. Pank (⁴), contre la paralysie qui se manifeste souvent après l'accouchement par M. Schupmann (⁵), par M. Brefeld (⁶) contre les douleurs dorsales qu'éprouvent quelquefois les bossus, et contre les douleurs ostéocopes qui subsistent souvent encore après que le caractère syphilitique des *nodi* et des *tophi* a été écarté par un traitement antisyphilitique convenable, par M. Brach (⁷) contre les engelures, par M. Rieken (⁸) contre les hémorrhagies héréditaires, par M. Diner (⁹) dans un cas d'hydrocéphale aiguë, et enfin par M. Chaleb Rosa (¹⁰) contre la cachexie des prisonniers.

CHAPITRE IV.

DE L'ACTION THÉRAPEUTIQUE DE L'HUILE DE FOIE DE MORUE.

Les différents observateurs qui ont traité de l'huile de foie de morue sont loin d'être d'accord, quant aux propriétés

(¹) *Sanitätsbericht des Königl. med. Colleg. zu Münster.*

(²) *Denkwürdigkeiten*, etc.

(³) *Monthly journal*, juin 1847, p. 925.

(⁴) *Hamburger Zeitschrift für Medecin*, Bd. XX, Heft 3.

(⁵) HUFELAND's *Journal*, 1830, St. 4, p. 115.

(⁶) *Op. cit.*, p. 55-56.

(⁷) DIERBACH, *Die neueste Entdeckungen in der Materia medica*, Bd. III, Heft 2.

(⁸) *Neue Untersuchungen in Betreff der erblichen Neigung zu tödlichen Blutungen*, 1829.

(⁹) *Schweitzer Canton Zeitschrift*, 1845, I, 3.

(¹⁰) *Provincial medical and surgical journal.*

médicales de ce remède. M. Caron du Villards a essayé sur lui-même, dans l'état sain, l'action de cette huile ; il assure qu'elle a constamment provoqué la diarrhée et des coliques. M. Rösch lui attribue des propriétés diaphorétiques, toniques et nutritives ; M. Osberghaus a vu augmenter par elle la transpiration et la diurèse ; M. Richter a également observé ce dernier effet ; M. Haas a remarqué qu'elle agit d'abord comme purgatif, ainsi que toutes les autres huiles, et ensuite comme stimulant et altérant sur le système lymphatique et sanguin ; M. Roy lui reconnaît des propriétés émollientes et diaphorétiques, et M. Asmus attribue à son action sur le système uro-poétique son efficacité contre la goutte, le rhumatisme et toutes les formes de la maladie scrofuleuse.

Nous ne continuerons pas une citation qui nous mènerait trop loin ; ce qui a été dit a dû suffire pour démontrer la diversité des opinions concernant les propriétés médicales de l'huile de foie de morue. Nous ajouterons seulement que, de même que MM. Brefeld et Mayer, nous n'avons jamais vu l'emploi de l'huile de foie de morue être suivi d'évacuations critiques, ni favoriser la diaphorèse et la diurèse, et que loin d'exercer une action purgative, l'emploi de ce remède fait cesser la diarrhée occasionnée par l'atonie de l'appareil digestif. C'est pourquoi nous croyons qu'il faut attribuer à des circonstances fortuites, entre autres à certaines idiosyncrasies, l'augmentation des selles, de la transpiration ou de la diurèse que plusieurs praticiens disent avoir observée par l'emploi de l'huile de foie de morue. En effet, si ces différentes actions qu'elle exerce dans quelques cas exceptionnels la font classer parmi les purgatifs, les diaphorétiques et les diurétiques, il n'y a pas de raison pour ne pas la classer parmi les émétiques, puisque dans d'autres cas, également exceptionnels, elle provoque constamment des vomissements.

Le seul effet constant que j'ai toujours vu suivre l'emploi de l'huile de foie de morue est une amélioration générale et prompte de la végétation.

Comment l'huile de foie de morue produit-elle cette amélioration dans la sphère végétative? Doit-elle cette action à un seul ou à plusieurs de ses principes constituants? Voilà certainement les questions les plus difficiles qui puissent être posées concernant cette matière; et quoique l'action qu'exercent les médicaments en général dans l'intérieur de l'économie nous soit encore cachée par un voile presque impénétrable, la difficulté est encore augmentée ici par le nombre considérable de principes très actifs qui entrent dans la composition de l'huile de foie de morue.

Quelque difficiles que soient ces questions, les réponses n'y manquent cependant pas. Plusieurs praticiens, même de profonds penseurs, ont essayé de résoudre ce problème, mais nous sommes forcé d'avouer que tous leurs efforts n'ont jeté qu'une clarté fort douteuse dans ces profondes ténèbres.

Avant la connaissance parfaite de la composition chimique de l'huile de foie de morue, son action était quelquefois attribuée à des principes dont elle est entièrement dépourvue. Ainsi M. Falker, se basant sur l'analyse de M. Marder, d'après laquelle l'huile de foie de morue contiendrait entre autres de la colle animale et plusieurs résines, attribue à ces principes l'action salutaire de ce remède. Il pense que l'huile de foie de morue doit aux résines ses propriétés antidyscrasiques et, par conséquent, son analogie d'action avec celle du baume du Pérou, du baume de copahu, de la térébenthine, de l'assa fœtida, de la myrrhe, etc., autrefois employés avec succès contre les maladies dans lesquelles l'huile de foie de morue fait actuellement des prodiges. Selon lui, les résines de l'huile augmenteraient l'action des organes sécrétoires et provoqueraient, par cela même, l'élimination de dépôts morbides. L'absorption des résines animales étant plus facile et plus complète que celle des résines végétales, il attribue à cette particularité la supériorité d'action des résines contenues dans l'huile. En outre, il reconnaît à l'huile de foie de morue des propriétés nutritives qu'il attribue à la colle animale que cette huile contiendrait, laquelle colle, combinée avec de la gomme, en constituerait selon lui les 5/6es (?).

Si pourtant nous considérons qu'il a été prouvé par mon analyse que l'huile de foie de morue ne contient absolument pas de gélatine, et que les résines de M. Marder sont des matières encore très composées, dont les principes bilieux forment la plus grande partie, on sera forcé d'avouer que l'explication de M. Falker, concernant l'action thérapeutique de l'huile de foie de morue, explication qui d'ailleurs donne assez de prise à la critique, perd toute la valeur qu'elle aurait pu avoir.

L'explication que donne M. Suringar de l'action de l'huile de foie de morue contre le rachitisme est également inadmissible en ce que cette action consisterait, selon lui, dans la reproduction de la gélatine dont le système osseux serait en grande partie dépourvu dans cette maladie.

Après la découverte de l'iode dans l'huile de foie de morue, dont la présence dans cette huile avait été soupçonnée *à priori* par M. Kopp, plusieurs médecins attribuèrent à l'iode l'action salutaire de ce remède. M. Kopp fut naturellement de cette opinion, et il répondit à ceux qui ne la partageaient pas, à cause de la petite quantité d'iode contenue dans l'huile, qu'il en est probablement de même de l'huile de foie de morue comme de certaines eaux ferrugineuses dont l'action thérapeutique ne doit pas être attribuée à la petite quantité de fer qu'elles contiennent, mais plutôt à la combinaison toute particulière dans laquelle ce principe s'y trouve.

M. Mayer partage entièrement sous ce rapport l'opinion de M. Kopp, en ce qu'il pense que l'iode, par sa combinaison toute particulière avec l'huile, pourrait produire des effets qu'on attendrait en vain de ce principe dans l'état isolé ou dans toute autre combinaison.

Citons encore comme partageant l'opinion que l'iode serait le principe actif de l'huile de foie de morue, MM. Gmelin, Asmus, Wackenroder, Gronert et Dreifuss.— M. Asmus se base exclusivement sur l'action identique qu'exercent l'huile de foie de morue et l'iode dans des cas analogues, et M. Wackenroder sur l'analogie d'action de l'huile de foie de morue et de l'éponge calcinée. M. Dreifuss explique la supériorité de l'huile de foie de morue sur l'iode dans l'état isolé et sur les préparations iodées, en ce que l'iode, dans sa combinaison avec une matière animale, ainsi qu'il est renfermé dans l'huile de foie de morue, peut être pris plus longtemps et serait mieux supporté.

Enfin nous trouvons encore MM. Puchelt et Bennett qui, quoique ne regardant pas l'iode comme le seul principe actif de l'huile de foie de morue, attribuent néanmoins à ce principe une grande part à l'action salutaire de ce remède; le dernier se basant principalement sur l'inefficacité des huiles de poisson qui ne contiennent point d'iode.

La plupart des praticiens sus-mentionnés ne se sont pas expliqués sur le *modus quo* de l'action du remède en question. MM. Bennett et Mayer ont pourtant cherché à se frayer une route dans ce labyrinthe inextricable. Selon le premier, l'huile de foie de morue règle la fonction anormale de la nutrition, en agissant comme stimulant sur le système lymphatique et sanguin, et améliore par conséquent la digestion, la qualité du sang et la nutrition en général; tandis que M. Mayer déclare que l'action de l'huile de foie de morue, lente, douce et occulte, effectue, pour ainsi dire insensiblement, la métamorphose, l'absorption, la sécrétion et l'élimination des produits de la maladie.

L'opinion que l'iode serait le principe actif de l'huile a naturellement trouvé de l'opposition, surtout chez MM. Pank, Delcour, Danovan et Champouillon. — MM. Danovan et Pank pensent qu'il faut attribuer à l'huile de foie de morue une action toute particulière, entièrement différente de celle de l'iode, en ce que dans plusieurs cas où l'iode avait été employé sans succès, l'huile de foie de morue avait effectué la guérison. Ainsi M. Pank raconte entre autres un cas d'engorgement des glandes lymphatiques, traité longtemps sans le moindre succès par l'iode, et ensuite guéri par l'huile de foie de morue. M. Champouillon combat l'innovation tendant à substituer dans le traitement de la phthisie pulmonaire l'iodure d'amidon ou une l'huile iodée à l'huile de foie de morue. Les résultats obtenus par lui et par M. Louis dans le traitement de la phthisie pulmonaire par l'iode, l'iodure de fer et l'huile iodée, nous font avouer que son opposition à ce sujet n'est pas dénuée de fondement. M. Louis dit avoir administré l'iode soit en ville, soit à l'hôpital à plus de soixante phthisiques, dont l'affection était arrivée aux degrés les plus variés, et que dans aucun cas il n'a observé d'amélioration qui aurait pu être attribuée à ce remède. M. Champouillon, qui a administré l'iodure de fer ou l'huile iodée à quatre-vingt-quatre malades atteints de tuberculisation pulmonaire à toutes les périodes, est arrivé non seulement à la même conclusion que M. Louis, mais il a constaté en outre que ces médicaments, administrés même avec circonspection, excitent la toux et une salivation désagréable, irritent les organes digestifs et provoquent soit le vomissement, soit la diarrhée.

Quoiqu'il résulte des observations de MM. Champouillon et Louis que l'iode administré sous les formes sus-mentionnées contre la phthisie soit plutôt nuisible qu'efficace, il n'est nullement prouvé qu'il faille lui retirer toute participation dans l'action salutaire de l'huile de foie de morue, même dans des affections pulmonaires. Sa combinaison particulière avec une matière animale, ainsi qu'elle est renfermée dans l'huile de foie de morue, ne pourrait-elle pas être essentiellement active, quoique l'iode dans son état isolé, ou dans toute autre combinaison, pourrait rester sans effet ou même être nuisible?

Dans un rapport, lu dernièrement à l'Académie de médecine, concernant la substitution d'une huile iodée artificielle à l'huile de foie de morue, la commission exprime l'opinion que la quantité d'iode contenue dans l'huile de foie de morue paraît être beaucoup plus faible que les premières analyses n'avaient pu le faire supposer, et que cette quantité est même tellement faible, qu'il est difficile de lui attribuer une part considérable dans l'action de ce médicament.

Je ne puis m'expliquer comment la commission, qui par sa conclusion donne clairement à entendre que ce n'est pas à l'iode, mais à d'autres principes qu'il faut attribuer l'efficacité de l'huile de foie de morue, se base justement sur cette conclusion pour défendre la substitution d'une huile qui ne contient que de l'iode à l'huile de foie de morue.

Aussi MM. Orfila et Bouchardat ont démontré dans la même séance toute l'imprudence d'une pareille substitution. « Outre qu'on ne doit pas considérer comme indiffé- » rent, dit ce dernier, de remplacer un médicament connu, » expérimentalement prouvé, par un médicament nouveau, » les corps chimiquemennt semblables n'ont pas toujours » les mêmes effets physiologiques. » Il cite, comme exemple, que tous les corps gras ne sont pas également assimilables; que les diverses espèces de sucres, bien que chimiquement identiques et différant à peine par quelques unes de leurs propriétés physiques, sont loin de se comporter de la même manière dans l'économie; et enfin que, bien que toutes les matières albumineuses, qu'elles proviennent du sang, de l'œuf ou même de certaines substances végétales, soient chimiquement identiques et aient la même puissance de polarisation, les physiologistes leur reconnaissent des propriétés toutes différentes. Il en conclut qu'il est peu probable que l'huile iodée, quelque analogue qu'elle soit par sa composition avec l'huile de foie de morue (?), ait la même action sur l'organisme.

De son côté, M. Orfila cite comme un exemple remarquable de la différence d'action de corps chimiquement semblables, les eaux minérales naturelles et les eaux artificielles, qu'on ne pourrait indifféremment substituer les unes aux autres, et il dit que vouloir substituer l'huile iodée à l'huile de foie de morue serait également une faute.

A cela nous ajouterons que ce que MM. Orfila et Bouchardat ont dit des corps chimiquement semblables s'applique, à plus forte raison, à l'huile de foie de morue et à l'huile iodée artificielle, qui ne se ressemblent en aucun point, chimiquement parlant. Mais en admettant même que l'iode soit le seul principe actif de l'huile de foie de morue, la substitution d'une huile iodée artificielle à l'huile de foie de morue ne serait pourtant pas admissible, puisque la combinaison de l'iode avec une graisse animale, ainsi qu'elle est contenue dans l'huile de foie de morue, se forme sous l'influence de circonstances que nous n'imiterons jamais dans nos laboratoires : en outre, nous ne connaissons même pas cette matière ni la proportion dans laquelle elle est combinée avec l'iode dans l'huile de foie de morue.

Nous nous permettrons de relever encore une autre erreur, faite dans le même rapport, où il est dit que l'huile de foie de morue pure et filtrée ne paraît pas contenir de phosphore, et que ce corps peut donc être regardé comme étranger à l'action médicatrice de cette huile.

L'existence du phosphore dans l'huile de foie de morue a

été suffisamment prouvée par toutes mes analyses, et je suis convaincu que ce corps est renfermé dans l'huile de foie de morue dans une combinaison telle que la filtration ne peut certainement pas l'en séparer.

Si nous reprochons à ceux qui prétendent que l'iode est le seul principe actif de l'huile d'être trop exclusifs dans leur opinion, nous croyons pouvoir en dire autant de ceux qui attribuent l'efficacité de l'huile de foie de morue exclusivement aux principes gras qu'elle renferme.

Parmi ces derniers nous citerons MM. Ascherson, Bauer, Haeser, Klinke et Williams.

M. Ascherson, ayant découvert que le contact de l'albumine avec une graisse liquide produit la coagulation immédiate de la première, de manière qu'il se forme une cellule albumineuse renfermant une gouttelette d'huile, croit que dans l'économie le contact de l'albumine et de la graisse donne naissance aux cellules élémentaires qui, selon lui, se composent toutes d'une paroi albumineuse et d'un noyau huileux. Le chyle, dit-il, n'est qu'une émulsion, qu'une mixture d'albumine et d'huile, et contient les matières nécessaires à la formation des cellules élémentaires, laquelle commence déjà dans l'intestin grêle. D'après cette théorie, l'huile et l'albumine jouent le principal rôle dans la formation des cellules élémentaires. Envisagées sous ce point de vue, les huiles sont véritablement nutritives, et cette propriété explique facilement leur effet salutaire dans une maladie où la végétation est en souffrance.

Nous verrons plus loin combien la théorie de M. Ascherson est erronée.

Voici le résumé d'une théorie entièrement partagée par M. Haeser, sur laquelle M. Bauer se base pour défendre son opinion.

« Nous savons, dit-il, que les aliments sont changés dans l'estomac en un chyme acide et albumineux, qui perd sa

nature acide et se change en émulsion dès qu'il se trouve
en contact dans l'intestin grêle avec la bile et le suc pancréatique. Pendant ce changement, les parties insolubles
sont charriées vers le gros intestin, tandis que la partie soluble se transforme en lymphe et est absorbée par les vases
lymphatiques. La digestion reste normale pour autant qu'il
y a équilibre entre la part que prennent à cette fonction
l'estomac et l'intestin grêle, en d'autres termes, pour autant
que la quantité de chyme charriée par l'estomac vers les
intestins peut entièrement être neutralisée dans l'intestin
grêle par la bile et le suc pancréatique. — Les symptômes
de la maladie scrofuleuse à son début, tels que l'appétit
vorace, les renvois d'estomac, les coliques, le vomissement
d'un chyme extrêmement acide et coagulé, etc., prouvent
que dans cette maladie l'équilibre nécessaire entre la fonction de l'estomac et de l'intestin grêle est rompue. A la
longue, la digestion se fait presque exclusivement par l'estomac, dont la prédominance dans cette fonction devient
tellement grande, que tout ce que contient le canal intesti-
nal est d'une réaction fortement acide, et que le chyle, se
changeant en une masse solide, perd sa propriété d'être
transformé en matière organisée. Toute la partie de cette
matière coagulée qui est absorbée par les vases lymphatiques (?) n'est pas changée en lymphe et occasionne alors,
par sa stagnation dans ces vases, des engorgements et des
obstructions. A la fin le sang même contient de cette albumine coagulée qui, déposée par lui dans le tissu des membranes ou dans le parenchyme des organes, donne naissance
aux différentes formes de la maladie scrofuleuse.—Le manque
d'une lymphe saine fait que la sanguification est en souffrance, ce qui, joint à l'irritation et à la désorganisation
d'organes importants, explique la prostration générale. —
La bile normale étant riche en matières grasses, et la transformation du chyme en émulsion, ou, ce qui revient au

même, la formation des cellules élémentaires devant être attribuée à la graisse de la bile, conjointement avec l'albumine du chyme, on peut facilement s'expliquer par là l'action salutaire des huiles en général contre la maladie scrofuleuse, et par conséquent de l'huile de foie de morue, surtout employée d'après la méthode endermique. — L'huile absorbée est sécrétée en grande partie avec la bile, et, en se combinant avec l'albumine du chyme, corrige non seulement l'excès d'albumine, mais provoque en même temps la formation d'une lymphe plus normale ; une autre partie de l'huile parvient jusqu'au parenchyme des organes atteints, et ses molécules se combinent avec celles des produits de la maladie. De cette manière non seulement la fonction de l'intestin grêle est relevée, et par cela même la maladie attaquée dans sa base, mais en même temps l'absorption et l'élimination de dépôts morbides sont favorisées. »

M. Klenke, quoique étant de ceux qui attribuent principalement l'action salutaire de l'huile de foie de morue aux principes gras qu'elle renferme, combat avec raison la théorie de M. Ascherson quant à la formation des cellules élémentaires, et celle de M. Bauer quant à la pathogénie des scrofules.

Il se fonde sur les points suivants, pour démontrer la fausseté de la théorie de M. Ascherson :

1° Les vésicules albumineuses, contenant une gouttelette d'huile que l'on voit se former à l'aide du microscope, quand on met en contact de l'huile et de l'albumine, n'ont rien de commun avec les véritables cellules élémentaires, ainsi que M. Schann les a fait connaître dans la formation organique.

2° Les petits corps décrits par M. Ascherson ne se trouvent pas dans le chyle de l'intestin grêle, quoique le chyle contienne les deux éléments (l'albumine et la graisse) dont il se compose.

3° La formation de cellules dans le chyle de l'intestin grêle ne serait d'aucune utilité, en ce que ces cellules ne pourraient pénétrer par endosmose dans les vases lymphatiques.

Quant à la théorie de M. Bauer, il l'attaque dans son principe, niant, avec raison, la possibilité que l'albumine coagulée dans l'estomac ou dans les intestins puisse pénétrer par endosmose dans les vases lymphatiques.

La théorie de M. Klenke, concernant la propriété nutritive des matières grasses, n'en est pas moins basée sur une grave erreur. Selon lui, la vertu nutritive et la puissance curative des huiles en général, et de l'huile de foie de morue en particulier, doivent être attribuées à la propriété qu'il reconnaît à la graisse de pouvoir se transformer en albumine.

Cette théorie, d'après laquelle une matière absolument dépourvue d'azote pourrait se transformer en une autre éminemment riche en azote, a déjà été combattue par M. Dupark. — M. Klenke a même été jusqu'à dire, pour défendre sa théorie, que l'azote n'est pas un élément, mais qu'il est probablement composé de 12 équivalents d'hydrogène et de 15 équivalents d'oxygène, et que l'azote nécessaire à la formation de l'albumine pourrait, sous l'influence de la vie, parfaitement bien se former d'une partie de l'hydrogène et de l'oxygène contenus dans les principes gras. — De pareils raisonnements n'ont pas besoin de commentaires.

Quoique M. Klenke attribue l'action salutaire de l'huile de foie de morue surtout aux principes gras qu'elle renferme, il reconnaît pourtant l'efficacité d'autres principes contenus dans cette huile. Il dit que les principes gras de l'huile suffisent à améliorer la chylification et la sanguification, et, par conséquent, à guérir la maladie scrofuleuse dans son principe, mais qu'il préfère cependant les espèces foncées et résineuses là où il est important d'exciter les nerfs et la capillarité des organes sécrétoires, ainsi que dans tous les cas où la durée de la maladie a occasionné des dépôts morbides.

La théorie de M. Williams n'est autre chose que les théories de MM. Ascherson et Bauer exprimées en d'autres termes. Ainsi, du même avis que M. Ascherson, il pense que l'huile concourt à la formation des cellules élémentaires, dont elle formerait les noyaux, tandis qu'il croit avec M. Bauer que l'huile de foie de morue peut être charriée par le sang jusqu'aux dépôts morbides, dont elle favoriserait l'absorption par sa propriété dissolvante. Il regarde l'huile de foie de morue comme une graisse facile à absorber et pouvant se changer en un bon plasma.

MM. Haas et Osius, d'une opinion diamétralement opposée à celle des praticiens qui n'attribuent l'action salutaire de l'huile de foie de morue qu'à un seul des principes qui la composent, admettent, au contraire, la participation de tous ses principes réunis aux effets qu'elle produit.

Selon eux, c'est justement à cette combinaison particulière que présente l'huile de foie de morue, qu'elle est redevable de sa propriété de pouvoir améliorer la digestion et la chylification, augmenter l'action du système lymphatique et capillaire et vivifier les fonctions des organes sécrétoires. — De plus, M. Osius reconnaît aux diverses espèces de cette huile des propriétés différentes. Selon lui, l'huile noire, la plus riche en principes empyreumatiques, agit principalement sur le système ganglionnaire du bas-ventre, et est préférable aux autres espèces dans tous les cas de torpeur du système nerveux en général; l'huile brune est plus efficace dans des cas d'inflammations spécifiques des membranes fibreuses et muqueuses; et enfin l'huile pâle se recommande surtout dans ces dernières affections, quand elles présentent le caractère d'éréthisme.

Dans un ouvrage publié par nous en 1843, nous nous sommes déjà expliqué en ces termes concernant les questions traitées dans ce chapitre : Notre analyse nous a démontré que l'huile de foie de morue est un remède très composé. Nous y trouvons des matières grasses, des principes bilieux, de l'iode, de l'acide phosphorique, du phosphore, de l'acide butyrique, de la gaduine, et enfin plusieurs sels inorganiques. Auquel de ces principes, dont plusieurs sont reconnus comme des remèdes très actifs, l'huile de foie de morue doit-elle son action salutaire dans les affections rhumatismales et scrofuleuses? Est-ce à l'iode, aux principes gras, au phosphore, à d'autres matières, ou à l'action réunie de tous ces principes? Si nous considérons que dans les maladies où l'huile de foie de morue se montre d'une efficacité incontestable, la digestion doit être relevée, la nutrition améliorée, les sécrétions excitées, la fonction du système lymphatique vivifiée, et enfin, indication de la plus haute importance, que le système ganglionnaire doit être altéré, on se convaincra facilement que ni les principes de la bile, ni les matières grasses, ni l'iode, ni tout autre principe ne pourraient satisfaire chacun séparément à toutes ces indications. C'est pourquoi nous estimons devoir attribuer l'efficacité de l'huile de foie de morue sinon à l'action combinée de tous ces principes, au moins à celle de la plupart d'entre eux.

Quoique près de dix années se soient écoulées depuis que j'ai émis cette opinion, ma conviction à ce sujet s'est de plus en plus raffermie ; et, comparant l'action reconnue de l'iode sur le système lymphatique, des matières bilieuses sur les organes digestifs et sécrétoires, du phosphore sur le système osseux, et des principes volatils sur le système nerveux, ainsi que l'influence plus que probable des principes gras sur les fonctions des poumons et du foie ; comparant tout cela, dis-je, à l'action qu'exerce l'huile de foie de morue, je crois que tous ces principes, renfermés qu'ils sont dans cette huile, pourraient bien, chacun isolément, satisfaire à une indication différente dans les maladies contre lesquelles l'huile de foie de morue est employée avec tant de succès, et par cela même rendre ce remède si supérieur comme moyen thérapeutique.

Quant à l'indication principale dans les maladies où l'huile de foie de morue est d'une action si constamment salutaire, je veux dire, l'altération du système ganglionnaire, les résultats de mes observations comparées m'ont porté à croire que c'est l'acide butyrique qui, comme principe volatil et animal, remplit cette indication importante : ces observations m'ayant appris à connaître comme les plus actives les huiles qui contiennent la plus grande quantité de cet acide.

Les espèces les plus actives ayant été également les plus riches en principes bilieux, je crois pour cette raison que ces principes jouent aussi un rôle important dans l'action médicatrice de ce remède.

Il a déjà été dit précédemment que la petite quantité d'iode qui se trouve dans l'huile de foie de morue ne prouve aucunement la non-participation de ce principe à l'action salutaire du remède, par la raison que la combinaison toute particulière avec une matière animale sous laquelle l'iode est contenu dans l'huile de foie de morue peut lui prêter des propriétés et une action qu'il ne possède peut-être pas sous toute autre forme. — Je ferai la même remarque quant au phosphore.

L'insolubilité parfaite de la matière que j'ai nommée gaduine, du moins sous la forme où je l'ai trouvée dans l'huile, m'a fait hésiter d'attribuer à ce principe une part quelconque à l'action de l'huile de foie de morue.

Et maintenant nous terminerons à avouer notre impuissance à résoudre la plus difficile des questions, savoir :

« Comment tous ces principes dont se constitue l'huile de
» foie de morue agissent-ils dans l'intérieur de l'économie,
» quand ils effectuent la guérison des maladies contre les-
» quelles cette huile est administrée? »

Des volumes ont été remplis à ce sujet, sans apporter
beaucoup de clarté dans ces profondes ténèbres. Ces dissertations savantes, bien que témoignant de nobles efforts, ne
sont en général que l'emblème de l'impuissance humaine à
pénétrer certains secrets du Créateur.

FIN.

TABLE DES MATIÈRES.

www.ingramcontent.com/pod-product-compliance
Ingram Content Group UK Ltd.
Pitfield, Milton Keynes, MK11 3LW, UK
UKHW021852070726
13613UKWH00001B/129